U0573828

国家社科基金
GUOJIA SHEKE JIJIN HOUQI ZIZHU XIANGMU
后期资助项目

铸魂与育人

多维视角下的大学校训研究

孙　雷　著

北京师范大学出版集团
BEIJING NORMAL UNIVERSITY PUBLISHING GROUP
北京师范大学出版社

图书在版编目（CIP）数据

铸魂与育人：多维视角下的大学校训研究 / 孙雷著.
北京：北京师范大学出版社，2025.5. -- ISBN 978-7
-303-30591-9

Ⅰ．G647
中国国家版本馆 CIP 数据核字第 2025UK2883 号

ZHUHUN YU YUREN: DUOWEI SHIJIAOXIA DE DAXUE XIAOXUN YANJIU
出版发行：北京师范大学出版社 https://www.bnupg.com
　　　　　北京市西城区新街口外大街 12-3 号
　　　　　邮政编码：100088
印　　刷：北京盛通印刷股份有限公司
经　　销：全国新华书店
开　　本：710 mm×1000 mm　1/16
印　　张：17
字　　数：286 千字
版　　次：2025 年 5 月第 1 版
印　　次：2025 年 5 月第 1 次印刷
定　　价：78.00 元

策划编辑：祁传华　　　　　　　责任编辑：祁传华
美术编辑：王齐云　　　　　　　装帧设计：王齐云
责任校对：包冀萌　段立超　　　责任印制：赵　龙

国家社科基金后期资助项目
出 版 说 明

　　后期资助项目是国家社科基金设立的一类重要项目，旨在鼓励广大社科研究者潜心治学，支持基础研究多出优秀成果。它是经过严格评审，从接近完成的科研成果中遴选立项的。为扩大后期资助项目的影响，更好地推动学术发展，促进成果转化，全国哲学社会科学规划办公室按照"统一设计、统一标识、统一版式、形成系列"的总体要求，组织出版国家社科基金后期资助项目成果。

全国哲学社会科学规划办公室

前　言

　　人才是推动社会进步与发展的重要力量。中国特色、世界一流大学建设的根本使命在于固本培元、立德树人，为党育人、为国育才，培根铸魂、启智润心。

　　2020 年 9 月 22 日，习近平总书记在教育文化卫生体育领域专家代表座谈会上讲话指出，"教育是国之大计、党之大计"[①]，并用"培根铸魂、启智润心"这八个字高度概括了教育的根本任务、使命担当和价值取向。

　　2023 年 5 月 29 日，习近平总书记在中共中央政治局第五次集体学习时强调："要坚持不懈用新时代中国特色社会主义思想铸魂育人，着力加强社会主义核心价值观教育，引导学生树立坚定的理想信念。"[②]进一步阐明了通过教育实现铸魂与育人的期望、目标和方向。因此，"铸魂与育人"是我国新时代高等学校办学目标、办学任务的"总训"。

　　铸时代之魂、育有用之人，是大学的时代使命，更是大学校训承载的时代职责。2023 年 9 月 15 日，在东北大学建校 100 周年之际，习近平在给东北大学全体师生回信中写道："东北大学自成立以来，始终以育人兴邦为使命，形成了鲜明办学特色，培养了大批优秀人才，为国家、为民族作出了积极贡献。"百年东大始终把培养社会主义建设者和接班人，作为高校教育工作的根本遵循；百年东大的校训"自强不息，知行合一"始终将爱国情、报国志融入国家发展和民族复兴的伟大事业中，厚植于东大人的家国情怀中。

　　百年大计，教育为本。大学校训不是简单的文化标语或符号，要用新时代教育思想办好现代化学校，让独具特色的大学文化活起来，以特色鲜明的大学校训彰显大学精神，发挥校训的铸魂与育人作用，是提升学校文化软实力和综合竞争力的重要路径。

　　大学校训凝聚着大学的办学目标和办学原则，承载着大学精神和大学理念，彰显着大学的个性品格和办学特色，既是解锁大学文化的精神

---

　　①　习近平：《在教育文化卫生体育领域专家代表座谈会上的讲话》，人民出版社 2020 年版，第 2 页。

　　②　习近平：《加快建设教育强国为中华民族伟大复兴提供有力支撑》，《人民日报》2023 年 5 月 30 日，第 1 版。

密码、展现其文化意蕴的特殊"名片"，更是训育师生的文化符号、立德树人的有效载体，集中反映着大学文化的历史积淀和大学职能的时代演进，从诞生之日即以文化历史为母体，肩负道德教化和品格养成的使命。

以中国式现代化全面推进强国建设、民族复兴，需要高校立足新时代新征程，以"培根铸魂、启智润心"为统领，充分调动各类教育要素的积极性，形成校园文化建设最大合力，更好地为党育人、为国育才。中国校训堪称"早发内生"，古代有校训之实，但无其名，诞生之初即承载"训育"的职能，如南宋岳麓书院的"忠孝廉节"。至清末教会大学的出现，才实现了校训的名实统一。西方学校习惯将校训称为"Motto"，意为文字简明的题词、题句、题序。英国牛津大学及剑桥大学，直到15世纪末16世纪初才分别设计和启用了各自的校标，作为大学及其精神的象征，两校校训"牛津——上主乃吾光""剑桥——此地乃启蒙之所和智慧之源"是西方大学较早的校训。

古今中外，校训顺应教育发展需要而生，在大学文化建设中深受重视。优秀的校训必定经得起实践和历史的考验，历经百年风霜雪雨、百年大浪淘沙而生命长青。如清华大学的"自强不息，厚德载物"、上海交通大学的"饮水思源，爱国荣校"、东北大学的"自强不息，知行合一"、哈佛大学的"让真理与你为友"、耶鲁大学的"真理与光明"等都是学校的鲜明标签，在纷繁的时代洪流中岿然不动，在岁月的流逝中熠熠生光，在伟大的目标中催人奋进。因此，从多维视角全面系统地挖掘大学校训蕴含的文化发展轨迹，解析其本质、结构、功能等，无疑对理解和把握如何更好地贯彻立德树人根本任务和深入认识并落实"培根铸魂、启智润心"的重要内涵和精神实质具有重大意义。

本人长期从事高校思想政治教育教学与科研工作，很早便关注到大学校训——这一特殊的研究对象，并为之着迷。早在2009年担任学校党委宣传部部长期间，我便在《东北大学学报》开辟"大学校训赏析"专栏，连续刊载大学校训以及解读校训的文章。在教育部办公厅推荐的首批新文科研究与改革实践项目"人文社科与工程科技交叉融合的新文科人才培养模式改革"，教育部人文社会科学研究项目"高校校园文化建设研究""现代大学制度下的大学文化研究"，教育部思政司研究项目"大学文化研究"，教育部高等学校社会科学发展研究中心课题"高校校园文化建设若干问题研究"等各类课题的支持下，深入系统研究了校训、校园文化的演变与特征，先后撰写发表《大学校训融入社会主义核心价值观教育的逻辑、张力和路径》《试析中国大学校训的精神向度》《中国古代书院院训与当代大学校训的德育指向》《新时代大学校训在培育大学生中的责任与担当》等理论文章。

在大学的校园与课堂，我通过近三十年与师生的互动交流了解、体会和把握新时代大学文化建设的发展动态，推进大学校训作用的发挥；在赴欧洲、美国、日本访学访问期间，通过对剑桥大学、斯坦福大学等多所世界名校的考察和了解，更加深刻地认识到大学校训和高等教育发展之间的内在联系。作为中国教育发展战略学会思想道德建设专业委员会副理事长、中国冶金教育学会副理事长、中国自然辩证法研究会常务理事、辽宁省家庭教育学会会长，以及东北大学东亚研究院院长、辽宁经济社会发展研究重点基地——辽宁省公共政策与城市文化研究基地负责人、沈阳市哲学社会科学研究基地——沈阳市大学文化与城市文化研究中心负责人等，多次与行业专家交流切磋，拓宽大学校训的研究思路；作为高校教育管理者，在校园文化建设中充分融入校训元素、一直致力于优秀校园文化氛围的营造；作为马克思主义学院教授，开设"大学文化概论""生态经济与复垦"等课程，将校训内容融入课堂教学、培训讲座当中，发挥校训育人的作用。

多年的关注、研究与实践，让我深深感到，校训之于大学，正如家训之于家庭。积善之家，必有余庆。党的十八大以来，习近平总书记亦高度重视家庭家教家风建设，强调"家风好，就能家道兴盛、和顺美满"。本人从早期研究大学文化、大学校训以来，也逐渐开始研究中国的家训文化，曾撰写或接受访谈发表《家训的回望与复兴》《孙雷谈重修家训：为人仁义 处事明礼》《重拾家训，赓续中华优秀传统文化基因》等，并在回故乡丹东与族人相聚时重修了家训——"孙维恺家训：为人仁义，处事明礼；从政勤勉，经商厚道；治学严谨，子嗣守敬；持家和睦，亲友互助；家国至上，行稳致远。"做到理论与实践相结合，发挥家训对家庭文化的重要作用，推动家训研究，加强以文化人，以文育人。

到访岳麓书院之时，偶遇"半学斋"，发现斋名源自《尚书·说命下》"惟学（教）学半"，意为互相伴学、平等对话，从中深受启发，将位于东北大学马克思主义学院的教授工作室，命名为"半学斋"。我为博士硕士团队制定的"斋训"则是"雷厉风行 行稳致远"，即做事要雷厉风行，做人不好高骛远。我和我的博士生和硕士生以对话的形式每月召开两次研讨会，相互交流探讨学术思考、人生感悟，大家都从中受益匪浅，也激发了学生对学术研究的兴趣与关注。

本书立足于思想政治教育学科，着眼于教育学、历史学、社会学、文化学等多学科视角，对现有关于大学校训的文献进行整体性把握和理论体系化阐释，进而进行深层次、多角度、系统性和科学性的逻辑建构。书中主要运用了文献分析法、语言分析法、跨学科研究法展开研究。一是运用文献分析方法阐释大学校训。通过查阅涵盖古今中外大学校训的大量史料和文献，尤其是高等教育史和大学文化发展史方面的文献，进行归纳梳理，实现归纳、提炼、演绎和抽象的辩证统一，揭示大学校训的系统性、条理性、科学性。二是运用话语分析法研究大学校训。由于校训涉及各个时期、国家、地区的语言表述，需要通过互动社会语言学把多样性的研究置于其中，对话语及其背景因素的详尽分析，了解其中折射的价值追求，书中从语言学、语法学的角度对大学校训用语进行了研究与分析，厘清中国大学"动词"式校训居于主导的现象，梳理出大学校训的这一用语特点源自中华民族特有的"动词思维"特点，这种"动词思维"的语言结构反映了中华民族思维的深层意蕴，体现了中华民族"知行合一"的民族精神。三是运用访谈的方法分析大学校训。通过线下线上相结合的方式，对近三年课题负责人授课的在校学生、毕业校友、教育领域同仁等，进行持续的跟踪与访谈，并从访谈中提取数据与答案，最大限度地了解校训育人对象的真实心理活动、我国高校校训育人的实际情况，从中提取并分析大学校训育人价值如何等答案，佐证校训育人的实效。四是运用案例分析法分析大学校训，书中进一步扩大校训考察对象，不仅从本校毕业的校友中，还从对多年高校管理与思想教育工作中的同仁的采访、各高校官网中搜集的有关校训的故事中选取真人真事，为校训的现状分析提供支撑。五是运用跨学科研究方法分析大学校训。大学校训研究是一项多学科综合的研究，本书从教育学、历史学、社会学、文化学、思想政治教育学、哲学等角度研究大学校训。从教育学角度研究现代大学的源起与演变，从历史学、社会学、文化学角度研究大学校训的本质，从思想政治教育学角度研究大学校训的思政功能，从哲学角度研究大学校训继承与创新民族传统文化，其中，教育学和思想政治教育学是研究大学校训的主要知识基础。

　　本书的创新之处主要体现在以下三个方面：一是系统梳理了大学校训的结构，从多维视角阐释了大学校训的内在逻辑。从系统论的角度出发，本书在前人研究基础上，分析了大学校训的生成维度、本质维度、结构维度、功能维度、实践维度、辐射维度，全面系统论述了大学校训的历史脉络、本质内涵、内在结构、传承功能、综合实践、辐射引领等内在逻辑，从而为更好地发挥大学校训铸魂育人的作用奠定理论基础。

在此方面具有一定创新。二是从跨学科跨文化交流角度，深刻分析了大学校训的本质。从历史学、社会学、文化学角度对大学校训的本质做出了一定探索。大学校训作为社会发展进步的文化结晶、大学发展历程的鲜活表达、大学生命力稳定的源头活水、大学人理想信念的永恒坚守，汇聚了社会根基、意识形态、社会力量、主流媒体等的诉求，是社会文化的综合反映，并通过大学精神、大学文化传统、大学师生等得以凝练、内化和践行。大学校训生成、使用、传承、发展的过程就是围绕大学使命铸魂与育人的过程。在此方面具有一定创新。三是深入解读了大学校训的历史底蕴、精神内涵，同时赋予其当代价值。力求在前人研究的基础上，通过对现代大学的源起与演变进行回顾、对大学文化的内涵与层次进行解读，为进一步深入探索大学校训的涵义与精髓奠定基础。同时，与时俱进地将大学校训与城市文化发展、助力文化自信等方面内容联系在一起，对校训涵义进行了重新界定，并进一步分析了大学校训的时代价值体现以及"铸魂与育人"这一历史使命和责任担当。

本书将大学校训研究分为"导论、生成论、本质论、结构论、功能论、实践论、辐射论"七个部分，从多个维度和视角全面系统论述现代大学校训的历史脉络、本质内涵、内在结构、传承功能、综合实践、辐射引领，从而为更好地发挥大学校训的铸魂与育人作用奠定了理论基础。

导论：回顾了现代大学的源起与演变，尤其通过对我国大学校训传统文化发端的发展梳理，厘清如春秋战国时代的"士不可以不弘毅，任重而道远"、明清之际的"天下兴亡，匹夫有责"等心怀天下的大爱思想对大学校训的影响；解读了大学文化的内涵与层次，为深入探索大学校训的涵义与精髓奠定基础，也为接下来论述各章节内容作了理论铺垫；分析了大学校训的时代价值体现以及"铸魂与育人"这一历史使命和责任担当。

第一章，大学校训生成维度：承载铸魂与育人的使命。现代中国的校训是中国与西方的学校文化传统交汇融合的产物。本章主要对中国大学校训的本土生成轨迹进行纵深分析，从生成历程、生成溯源、生成逻辑三个方面进行有序梳理。通过分析可以清晰地看到，早期如江西象山书院的"明理、志道、做人"，陕西宏道书院的"仰高、恭敬、逊志、省身"等流传千秋的经典院训的发展脉络，近代如两江优级师范学堂（三江师范学堂）的"嚼得菜根，做得大事"，山西大学的"中西会通、求真至善、登崇俊良、自强报国"等校训，生动地体现了各个时期大学校训心怀"国之大者"，承载铸时代之魂、育有用之人的根本使命。

第二章，大学校训本质维度：传承铸魂与育人的基因。校训的本质是校训区别于其他事物的内在规定性。《大学》指出的"大学之道，在明明德，在亲民，在止于至善"被奉为经典中的经典，被大学教育广为遵循，揭示了大学明德立德的本质属性。本章从历史、社会、文化角度对大学校训本质做出一定探索，以期对更精准地把握大学校训的内容，充分发挥大学校训的功能等方面发挥积极作用。大学校训的生成、使用、传承、发展的过程就是围绕大学使命铸魂与育人的过程。

第三章，大学校训结构维度：表达铸魂与育人的语义。语言是一种文化模型，是人认识世界的钥匙。一则意蕴精深的大学校训，必定体现大学育人内在规律的要求、更高水平大学建设的诉求和大学根本任务的追求。本章探讨了大学校训的目标结构、内容结构、形式结构等，从遣词、句式到修辞手法、对应院校门类等详细剖析了大学校训的构成规律。通过深入细致的分析，为深入认识大学校训并使之更好地表达铸魂与育人的语义提供参考。

第四章，大学校训功能维度：彰显铸魂与育人的作用。在大学校训生成、本质、结构分析的基础上，本章详细阐述了大学校训的文化功能、思政功能和教化功能，并首先从文化功能视角阐述了大学校训对中华优秀传统文化的传承与创新，对当代社会文化的引领与辐射，对外来多元文化的和合与再生，从而为铸魂与育人提供源源不断的优质精神资源。其次，阐述了大学校训落实立德树人、弘扬爱国主义、践行社会主义核心价值观、推进思政课程和课程思政的时代责任。最后，阐述了大学校训具有价值引领、教书育人、凝聚激励、约束规范等功能，对大学人内在思想政治品德的形成和外在整个社会生活都能够产生积极影响。

第五章，大学校训实践维度：实现铸魂与育人的途径。大学校训，寥寥数语，因实践获得无尽的文化动力和铸魂与育人的重要路径。本章聚焦大学校训的实践，解答如何通过大学校训更好地铸魂与育人。在大学校训的实践主客体部分，强调大学校长、教师、大学生、校友"双主体"在大学校训实践中发挥的作用；在大学校训实践过程方面，设置大学校训传播、大学校训教育、大学校训优化三个层层递进的闭环式结构体系；在大学校训实践载体部分，以物质载体、活动载体、组织载体和制度载体为模型顶点，构建了"大学校训实践载体模型"，为大学校训的铸魂与育人实践提供科学依据和行动指南。

第六章，大学校训辐射维度：延伸铸魂与育人的价值。以开放的视角突破大学樊篱，揭示大学校训与外部环境之间，包括大学校训与城市发展、大学校训与文化自信、大学校训与人类命运共同体的相互作用。

本章以更高站位、更大格局、更宽视野去审视大学校训的社会性价值，为引领社会文化、助推高校内涵式发展提供多角度的借鉴与参考。

文化兴则国家兴，文化强则民族强。教育兴则国家兴，教育强则国家强。本书立足"以文化人"的视角，聚焦大学校训在"培根铸魂、启智润心"方面的作用，运用思想政治教育学和教育学等有关理论和研究方法，从大学校训的依存母体、生存本体、涵义与精髓展开论述，并从生成维度、本质维度、结构维度、功能维度、实践维度、辐射维度等方面对大学校训进行系统逻辑阐释，分析了大学校训的时代价值体现以及"铸魂与育人"这一历史使命和责任担当，解答了如何通过大学校训更好地推进大学文化铸魂与育人，从而为更好地发挥大学校训的铸魂育人作用奠定理论基础，在研究视角、研究内容和研究方法上都有一定的创新之处。本书站在"以文化人"的视角，强调校训"铸魂与育人"的作用，其中的新思想、新观点、新成果能够深化和发展大学文化育人理论，作为一本高校师生理解和把握大学校训的学习素材，本书也有助于引导高校师生探索校训的意义，扩大师生的人文视野，增强师生对大学校训的认同感。

常读常新，温故知新。理论创新每前进一步，理论武装就要跟进一步。推动习近平文化思想在高校落地生根、开花结果，既是用习近平新时代中国特色社会主义思想铸魂育人的必然要求，也是培养担当民族复兴重任的时代新人的必要途径。作为党领导下的中国特色社会主义大学，要在习近平文化思想的指引下，建设好文化高地和育人主阵地，通过进一步深化大学育人理念，努力承担好立德树人的根本任务。大学校训正是这样一个内涵丰富的研究对象。值此本书成稿之际，不禁感慨有缘结识大学校训并陶醉其中，高度凝练、精妙绝伦、内涵丰富的一组组词语，带给本人一个认识国家发展、认识世界高等教育的独特视角，提供了一个深入了解国家历史、文化和国情的契机。

中国大学最鲜亮的底色就是国家和民族的历史传统、文化积淀，这也是大学文化自信的深厚根基和发展源泉。中国的大学校训始终与中国共产党的百年发展、实现第二个百年奋斗目标、建设现代化教育强国同频共振，作为新时代的教育工作者，我们要让大学校训的意蕴真正地进教材、进课堂、进学生头脑，让大学校训滋育当代青年的爱国精神家园，不断增强大学生文化自信，培养出合格的社会主义建设者和接班人，建设具有中国特色的世界一流大学。

让大学校训融入社会主义核心价值观、在服务人类命运共同体中体现责任担当的同时，还要拓宽大学校训的辐射力，促进大学校训与其所在的社会文化进行能量交换，让以大学校训为核心的"学校文化场"不断辐射和磁化"社会文化场"，与社会文化互动共生，为推动社会主义文化繁荣兴盛营造良好舆论氛围。以大学校训为抓手，做好铸魂与育人工作，对于师生、对于学校、社会、国家，任重而道远。

"学然后知不足，教然后知困。"本人深感重任在肩，不断地在学习和研究中梳理和反思，在传承和思考中创新和超越，通过一次次地深入探索挖掘，使大学校训能够超越时空、超越国度，展现出永恒魅力和时代风采，担当起时代责任和历史使命。

目　录

导　论

　　现代大学是大学校训的依存母体，大学文化是大学校训的生存本体。要深入探究大学校训必须追根溯源，厘清大学的源起与演变，大学文化的内涵与层次，方知大学校训的涵义与精髓。大学从产生至今已有千年历史。起初，主要是从意大利、法国、英国等国家发展起来的，溯源现代大学的形成，欧洲中世纪大学为现代高等教育奠定了重要基础。19 世纪中叶以前中国虽无大学之形，但其教育的理念、大学精神层面的思想却一直在中国现代大学中传承和发展。纵览国外大学的发展及其大学文化的演变，我们可以看到，从黑暗蒙昧时代到今天的科学昌明时代，从筚路蓝缕的临时大学到枝繁叶茂、惠泽八方的现代大学，从遗世独立的"象牙塔"到没有校门、拆除围墙的"大观园"，大学的核心理念与主体精神都从未丢弃，而这一切记录和承载都依存于其间的大学校训。

第一节　源起与演变：现代大学是大学校训的依存母体

　　美国教育家克拉克·克尔在展望 21 世纪时认为，高等教育不能回避历史。过去是我们赖以生存的土壤，大学也经历了漫长悠远的发展才从历史深处走来，每一所大学都有自身的起源，每一个国家的大学也有自身的起源。为了透彻地理解大学校训的真实来历及大学校训历史发展的逻辑，很有必要梳理与研究大学的源起与演变。我们追寻大学的源起与演变，首先将目光聚焦到教育的发源地：谈论西方大学将其溯源至古希腊时代，谈论中国大学将其溯源至五帝时期。

一、西方大学的源起与演变

　　大学是当今世界各国进行高等教育和科学研究的主要机构。世界高等教育中心已经延续数百年，有的甚至走过了近千年历程，如博洛尼亚大学、萨拉曼卡大学、巴黎大学、帕多瓦大学、达特茅斯学院等，而中国近代大学的出现比西方国家晚了八个多世纪。大学的演变经历了古希腊高等教育、中世纪大学、近代大学和现代大学四个发展阶段。

　　（一）古希腊高等教育机构——西方教育的开端

　　古希腊是当之无愧的西方文明的摇篮与源头。恩格斯曾指出："没有希腊文化和罗马帝国所奠定的基础，也就没有现代的欧洲。"①黑格尔说："一提到希腊这个名字，在有教养的欧洲人心中，尤其在我们德国人心中，自然会引起一种家园之感。"②古希腊文化从本土生成以后一直影响了西方各国数千年的思想发展进程，成为以欧美为主的西方国家崛起及强盛的关键要素。古希腊文化作为欧洲文化的两大源头之一，开启了西方文化发展的诸多方面。其中，希腊古典时代以及希腊化时代的高等教育，形成了初步的学校制度，对全世界的高等教育产生了巨大的影响。古典时代的希波战争（前492—前449年）将雅典推向了空前强盛，发达的文化与繁荣的经济总是相生相伴的，经济、政治和文化全面繁荣，要求为年轻人建立一种连贯、系统的满足终身学习要求的教学课程体系，传统的只对少数自由人开放的贵族教育开始在公民中普及，一些雄辩家开办了修辞学校，另外一些哲学家开办了学园。以苏格拉底、柏拉图、亚里士多德、毕达哥拉斯、希波克拉底、伊索克拉底等为代表的一大批著名教育家和哲学家，奠基了古希腊的高等教育机构——学院，即早期的古典大学。学术自由的基础奠定于中世纪大学，但思想源头可以追溯到古希腊罗马时期。卡尔·雅斯贝斯说："希腊城邦奠定了西方所有自由的意识、自由的思想和自由的现实的基础。"③这种自由的意识、自由的思想和自由的现实基础给早期形态的大学留下了深深的古希腊文化精神的烙印。公元前387年，柏拉图在雅典附近的树林中创立了早期的高等教育机构——柏拉图学园（又称阿加德米学园"Academy"），可谓是大学的前身。它提出了完整的"四科"教育，分别为算术、几何、天文、音乐，构建了古希腊高等教育的基本课程体系构架与主干，对欧洲中高等教育的支配性影响长达1500年之久。柏拉图寻求通过教学来进行教育，亚里士多德在吕克昂学园中开创了科研传统，学园注重科学研究和相应的实验和训练，在教学方法上别具一格，被称为"逍遥学派"。正是通过亚里士多德的指导，亚历山大创办了自己的学校，亚历山大学校注重研究的风气更是促成了许多学科的形成。"在希腊时期，公元前200年左右逐渐形成了雅典大学，该校是柏拉图的学园、亚里士多德的吕克昂以及伊壁鸠鲁创立的哲学学校和斯多葛派创始人芝诺创办的哲学学校逐渐合并而成的，主要教授哲学和修辞学，学生来自希腊和罗马各地区。罗马征服

---

①　《马克思恩格斯文集》第9卷，人民出版社2009年版，第188页。

②　［德］黑格尔：《哲学史讲演录》第1卷，贺麟、王太庆译，商务印书馆1981年版，第157页。

③　［德］卡尔·雅斯贝斯：《历史的起源与目标》，魏楚雄、俞新天译，华夏出版社1989年版，第74页。

雅典后，历代统治者十分重视吸收和改造希腊文化教育，不断在雅典大学增设文法、修辞学和哲学教师席位，公元 2—3 世纪，学校达到极盛期。在 4 世纪，雅典至少有三名教授修辞学或演讲术的官方学者，还有一名官方的语法学家。"①至 5 世纪，大学成为新柏拉图主义的重镇，其后随着基督教势力的扩大，在公元 529 年由东罗马帝国皇帝查士丁尼下令封闭。欧洲进入了黑暗的中世纪。

古希腊学园虽然已经消失殆尽，但是以阿加德米学园"Academy"为代表的古代先贤留下的爱智慧的思辨精神以及对传统知识权威的质疑精神生生不息。"阿加德米"一词更是沿用至今，已经成为学院、学会等学术研究机构的代名词。虽然古希腊高等教育的教育目的、教育过程、教学方式与真正意义上的大学有很大区别，也并未明确提出"校训"一词，然而他们的"主知"（以知识为本位）思想对西方文化和教育发展的影响是经久不衰的，为后来真正意义上的大学的形成奠定了基础。可以说古希腊高等教育奠定了西方大学传承千年的精神支柱与文化底色，奠定了近现代大学精神的历史根基，也为中世纪大学校训的诞生提供了原始的思想火种。

（二）中世纪大学的灵魂——坚持学术自由

大学滥觞于中世纪的欧洲。10 世纪至 11 世纪，随着经济的发展，城市开始复兴，行会开始形成。与此同时，11 世纪末的"十字军东征"也在客观上促进了文化的交流与沟通，促进了 12 世纪的文艺复兴，为大学的产生奠定了知识基础。此外，中世纪社会政治、经济、文化的发展客观上也需要一群掌握新知识的人才，从社会需求层面也促进了大学的产生与发展。1988 年 9 月 18 日，博洛尼亚大学建校九百年之际，欧洲 430 名大学校长在博洛尼亚的大广场共同签署了欧洲大学宪章，正式宣布博洛尼亚大学为"大学之母"，博洛尼亚大学之后被公认为世界上最古老的现代大学，被正式宣称为欧洲所有大学的母校。萨莱诺大学曾经扮演了中世纪最早期的医科高等教育机构这一角色，对以后欧洲的医科院系做出了一定的贡献，同时期的巴黎大学，被誉为西欧的神学中心。"另外，牛津、蒙彼利埃、剑桥、萨拉曼卡、帕多瓦、那不勒斯、图卢兹、奥尔良、里斯本、海德堡、科隆、都灵、莱比锡、鲁汶、弗莱堡、巴塞尔、布拉格、维也纳、哥本哈根、图宾根等大学相继建立，成为 13—15 世

---

① 贺国庆：《古希腊高等教育探微》，载《河北大学学报（哲学社会科学版）》，2003 年第 4 期。引用时有改动。

欧洲知识传承的中心"①，真正印证了"世界上所有的大学都起源于中世纪欧洲大学模式"这句话。牛津大学(University of Oxford)是一所位于英国牛津市的公立研究型大学，其历史可大约追溯到 12 世纪末，为英语世界中最古老、最著名的大学。在长达九个世纪里，一直是震撼英国乃至于世界的高等学府。"牛津大学初建仿照巴黎大学模式，作为一种师生的行会，享有很多被国王或教会授予的特权，如司法自治权、居住权、罢课权及迁徙权、教学许可证颁发权、免税权等。再加上教学上形成的辩论之风，形成了大学学术自由、大学自治的精神。"②正是在以"致力于造就有教养的绅士"为基本内涵的，追求真理、保持卓越的自由教育思想的影响下，牛津大学形成了培养为统治阶级服务的绅士领袖人才和绅士学者精英的自由教育历史传统。纽曼 1852 年出版的《大学的理想》是牛津大学几百年来自由教育思想的写照："自由教育造就的不是基督教徒，也不是天主教徒，而是绅士。"③其实就某种意义而言，19 世纪以前，大学主要受教会控制，大学和修道院一样，几乎被教宗和主教及其代表当作私有财产，"大学，至少是德国的大学，无例外地是在基督教会的土壤上蒙受天主教会的庇荫而成长起来的"④。成立之初，牛津大学的教学重点是经院哲学、古典学，课程内容主要是神学和拉丁语、希腊语等，可以看出当时大学面对教会的强力主导地位，无法获得独立。为争取大学自治和学术自由，牛津大学倡导学术自由独立的思想，为早期大学的兴起和独立发展以及使科学世俗文化知识逐渐深入人心，做出巨大贡献。同时，牛津大学通过吸引人才、培养人才、创造知识、商业转化等方式为牛津城的发展做出重要贡献，不仅点燃了欧洲人的智慧之灯，还为后来的文艺复兴奠定了思想基础。

回眸中世纪几所代表性大学的发展历程，总体可以归为三种生产方式："第一是自发而成：12 世纪至 13 世纪初，在意大利的博洛尼亚、法国的巴黎、英国的牛津等具有悠久的教育与学校传统的地方，教师与学生们组成了维护自身权益的社团。学人共同体就是中世纪大学最基本的组织形式。第二是迁徙而成：大学的师生与大学城中的民众时常发生治安摩擦乃至流血冲突，或者由于大学内部产生分裂，一部分师生就从原

---

① 崔延强：《中世纪欧洲大学的精神遗产》，载《社会科学报》，2016 年 12 月 15 日。

② 许若潇：《中世纪英国大学的产生与演变——以牛津大学为例》，载《西部学刊》，2016 年第 5 期。

③ ［英］纽曼：《大学的理想》，徐辉、顾建新、何曙荣译，浙江教育出版社 2001 年版，第 40 页。

④ ［德］弗·鲍尔生：《德国教育史》，滕大春、滕大生译，人民教育出版社 1986 年版，第 18 页。

来的大学迁出，来到新的落脚点另组自己的社团从而形成新的大学。前者有从牛津大学迁出的剑桥大学、从博洛尼亚大学迁出的帕多瓦大学，后者有从布拉格大学迁出的莱比锡大学等。第三是创建而成：中世纪晚期的大学绝大多数是由帝王君主、封建诸侯、地方教会、富庶城市等出资组建。"①

　　总结中世纪欧洲大学留给人类的精神遗产，总体可以归为三条：第一，初步建立了大学所具备的核心要素，尤其学位制度和职业准入资质，为大学成为独立于世俗政治和教会的第三种力量提供了内在制度保障。第二，大学的行业性、行会性使知识传承走出单一化的希腊罗马古典"自由教育"，成为一种有着严格规训的职业化生产，催生了职业教师这一群体，为大学独立提供了坚实的社会基础。第三，究问与论辩，养成了大学在权威与真理、信仰与理性、教师与学生之间进行平等对话的思维习性，构成学术独立之内在思想品质。

　　总之，中世纪大学是西欧社会开始走向繁荣昌盛在文化上的初步表现，是当时社会进步的缩影，它对发展科学和知识，推动人类文明进步发挥了积极作用。随着世界顶尖大学不断问世，大学校训也随之正式登上高等教育的舞台，校训的历史变迁真实反映了从中世纪到现代大学的发展与宗教之间的密切关系，折射出学校的历史文化背景和个性特点。

　　(三)西方近代大学的新兴职能——教学与科研相统一

　　西方近代大学的思想萌芽于文艺复兴运动和宗教改革时期(14—16世纪)的新人文主义思潮，即要用"以人为本位"的教育替代"以神为本位"的教育。中世纪后期，欧洲大学日趋保守，"经院哲学"式教学方式盛行，由经院哲学把持的大学课堂陈腐守旧，几乎拒绝一切新知识，大学曾一度在经院哲学的保守理念下陷入"冰河时期"。14—16世纪，以古希腊文化的复兴为先导，整个欧洲在意识形态领域形成了多米诺骨牌效应。先是掀起了旨在抨击封建王权和天主教神学体系的文艺复兴运动，再是北欧轰轰烈烈的宗教改革运动。文艺复兴实质上是古希腊、罗马文化的复兴，它的产生与中世纪后期社会生产力的发展和科学技术的进步及资本主义生产关系的萌芽密切相关。文艺复兴对大学教育产生了重要影响，使大学教育世俗化、大学教育培养目标化，促使世俗知识进入到大学课程之中，文艺复兴运动后，宗教改革运动瓦解了中世纪传统基督教对世俗的统领，各民族国家也相继建立，中世纪大学所具有的国际性在中世

---

① 张弢：《中世纪欧洲大学的兴衰》，载《光明日报》，2016年8月6日。

纪结束后消失，代之而起的是大学教育的民族化特点。文艺复兴运动与宗教改革运动共同促进欧洲传统大学向人文化、世俗化、民族化和多样化发展，欧洲传统大学逐步过渡到近代化大学。

1694 年，德国建立了欧洲第一所新式大学——哈勒大学。作为新式大学，哈勒大学中的研究工作是以"自由研究原则"，代替 17 世纪以前大学的"权威解释原则"，对于权威的教条，一直是以怀疑的态度，根据理性加以研究，并重新评价，甚至以批评历史的态度去研究《圣经》。哈勒大学的教育成就是显著的，哈勒大学"引起了大学科目和方法的完全改变，并且第一次确立了学术自由的原则，这个原则是现代大学生活的重要柱石"[①]，也为此后哥廷根大学、柏林大学的创办及其创新性高等教育实践提供了历史基础。

1737 年创办的哥廷根大学更加注重科学研究，"自杀式的工作气氛"，以及"创造世界上最优秀成就"的奋斗目标，所有这些都是立志于献身科学的人们所向往的。在自由的学术气氛中，哲学院中的历史及古典研究作为一块非常重要的领域又重获新生，并导致一些新学科的产生。与此同时，自然科学在这一时期也取得了长足的发展，哥廷根大学创办了大学图书馆与科学学会，积极创新教学方法，与哈勒大学一起成为其他大学竞相效仿的标杆。总的来说，正是哈勒大学和哥廷根大学倡导的学术自由即研究、教学和学习自由的信念，为德国的大学注入了新鲜的血液，使德国大学呈现出一派新气象。尤其是 18 世纪哥廷根大学的创办，使德国大学逐步恢复了在学术和科学上的地位，但仍然只能说是初步具备了现代大学的端倪，其基本思路仍不出实用之樊篱，而这正是启蒙时代的一个重要特质，客观上为洪堡改革与柏林大学的建立积累了宝贵经验。

17—18 世纪，欧洲爆发了反封建、反教权的启蒙运动。18 世纪中叶以后，启蒙运动在德国达到了全盛时期，为革命作了思想准备和舆论宣传。正是经过启蒙运动的洗礼，一个全新意义上的西方现代文化才得以产生。在哈勒大学和哥廷根大学的影响下，学术自由、注重科学研究、现代科学和哲学等现代大学所具有的特征都已初见端倪，但它们仅仅指示了一个方向，还没有发展成一整套完整的大学观念。1810 年创建的柏林大学，无疑比 18 世纪的哈勒大学和哥廷根大学更集中、更强烈地体现了学术自由的理念和"德国人的大学概念"。1810 年，威廉·冯·洪堡

---

① ［英］博伊德、金：《西方教育史》，任宝祥、吴元训译，人民教育出版社 1985 年版，第280 页。

(Wilhelm von Humboldt)以普鲁士文化和教育司司长的身份创办了柏林洪堡大学(简称"柏林大学"),柏林大学贯彻"大学自治""学术自由""教学与科研相统一"三原则。其中特别值得一提的是,柏林大学为方便讨论和研究科学,大力提倡在教学中采用"习明纳"("Seminar")的方式,更为重要的还有一大批以施莱格尔兄弟、诺瓦利斯、施莱尔马赫、蒂克等为代表的新人文主义者,他们接受了浪漫派的思想熏陶,与洪堡珠联璧合,左右呼应。学术自由、注重现代科学和哲学等现代大学所具有的特征在德国大学蔚然成风,成为德国大学本土化和民族化的重要特征,柏林大学也从根本上改变并完善了大学教育的职能,以柏林大学创建为标志的德国高等教育改革,为德国走出民族危机奠定了最有价值的人才基础,推动了德国乃至世界大学的现代化进程。德国历史学家拉甫说:"通过洪堡的改革,高等学校获得了基本上至今仍行之有效的形式和内容。他建立的柏林大学成了德国大学的范例。"①在"学术自由""大学自治""教学与科研相统一"的洪堡精神浸润下,柏林大学处处氤氲着浓郁的学术科研氛围,孕育出许多饮誉世界的伟大人物,黑格尔、普朗克、爱因斯坦、薛定谔、玻恩、马克思、恩格斯等都曾在柏林大学工作或求学。柏林大学奉卡尔·马克思的名言——"哲学家们只是用不同的方式解释世界,而问题在于改变世界"为校训,这句名言今天仍然被篆刻在柏林大学的主楼入口处,这句话旗帜鲜明地指出,实践性是马克思主义理论区别于其他理论的显著特征。以往的哲学家大多拘囿于唯心主义的语境中,脱离社会实践以不同的方式抽象地议论说明世界,却忽视了哲学作为一种世界观和方法论对于现实所具有的能动作用,而马克思则摒弃了以往哲学家对现实实践的偏见,对整个哲学传统包含的纯粹抽象态度和形而上学的思维方式进行批判,从实践的观点出发去理解现实的感性世界和社会生活,从而实现了传统哲学价值旨趣的双重翻转与颠覆。

在世界高等教育史上,以德国哈勒大学为肇端,到19世纪初期柏林大学确立教学和科研相统一原则为止,西方大学在原单一的教学职能基础上又增加了科研职能,并最终确立了以研究高深学问为目的的科研职能在近代大学中的地位。自此,西方高等教育步入了一个崭新的时代:"有史以来,研究首次成为大学的核心功能,而大学也依据新兴的科学领域以阶层的方式重新组织。"大学在经历了人文主义洗礼和宗教改革冲突之后,所体现的宗教背景有所淡化,随着大学职能的历史演进与现代拓

---

① 姚小平:《洪堡特——人文研究和语言研究》,外语教学与研究出版社1995年版,第59页。

展，大学的办学实践也在不断对新的大学理念进行探索，"科研与实践"已融入它们的气质和品格，大学还将随着社会的进步和社会需求的多样化而衍生出更多的职能。可见，西方现代大学是一个渐进演变的过程。随着现代知识的不断分化和大学职能的不断扩展，大学的概念和内涵出现新的发展，但大学自治和学术自由的精神核心仍在继续传承。大学自诞生起就并存的基本精神，直至今日仍较为完整地存于现代西方的大学中，得到了很好的传承，并成为西方大学校训的文化血脉。

（四）西方现代大学的理念——学术自由前提下为社会发展服务

进入 20 世纪，世界的重心从欧洲转移到美国。美国大学继承了德国大学重视研究、英国大学重视教学的传统，还增加了直接为社会服务的功能。当代美国大学综合德、英模式，形成了研究院与大学本科的重叠结构，这也成为大部分国家大学的通用模式。1862 年《莫雷尔法案》（*Morrill Land—Grant Act*）的颁布与美国南北战争后创办的赠地学院适应了美国工农业发展的需要，是美国实用型高等教育演进与变革的一面镜子。这一法案颁布后，美国大多数州创办了农工学院或在原有的大学内设农工学院，打破了中世纪以来欧洲高等教育过分注重古典学科教育而忽视实用学科教育旧传统的束缚，推动了美国乃至世界高等教育的蓬勃发展。在此法案影响下，一大批农工类学院成立，直接为当下农工业发展培养职业人才。《莫雷尔法案》之所以能带动美国经济腾飞，就在于它强调了高等教育的经济功能，促进了美国高等教育实用化的发展。

1868 年，埃兹拉·康奈尔（Ezra Cornell）与安德鲁·迪克森·怀特（Andrew Dickson White）创办了康奈尔大学（Cornell University），它是美国《联邦赠地法案》与私人捐赠扶持共建的著名高等学府，同时也是八所常春藤名校中最年轻的成员。康奈尔大学非常注重博雅教育（Liberal Arts Education，又可译为通识教育、通才教育、素质教育等），重视学生的人文素养的训练和培养。"博雅教育"是其本科教育的重要理念，主张构建涵盖多种学科的"通用课程"体系，以满足学生对高等教育自主平等的选择，同时适应经济社会对高层次人才的需求，使大学主动为社会服务。如今，康奈尔大学的办学理念依然做到如其校训所说——"I would found an institution where any person can find instruction in any study"即让任何人都能在康奈尔学到想学的，培养与社会需求贴近的实用型人才。康奈尔大学的办学理念集中反映了当年美国大学崛起的成功因素，许多美国大学从中获益匪浅。威斯康星大学借鉴了"康奈尔计划"的模式，强调大学要打破传统封闭状态，在教学与科研的基础上，突出强调以社会服务职能引领大学整体职能的发展，使大学教育为区域经济与社会发展服务，与生活实际联系更加紧密，形成了"威斯康星思想"（Wisconsin Idea），并使之成为现代大学的第三项使命。

说起西方现代大学的发展和职能的拓展，我们必须提及的一个重要思想即"威斯康星思想"发挥了重要作用。该思想是在查尔斯·范海斯校长的领导下于 1904 年提出来的，其核心内容是：大学尤其是州立大学，除知识传播和科学研究外，要走出"象牙塔"的禁锢，坚持开放性，要致力于研究和解决公共问题，担负起为本州经济服务的使命，努力发挥大学为社会服务的职能。以威斯康星大学的建立为标志，社会服务成为高等教育"第三"职能。他提出的"两个输出"把大学引入一个全新的世界，"输出知识"要求大学尊重学术自由传统，"输出人才"要求大学面向社会培养人才并积极服务于社会发展。在此思想影响下美国各大学相继实施改革，自此，大学不仅是传授知识、创造知识的场所和培养人才和科研研究的机构，还成为服务社会经济发展的重要机构，努力发挥其在引导人的智力开化和推动社会经济发展的作用，进而推动人类社会整体进步。

至此，经历了数千年的酝酿与发展后，西方大学校训逐渐对自身的地位和作用进行了深刻反省与认识，以求正确探索与把握大学发展的规律，同时对大学的时代责任主动进行了容纳。纵观现代西方大学千年发展历程，诚如哈斯金斯所说，历史的延续性不能切割。中世纪大学开创了现代世界的大学传统，这种共同的传统属于我们今天所有的高等教育机构，既包括那些历史最为悠久的大学，也包括新建大学，所有的大学人士都应该了解并且珍惜这种传统，那就是学术自由和大学自治、宗教性和国际性、职业性和实用性、民主性和平等性，这是现代西方大学文化的精髓和核心要义。

二、中国大学的源起与演变

在近代发展式微的境况下，现代中国大学的办学要素和重要特征主要来源于西方现代大学的教育理念和办学模式。本书所言中国大学包括两个层面：第一层面，就其"大学"模式而言，中国大学是近代西方大学的借鉴与移植；第二层面，就其"中国"界定而言，中国大学的历史可追溯至五帝时期的成均与上庠。中国大学百年是基于对现代大学模式的理解，从大学组织和制度上进行的判断；中国大学千年是基于文化视角，对大学精神层面的哲学理解。关于中国大学校训的发展历程我们会在后文进行详细论述，本章仅介绍中国大学的源起与演变。

（一）中国大学起源与发展的历史向度

高等教育作为一个历史的、相对的、不断发展的动态概念，应该被放到历史的范畴中。若我们溯流而上，纵向考察中国古代社会的教育会发现，其虽没有大学之形，但却有大学之实。何谓大学，从我国来看大致经历三个过程。

1. 中国传统"大学"的起源与兴盛

中国是"世界上创办大学最早的国家之一"。从非严格意义上来说，中国的大学实体可以追溯到五帝时期的成均与上庠，两者皆是"高等学校"的意思。董仲舒曰："成均为五帝之学。"虽后世未考据清楚，"成均"确是中国最早高等教育机构名称。"上庠"即"高等学校"的意思，虞舜时成立，《礼记·王制》云："天子命之教，然后为学。小学在公宫南之左，大学在郊。"进入奴隶社会后，夏朝的东序，商朝的瞽宗，周朝的辟雍和太学等，均是各个时期位于各自京师的最高"大学"学府。西周时期已逐步形成了一个以"礼、乐、射、御、书、数"为主体的"六艺"教育体制。西周至春秋战国也是中国大学精神发育与定型的关键期，这一时期形成的中国大学精神实为中国历代大学精神的原点。作出这样判断的具体依据主要为：中国大学精神的第一种实践形态——"德治"和"彝教"的成型；论述中国大学精神的第一部著作——《大学》所确立的大学价值取向，构成了中国古代大学精神的初始典范；中国历史上第一个学人共同体——稷下学宫兴起；儒家注重"人道"，墨家"兼爱"为本，道家旨在"道法自然"，春秋战国时期文化多元性的各家大学精神境界生成；中国大学精神的早期主体——"士"的出现；中国大学精神价值体系的最高范畴——"道"的形成。子夏在《论语·子张》中提出："仕而优则学，学而优则仕。"这是孔子重要的教育思想，体现了儒家"内圣外王"的政治理想，这种思想的提出既是春秋时期治国理政、选贤任能的需要，也是各学术流派彰显其学说、救治社会的需要。

公元前 221 年，秦王嬴政兼并六国，建立了中国历史上第一个统一的专制主义中央集权封建王朝，也奠定了高等教育的中央集权制度的基础。西汉时，汉武帝采纳了董仲舒的提议，其在《对贤良策》中提出"养士之大者，莫大乎太学。太学者，贤士之所关也，教化之本原也"[1]。汉武帝接受董仲舒的建议，并批准丞相公孙弘所提出为博士设置博士弟子员

---

① 《汉书》卷 56《董仲舒传》，中华书局 1962 年版，第 2512 页。

（即太学学生）制度的建议，这标志着中央官学——太学的正式成立。作为封建统治阶级培养人才的机构，太学教师称博士，学生称博士弟子、诸生或太学生，高峰时达万人，教学内容主要是"孔子之术，六艺之文"，太学学生学习一年精通一经就可以入仕的规定，使得政府直接控制了受教育者的政治前途，并就此确立了我国古代高等教育两千年不变的性质——培养国家后备官僚。此后，西晋设立国子学，与太学并立。隋设立国子寺，后改为国子监，并开始实行科举制度，这是国子学由高等学府变成教育管理机关的标志，也标志着中国古代官办高等教育体系的形成。唐设"六学二馆"，六学即国子学、太学、四门、律、书、算，统属于国子监，前三学属于大学性质，后三学具有专科性质；二馆即门下省的弘文馆、东宫崇文馆，属于大学性质的贵胄学校。宋代教育制度仿效唐代，中央设立国子学、太学、四门学、广文馆，属于大学性质，统归国子监管辖。经庆历、熙宁、崇宁三次兴学，北宋太学的规模达至最盛，每年共有学生 3800 人。明以后仅设国子监。清承袭明之旧制，至光绪三十一年（1905 年）废止国子监，改设学部，随后中国千年科举制度废止，新学堂兴起。中国的教育制度经过历朝历代的发展，建立了一套从中央到地方相对完备的学制体系。这使得已有的教育机构适应了统治阶级网罗人才、任用人才的急切需求。

总之，中国传统"大学"具有以下几个特点：一是以"为己之学"为出发点。"学以为己"是中国传统教育思想的一个核心概念，这种观念从孔子始，支配中国读书人理想近三千年；二是以"学而优则仕"为出路，大学文化实用性尽显；三是以"明明德、新民、止于至善"为理想，大学观超越性尽显；四是以"士"为主体，大学文化主体性尽显。总之，从历史上看，先秦时期是中国传统教育的形成、奠基时期；秦汉至宋明时期是中国传统教育的发展、辉煌时期；清代开国直至近代，中国传统教育出现了衰微的倾向；20 世纪以来，"重建教育"成为中国教育的重大课题。

2. 中国近代大学的移植与发展

我国的近代史是一段既让人印象深刻，又让人心痛不已的屈辱史。鸦片战争的战败开启了我国近代屈辱史，封建腐朽、狂妄自大的封建王朝已经岌岌可危、大厦将倾，这场战争，自 1514 年西方人到中国起，是他们积攒了 300 多年窥探之后的一逞。炮声震撼了中国，也震撼了亚洲。对于中国来说，这场战争是块界碑。它铭刻了中世纪古老的社会在炮口逼迫下走入近代的最初一步。潘懋元曾说，建立中国近代大学的历程并非社会和文化的"自然分娩"，而是"后发移植型"，是在古代书院被强行改制，在"活活斩伐"的基础上移植西方资本主义国家大学的模式建立起来的，带有非常浓厚的模仿与照搬的痕迹。教育家梅贻琦先生曾就中国现代大学教育的源头明确指出，"今日中国之大学教育，溯其源流，实自西洋移植而来，故制度为一事，而精神又为一事"①。他于1931年至1948年担任清华大学校长期间，积极倡导"通识教育，教授治校"的大学理念，认为"通识为本，专识为末"，"大学教育的最大目的在于培养通才"。蔡元培校长于1918年就对大学科研提出了他的看法。他说："研究者，非徒输入欧化，而必于欧化之中为更进之发明，非徒保存国粹，而必以科学方法，揭国粹之真相。"可以看出，近代中国大学并没有沿着使中国古代书院教育走上制度化的发展轨迹，而是以西方大学为蓝本和模板，有赖于对发端于西方的理性的、系统的及专门化的现代大学的成功移植，以及成功的制度变革及制度建设。

1840年鸦片战争之后，洋务运动兴起，西学渐入，这一时期创办的新式学堂，以外语学堂和军事学堂为主，如京师同文馆、天津水师学堂、湖北武备学堂等。直到1901年，清朝政府下令废除八股文考试，将全国省会的书院改为大学堂。

从1879年圣约翰学院创立到1912年中华民国建立是中国近代大学的萌芽时期。这一时期，中国的高校有了长足发展。国立大学纷纷成立，各省办学热情空前高涨，大学教育投资增多，民办高校也层出不穷。这个自古重视教育的文明古国的脉流，在民国得以延续。

从1912年中华民国建立到1927年南京国民政府成立是中国近代大学的定型时期。这一时期，中国的高校有了进一步发展。综合大学分为国立、省立、市立和私立四类，下设学院，有些综合大学还创办了研究院。另外，有许多重要的大学是在这个时期创建的，如武汉大学、南开大学、厦门大学、东北大学等。

从1927年南京国民政府成立到1937年七七事变爆发是中国近代大学的成熟时期。这一时期被称为"黄金十年"，大学迅速发展，中国的高等教育达到鼎盛时期。国立、私立、教会大学中都出现了不少享誉国内外的著名学府。

从1937年七七事变爆发到1945年抗战胜利是中国近代大学的国难时期。70多所大学在艰苦卓绝的环境中，纷纷内迁，辗转跋涉，维持教学。北京大学、清华大学、南开大学先迁到湖南长沙，在长沙组成了"国

---

① 刘述礼、黄延复编：《梅贻琦教育论著选》，人民教育出版社1993年版，第99页。

立长沙临时大学"，随着战火迫近长沙，1938年4月，学校又决定西迁云南，在昆明改称"国立西南联合大学"。这一时期，中国共产党在根据地兴办的一系列红色高校，也是中国大学发展的重要里程碑，如中国人民抗日军事政治大学、华北联合大学、中共中央党校、延安大学等。

从1945年抗战胜利到1949年中华人民共和国成立前后是中国近代大学的分流时期。抗战胜利后，各校迁回旧址，大学教育恢复正常，各校继续发展，这一时期也是中国近代高等教育的高峰。

历史的车轮滚滚前进，而我国近代的高等教育伴随时代的变迁经历了曲折的发展之路。在国际形势变幻莫测、内忧外患的社会背景下，我国近代的高等教育事业经受时代的浸染和打磨后，依然方兴未艾。

3. 中国当代大学的形成与建设

中华人民共和国成立初期，满目疮痍的历史图景仿佛在昨日，我国高等教育在多个方面发生了翻天覆地的变化。在百废待兴、百业待举的形势下，高等教育事业也面临着巨大的发展契机与挑战。一方面，中国的高等教育事业继承与弘扬了战争时期的革命传统，坚持以马列主义为指导思想，探索中国国情的经验，适应中国革命和社会性质转变的要求，"为工农服务""为群众服务"；另一方面，向苏联学习，接管并改造我国原有的高等教育体系，在此基础上构建新的教育体系。1952年至1957年全国高等学校实行了有计划、分步骤的院系调整，主要是仿效苏联高等学校的类型调整我国高等教育类型结构。1956年5月，教育部颁布了《中华人民共和国高等学校章程（草案）》，以法令的形式将"仿苏"经验规定下来，"苏联模式"的高等教育体系在我国基本确立。这一时期，人才标准、学科设置、教学方法、管理理念的集中掌控，对苏联的模仿给我国高等教育打上了深深的烙印。

20世纪50年代初，党和国家领导人明确提出开展现代化建设。1952年6月至9月，中央人民政府大规模调整了全国高等学校的院系设置，高等教育事业得到了正规化、专业化的整顿与改造，加强了党对高校的领导，发挥了党在高校中的领导优势。但随着国际国内政治局势的变化，中苏关系的破裂以及反右派斗争的扩大化，1952年实行向工科学校倾斜的偏激改革的幅度被逐渐放大，1958年开展了轰轰烈烈的所谓"教育革命"，对高等教育办学体系、管理体制、教学模式实施大变革，但也导致了高等教育规模过度扩张。面对教育领域出现的混沌局面。中共中央及时作出了战略性调整。从1961年开始，我国高等教育进入了调整、提高和继续探索阶段，教育部多次召开高等教育调整工作会议，对高校的规模、专业设置、分布等各项做出调整。1960年11月，中共中央提出"调整、巩固、充实、提高"的八字方针。1961年8—9月中共中央发布了《中华人民共和国教育部直属高等学校暂行工作条例（草案）》（以下简称"高教六十条"），强调高校要加强党的领导，必须以教学为主，努力提高教学质量，重视研究生培养工作，积极开展科研工作等原则，这一条例成为中华人民共和国大学健康发展的一剂良药。在1963年全国高校"四定"会议上，又从发展规模、学制、专业、人员编制四个方面规范高校教育，明确不同性质的高校可设置的专业数。但由于历史原因，"高教六十条"始终只是个暂行草案，规定只在高校党员中讨论，全体师生中宣读，不在校外公布、报刊发表。起自于1966年的"文化大革命"，使高等教育成为重灾区，人才培养、科学研究、文化建设均遭受严重摧残，整个高等教育陷入了空前的混乱和停滞。1966年，高等教育彻底政治化，不但掀起了"停课闹革命"的狂潮，造成全国教育事业的大倒退、大破坏，而且从1966年开始取消高考制度，在此背景下，我国高等教育制度逐渐遭到全面怀疑和否定，中国内地所有大专院校均停止招生，教师与学生被下放劳动。总体来看，虽然这一时期的高等教育在模仿和探索中曲折前进，一定程度上带着苏联模式的印记，形成了新中国成立之后高等教育的模式和品质，高等教育体制缺乏运行的自主性和灵活性，但这也为下一历史阶段中国共产党的继续探索奠定了基础。

从党的十一届三中全会到1985年的第一次全国教育工作会议的召开，是中国高等教育的全面恢复、稳定阶段，这一阶段主要解决"文化大革命"对高等教育的严重破坏和社会主义现代化建设急需人才之间的矛盾。1978年是我国高等教育发展史上的里程碑，中共十一届三中全会作出实行改革开放的历史性决策，高等教育转入正轨。以1985年《中共中央关于教育体制改革的决定》颁发为标志，中国大学迎来了一次重要的转型发展，经国务院批准的"211"工程正式启动，这也是唯一一个被列入第九个五年计划中教育领域的国家重点建设项目。1995年开始了在21世纪重点建设100所大学的"211工程"。1998年5月开始了建设具有世界先进水平的一流大学的"985工程"。1999年，《关于深化教育改革全面推进素质教育的决定》明确提出"扩大高等教育的规模，通过多种形式积极发展高等教育"的方针，高校扩招步入正轨，促进了高等教育的快速发展。"中国特色社会主义进入新时代，党的十九大报告再次强调要'加快一流大学和一流学科建设，实现高等教育内涵式发展'，而《统筹推进世界一流大学和一流学科建设实施办法(暂行)》、'双一流'建设高校和建设学科名单、《关于高等学校加快'双一流'建设的指导意见》等'双一流'建设配套措施也先后出炉。"①2021 年 12 月 17 日，习近平总书记主持召开中央全面深化改革委员会第二十三次会议，审议通过了《关于深入推进世界一流大学和一流学科建设的若干意见》，这有力促进了高等教育由数的增长转向质的提升，内涵式发展成为新时期高等教育发展的主旋律。

总之，中国大学的百年转型一直处于向西方大学模式学习到向苏联大学模式学习再到自主探索中国大学模式发展的过程中，时有起伏转折，对西方大学模式的依附和超越形成了中国大学转型发展过程的总体脉络。70 年来，中国高等教育规模不断扩大，体系建设不断完善，质量不断提升，折射出社会主义祖国的兴旺发达，是我国综合国力和社会主义现代化的标志性体现。目前，科学规划、理性选择、自主发展已经成为我国大学建设和发展的基本指导方针，具有中国特色的大学办学道路、办学模式、办学理念终将形成。

（二）中国大学源起与发展的精神向度

就大学制度而言，我国近代高等教育，并不是古代高等教育机构的延续和发展，但大学的精神却与中国古代教育传统有着不可分割的联系，大学理念、人才培养、学校管理等无不渗透着中国传统教育精神。1921年，蔡元培在加州大学伯克利分校演讲时，便强调把传统的孔墨精神与英之人格教育、德法之专深教育、美之服务社会结合起来，方才是理想中的大学教育。当代大学所需竭力的是，重新诠释和挖掘中国传统教育的理想及精神，承续优秀的民族文化遗产，通其意而求其变，去腐生新，增强文化底蕴，提高文化内涵，形成自己的大学精神，以此来感染和培养受教育者，激发学生的内在潜能，推动其内在生命的成长。

1."士"的典范是中国大学形成的历史源头

在漫漫历史长河中，"士"一直是作为一个"群体的批判的主体"存在于中国历史之中，在中国文化史上占有特殊的地位，包括秦代儒生、汉代博士、魏晋"越明教而任自然"以及对传统进行批判的竹林七贤、唐代佛教的大师大德、宋代的士大夫、明代的东林党、清代公车上书的维新派以及后来新文化运动的先进知识分子。这个传统一直沿袭下来，文化和思想的传承与创新自始至终都是"士"的中心任务。因此，中国近代大

---

① 张辉蓉、盛雅琦、宋乃庆：《中国高等教育发展 70 年：回眸与前瞻》，载《浙江师范大学学报(社会科学版)》，2019 年第 5 期。

学依然传承着"士"精神，这种精神和情感使中国的大学不同于西方的"象牙塔"，尤其是近代中国大学诞生于民族衰落和人民衰弱的时代，这导致了中国大学精神的发展和大学制度的形成与西方国家有很大的不同。"士"作为中国古代知识分子，自西周时期作为一个阶层形成开始，就是社会良知的代表。"士"阶层的存在，"士"精神的弘扬，对民族精神的传承和培育起着十分重要的作用。这一传统产生于春秋时期。其中，"士志于道"是孔子对"士"精神的规定和概括，也是现代知识分子的思想精髓、核心本质及内在灵魂。孔子认为，士的真正意义和内在品格即"志于道"，目的在于培养有道德有理想的"得道"君子，这些"君子"既是学道者，又是弘道者和传道者，他们被称作"士"。无论何种选择，他们大体上具有一种责任与义务，而且，多数士人也都具有一定的正向理想、信念和责任感的自觉。当晚清中国社会遭逢"数千年未有之大变局"之时，士人便集中到了有千年太学传统的京师大学堂，在那里汇聚的最后一代具有士大夫官僚情结的传统知识分子，担负了塑造和重塑中华民族精神的历史使命。1903年拒俄运动中，北大学生集会抗议，表示要像古代太学生一样"伏阙上书"，显示了作为知识分子"没有半点奴颜和媚骨"的人格风貌。外敌入侵、国难当头的局势无疑强化了对大学和大学生社会责任的需求，这与儒家知识分子"士"的理想相当吻合。中国近现代，大学人积极投身于"救亡图存"，从新文化运动、五四运动、抗日救亡运动到西南联大的反独裁、反内战和争民主、争和平，承担起对民族、对社会的责任和使命。张载曾说的"为天地立心，为生民立命，为往圣继绝学，为万世开太平"，总结出了士人精神的传承与方向。"士"的精神具有极大的包容性，与西方相较，中国知识分子往往具有以天下为己任的担当意识和以道德为目标的精神信念，在学术上追求真理，在思想上捍卫道统，在政治上不畏权贵，这种精神正是中国历代大学人所孜孜以求的大学精神。

2. "道"的追寻是中国大学人的永恒目标

"道"构成中国传统"大学"精神价值体系的最高范畴，体现着中国特有的思辨精神和哲学精神。《中庸》强调："万物并育而不相害，道并行而不相悖，小德川流，大德敦化，此天地之所以为大也。"此中之"道"是指，道与道之间不冲突，道与道之间不应受限。老子《道德经》第四十二章写道："道生一，一生二，二生三，三生万物。"道是首亦是尾，是本源亦是归宿。此中之道，充满着中国古代关于世界本源的哲学思辨。大学之道"自其原点始，虽历经朝代更迭……其连续性一直保持不易。其间经儒学独尊、玄学对'独尊'的反叛、理学兴起、实学转换，对西学的自主融合等曲折，生成以自由、民主、科学为主旋律的近代中国大学精神。"①近代中国一些大学精神的表述，可进一步印证上述结论，北大所倡导的"兼容并包"出自《史记·司马相如列传》；清华校训"自强不息，厚德载物"源于《周易大传》；南开倡导的"允公允能"是中国群体本位思想传统的体现；西南联大校训"刚毅坚卓"则出自阴阳家学说。

中国大学人对"道"的追寻是大学精神实践性的表现，肩负着大学人社会价值之彰显和社会责任之承担。无论是子思与孟子主张的"诚者，天下之道也"、荀子的"故学至乎礼而止矣，夫是之谓道德之极"、柳宗元的"统合儒释、宣涤疑滞"、范仲淹的"先天下之忧而忧，后天下之乐而乐"、顾炎武的"君子为学，以明道也，以救世也"、乾嘉学者的"实事求是"训诂考据，抑或是引入格致，中体西用、西学东渐，都是中国大学人上下求索的烙印、是对"道"的探索与实践的足迹，这也正是梁启超所谓的"学问之价值，在善疑，在求真，在创获。所谓研究精神者，归著于此点"。

3. "德"的崇尚是中国大学传承千年的核心内容

儒家的教育目的是培养志道和弘道的志士和君子，而"士"的标准是"君子儒"。儒家把道德教育居于首位，重视人的理想、志向、意志、毅力的培养。《论语·宪问》中这样记载：子路问君子。子曰："修己以敬。"曰："如斯而已乎?"曰："修己安人。"但同时也未忽视知识教育的作用。孔子还提出君子"知者不惑，仁者不忧，勇者不惧"三方面的修养。此外，孔子还注意美育陶冶，提出人的修养"兴于诗，立于礼，成于乐"，其中寓教于乐是指在娱乐中寄托教育，通过艺术和美的形式感受道德教化的作用，这是儒家一贯的教育思想，也是古罗马诗人、文艺理论家贺拉斯在《诗艺》中提出的一个观点。孔子注重人的全面发展，认为应"志于道，据于德，依于仁，游于艺"，由此可见，孔子提出了使受教育者在仁（德）、知（智）、勇（体）、美（乐）等方面全面完善、和谐发展的目标。中国近代教育家继承儒家文化中培养君子、士的人格理想，往往把培养健全人格之人才与士的自觉性相联系，如梅贻琦积极主张通识教育，提出要培养"硕学闳材"，要"融通文理两科之界限"，要文理"兼习"，强调"通识为本，专识为末"。

中华人民共和国成立以来，在党的教育方针的表述中，始终坚持马克思主义关于人的全面发展理论，强调受教育者德智体美劳全面发展。毛泽东同志在1957年指出："应该使受教育者在德育、智育、体育几方

① 储朝晖：《我国大学精神的既有研究与待解难题》，载《中国教育科学》，2013年第3期。

面都得到发展，成为有社会主义觉悟的有文化的劳动者。"①在 1978 年的全国教育工作会议上，邓小平针对"文化大革命"所导致学校教学质量惊人下降、严重损害思想政治教育、纪律败坏的严峻现实，提出要"造就具有社会主义觉悟的一代新人"。2002 年，党的十六大报告提出："培养德智体美全面发展的社会主义建设者和接班人。"党的十七大报告，首次提出了"育人为本、德育为先"的要求。党的十八大报告则进一步强调把立德树人作为教育的根本任务。习近平总书记在党的十九大报告中要求"全面贯彻党的教育方针，落实立德树人根本任务"。2018 年 5 月 2 日，习近平总书记在北京大学师生座谈会上的讲话中，进一步指出"要把立德树人内化到大学建设和管理各领域、各方面、各环节，做到以树人为核心，以立德为根本"②。2021 年 4 月 19 日习近平总书记在清华大学考察时强调，要抓住全面提高人才培养能力这个重点，全面构建拔尖人才培养体系，着力培养担当民族复兴大任的时代新人。2022 年 4 月 25 日，习近平总书记在中国人民大学考察时强调，"为谁培养人，培养什么人，怎样培养人"始终是教育的根本问题，这也为构建高质量"五育并举"育人体系提出了总要求。

4."和"的导向是中国大学交流融合的文化基础

在先秦时期，"和合文化"得以产生和发展。"和"有"和平、和睦、和谐"之意；"合"强调"多元的和谐、差异的包容、异质的协调和对立的消融"，"和""合"二字联用，构成一个范畴，最早见于《国语·郑语》："商契能和合五教，以保于百姓者也。""合"是"和"之道，是践行"和"精神的基本路径，强调多元的和谐、差异的包容，吸取各个事物的优长而克其短，使之达到最佳组合。和合文化是中华民族特有的文化，中国古代圣人对自然与人类社会的"和谐"现象进行了大量的观察和探索，其中蕴含了人与环境的双向互动性、人境关系的社会性特征的哲学思考。在这个过程中，"和合"理念贯穿了中国思想文化史的全过程，成为人们普遍认同的观念。长期以来，中国高等教育是中国文化的一部分，中国文化将教育视为人们提高自身素质的重要工具，教育随着中国文化的发展而发展。在相当长的时期里，中国都保持了与印度、朝鲜、越南等国的文化教育交流，这成就了中国大学精神自古就有的兼容的特性。"'合一'是中国大学精神的结构特征。中国思想家注重'合一'，它决定着中国历代思

---

① 《毛泽东文集》第 7 卷，人民出版社 1999 年版，第 226 页。
② 习近平：《在北京大学师生座谈会上的讲话》，载《人民日报》，2018 年 5 月 3 日。

想的变革更多地采用了温和方式，没有欧洲文艺复兴式的巨变，也没有马丁·路德式的宗教革命。'整体和谐''有序对称''和合协同'原则内嵌于大学精神本体……以蔡元培为代表的教育家建立起了与欧洲教育中心直接的边界，随着世界经济中心向美国转移，中国教育又建立起与转移后的教育中心美国的边界联系，近代中国大学精神吸纳、消化德国大学精神，自主地、批判地融合美国大学精神，对立与融合逐渐趋于自主是中西大学精神交融的基本过程。其特点可归结为：一是中国学人自主；二是以民主与科学为核心；三是全面深刻，几乎涉及大学精神的每一个层面，深入到大学精神的价值核心。"①回看北大、清华、南开、西南联大等的历史，中国大学精神源头是以儒家为主的传统文化为根本，并与国家精神、时代精神互相激荡、和谐并进，同时吸纳包括古希腊哲学、中世纪大学理念、欧美近代民主与自由思想在内的人类多种文化形态。

　　总之，大学植根于不同的社会结构、文化形态、民族意识，因而会生发出与前者不同的起源与演变历程，现代大学之于大学校训犹如大树之于树叶枝干，是后者的供养母体。现代大学为大学校训提供产生、发展、完善的支撑与土壤，大学校训是现代大学精神气度的彰显、文化品格的外化。

第二节　内涵与层次：大学文化是大学校训的生存本体

　　大学不只是一种物质性存在，更是一种拥有文化共同体的存在。大学与文化相辅相成、不可分离，大学者，有大学文化之谓也，大学文化是大学之魂，它深深地蕴含在"育人是大学之本"和"科学是大学之根"之中，大学校训则凝结并彰显了大学文化的精髓，它们之间存在着天然而又深刻的联系。从大学的起源看，大学本身起源于教育，雅斯贝尔斯认为，教育是"人与人精神相契合，文化得以传递的活动"，通过发挥大学文化的育人功能，培养和提升大学人的文化自觉意识，树立一种批判性的文化意识和生活方式。每一种文化传播都不仅仅是一种简单的知识转移，更是一种文化创造的过程，是创造性地培育年轻一代良好的科学精神和人文关怀的过程。大学之所以能担当人才培养、科学研究、社会服务、文化传承创新和国际交流合作的重任，其主要原因是大学在长期的办学和教育教学实践过程中积淀了雄厚的文化底蕴。大学从一开始就肩

---

① 储朝晖：《我国大学精神的既有研究与待解难题》，载《中国教育科学》，2013 年第 3 期。引用时有改动。

负着传承文化的使命，并在文化坚守中获得了浑厚的精神力量。大学的历史恒久性就在于大学一直继承、传播和弘扬文化，以文化影响和改造着社会，促进受教育者社会化与个性化的协调发展，从而塑造出德智体美劳全面发展的人，"在一定意义上可以说，大学即文化。大学的教育教学过程，实质上是一个有目的、有计划的文化过程。所谓教书育人、管理育人、服务育人、环境育人，说到底都是文化育人"①。

一、大学文化的内涵

文化的意蕴，言人人殊。我国早期甲骨文中"文"就有美好之意。"文"本义为花纹。古语有云："物相杂而谓之文。""文"表达的是事物的多元化。"化"的本义是改易。这种改易既包括从无到有的"造化"，也包括宇宙生成以后的"演化"和"分化"。文化是一个动态的过程，文是化的目的，也是化的结果。由于"文化"界定具有不确定性，对大学文化的边界存在诸多分歧是情理之中的事情。根据马克思、恩格斯对"文化"概念的广义与狭义的理解，大学文化指物质文化、精神文化、行为文化与制度文化的综合，或指观念形态的文化，包括价值观念、情感因素、精神要素等。从文化学的角度考察，一种观点认为，大学文化从属于社会主导文化，具有不同于社会主导文化的特性；一种观点认为，大学文化既是亚文化的一种，属青年文化，同时又具有学校文化综合性、教化性的鲜明特征，是围绕大学教育教学活动建立起来的一整套思想观念、行为方式、语言习惯、制度体系、知识符号、建筑风格的集合体。从大学的基本属性和基本职能理解，大学文化是由一个特殊社会群体"大学人"在对知识进行传承、整理、交流和创新过程中，形成的一种与大众文化或其他文化既相联系，又相区别的文化系统。这种观点认为，大学文化是以大学为载体，通过历届师生的传承和创造，为大学所积累的物质成果和精神成果的总和。

对大学文化不同视角、不同深度的认识，导致了人们对大学文化概念界定的不同。在综合学术界各种解读的基础上，我们对大学文化作出如下界定：大学文化是以大学为载体、以大学人为核心的一种特殊的文化形态，围绕"人"开展的文化活动，表现为"大学人"对文化的传承、整理、交流和创新，是在社会文化影响下历届师生积累、传承和创造的物质文化、行为文化、制度文化和精神文化的总和。这个定义是从广义上

---

① 袁贵仁：《加强大学文化研究　推进大学文化建设》，载《中国大学教学》，2002 年第
10 期。

界定大学文化。首先,明确了大学文化的载体是大学;其次,明确了大学文化的主体是大学人,即:大学校长、大学教师、大学生、大学校友;再次,强调了大学文化的全程性,其贯穿于大学产生发展的始终,既是由大学人创立的,又是不以人的意志为转移的客观存在;最后,明确了大学文化的构成,是由物质文化、行为文化、制度文化和精神文化四部分综合而成的复杂系统。

二、大学文化的层次

文化包含着有关生活、生存的理论与方式,文化体系可以划分为不同的层次。"关于文化的层次分类,文化研究的成果存在认识上的分歧,产生了'物质文化和精神文化'两层次说,'物质文化、制度文化、精神文化'三层次说,'物质文化、制度文化、风俗习惯、思想与价值文化'四层次说,'物质文化、关系文化、精神文化、艺术文化、语言符号文化、风俗习惯文化'六层次说等多种理论观点。"[1]这里,我们将大学文化分为物质文化、行为文化、制度文化和精神文化四种层次结构。

物质文化是指大学文化的物质外壳和物化形态。物质文化是大学文化的基础,具有传递精神文化、外化精神文化的功效,是大学物质品位的集中体现和精神文化的物态表达。物质文化主要包括地理环境、建筑人文景观、绿化美化、教学科研等生活环境和图书馆、报纸、杂志等文化传播载体与设施。

行为文化是在大学发展进程中形成并通过各类大学人的行为活动而表现出的文化形态总和,展现为师生员工在学习工作和其他行为中表现出来的精神态度、行为方式,是大学主体自觉的行为,由大学人直接开展。行为文化是学校精神在大学人身上的具体体现与动态折射,分为学生行为文化、教师行为文化、管理人员行为文化。行为文化包括校风、教风、学风、校园文化活动及社会服务等。

制度文化是指大学管理者制定的价值理念、办学思想、文化传统、道德标准和生活方式等一系列观念体系构成的规范体系。制度文化是大学文化的重要依托,主要包括以下三点:一是国家有关高等教育的法律、法规和政策,例如《中华人民共和国教育法》《中华人民共和国高等教育法》等;二是地方教育法规;三是学校内部的各项规章制度,例如学术自由制度文化、依法治校制度文化、民主管理制度文化等。

---

① 眭依凡等:《大学文化思想及文化育人研究》,浙江大学出版社 2016 年版,第 8 页。

精神文化是指一个大学在长期的校园文化建设过程中总结、提炼、积淀而成的，为数代师生员工所认同并不断对后来者产生重要影响的行为准则、生活习惯和规范体系，作用于教学、科研、管理各个环节。精神文化是大学文化的核心，决定着大学的发展方向、价值取向与目标导向，是大学文化之间相互区别的最重要元素。精神文化分为两个层面：一是价值层面，包括大学精神、办学理念等；二是形式层面，包括校训、校歌等标志性标识。下面，我们重点讨论形式层面的精神文化构成要素——校史、校标、校歌等标志性标识。

校史即学校的历史，记载着学校的历史沿革和校名、校训、校标、校歌等的由来，蕴含着丰富的办学理念、思路、成果以及经验教训，是各高校历史传统的凝练、大学精神的彰显、文化底蕴的折射。国以史殷鉴，校以史明志，校史是学校文化与精神的永恒传承。它既是高校情景交融、气度恢宏、动人心魄的编年史，也是具有浓厚教育意蕴、亲切真实榜样和活灵活现事件的资料史，更是一所高校历代师生共同创造、历经时代风雨洗礼而积累的具有中国特色的奋斗史。作为大学文化中最有真实感、最富有感染力、最能引起共鸣的文化形式，校史教育应是高校新生入学前的必修课，是育人工作的起点。

校标是校史、校训的视觉符号和显化形式，可以体现学校的悠久历史、办学理念、精神风貌和文化传承等，具有象征意义，是学校的形象。

校歌专指代表一所学校的歌曲，反映学校的主旋律，是校园文化中最能表达学校全体人员的价值和理想追求的乐章，通常在隆重的典礼、集会等场合演奏（唱），是学校的象征和标志。校歌是学校形象展示的听觉系统，承载着深厚的文化底蕴，具有独特的地域识别内涵。从文学的角度讲，校歌的歌词必须具备"情、景、理、志"这四个要素，校歌是青年学子之歌，当然也是中青年教育才俊和德高望重的教育界前辈、专家、教授、大师们共同的歌。东北大学校歌是1928年时任东北大学校长的张学良请刘半农作词、赵元任谱曲而成的。校歌语词典雅、旋律雄浑，"爱校、爱乡、爱国、爱人类，期终达于世界大同之目标……使命如此其重大，能不奋勉乎吾曹"，充分体现东北大学勇于担当历史责任的爱国精神和保家卫国的民族精神，时刻激励感召着大学师生。校史、校标、校歌是大学校园文化的重要组成部分，同时也是文化育人中不可缺少的重要环节。

大学文化正是以物质文化为基础、精神文化为核心、行为文化为中介、制度文化为依托的相互依存、相互补充、相互强化并共同对大学生存发展产生重大影响的文化场域。在四者之中，精神文化处于深层，是隐性的，指导和影响着处于显性的物质文化、行为文化和制度文化；制度文化处于中层，是物质文化、精神文化和行为文化的保障；物质文化和行为文化处于表层和浅层。其中，物质文化是精神文化、行为文化和制度文化的载体和基础；行为文化是精神文化与物质文化、制度文化的中介和途径，促进精神文化与物质文化、制度文化的互动。

总之，每一所大学独特的大学文化是一所大学区别于其他大学的重要标志。大学文化涵盖广泛，意韵深远，是大学校训生存的本体。历经岁月沉淀和大学人打造的大学文化是滋养大学校训的深厚土壤，大学校训是一所大学文化传统、精神内涵、学术气质的彰显和表达，是一所大学存续的文化基因。

第三节 涵义与精髓：铸魂与育人是大学校训的价值体现

大学校训乃一校风尚与灵魂之凝聚，办学理念之外现，发展宗旨之彰显，不仅是大学精神气韵的核心凝练，也是校园文化建设的内在灵魂，更是一个国家主流意识形态和核心价值观在大学的高度凝练和集中表达，属于大学文化中的精神文化范畴，常被誉为大学的"精神之窗"与"外交名片"。纵观大学发展史，大学校训的生成过程既与时代发展的主题高度契合，也与大学发展的功能演进以及大学发展的现实要求和未来前瞻相互映衬。"育人为本"是教育的本质要求。"用习近平新时代中国特色社会主义思想铸魂育人"是高校的历史使命和责任担当。如何让"大学校训"发挥"铸魂与育人"功能以推进高校思想政治教育工作、助推高校内涵式发展，已受到教育工作者和学者们的高度关注。

一、校训涵义界定

何为校训？《辞海》的定义是："学校为训育上之便利，选若干德目制成匾额，悬之校中公见之地，是为校训，其目的在使个人随时注意而实践之。"这种校训，主要强调的是校训的教学导向作用。从目的上看，是一种理想教育，是为了培养理想中的人才；从内容上看，是一种自上而下实施的教育；从形式上看，一般短小精悍、易于记忆。校训的内容和文字表达方式是有自身特色的，并且随着时代的演变有自身的特殊性。一则好的校训，不仅是打开大学历史文化之门的一把金钥匙，是了解大学精神家园的一扇窗户，更是大学发展的航标，为大学的发展指明方向。

如今，我们为校训概念下定义时，应思考校训中的主体、生成的情景、制定者、内容、形式、功能、目的之间的关系，即校训为谁制定？它是基于什么样的情景下生成的？由谁制定？校训的内容是什么？以什么形式呈现？有什么功能？最终达到什么目的？

（1）校训为谁制定。校训作为学校教育文化的一部分，校训制定的对象应为包括管理者在内的学校全体师生。从学校管理人员、教学人员，再到学生群体，无不需要深刻理解并阐明校训宗旨，这样才能实现校训的价值。校训蕴含的学校教育文化为全校师生提供态度和导向，一旦形成，就很难消失，并且能让新融入学校的师生员工快速体验，将这种文化传承下去。

（2）校训生成的情景。校训生成的情景既可以基于社会背景，也可以基于学校背景。如清华大学校训是在民族危亡的社会背景下产生的。武汉大学的校训一方面继承了自强学堂的精神，另一方面考虑了改革开放，社会大发展的人才培养诉求。还有一些校训突出了学校性质或特色，如北京师范大学的校训为"学为人师，行为世范"，具有很强的师范院校色彩。

（3）校训由谁制定。校训是由个人或群体制定的。个人制定是指由校长、专家、学者、名人、国家领导，通过题词、征询等形式直接制定校训；群体制定多以征集、研讨等形式，由两个及两个以上个体共同协商制定。

（4）校训的内容与形式。校训内容的采择以经典为主，包括古文经典、名人名言、箴言或格言，均是与客观事实相符合的真理，蕴含着丰富的文化价值。形式上，校训多由词或简短的句子构成，依托一定的物质载体呈现出来。

（5）校训的功能与目的。校训的功能较为多样，具有指导、宣传、倡议、引导、规范、勉励、号召等积极的作用和正向的功能，最终目的在于使学校全体人员随时注意，并予以实践。

综上，本书中认为校训是基于特定的社会或学校背景，由个人或群体制定的具有导向、激励作用的词语或短句，是以经典为内容，依托于一定的物质载体呈现出来，旨在发挥其育人功能，要求学校全体师生随时注意并予以实践的一种独特的学校教育文化。

二、"铸魂与育人"是大学校训的价值体现

所谓铸魂与育人，是指通过铸魂而育人，在育人中铸魂，铸魂和育

人一体同构。其中，铸魂是根本与前提，育人是目的和归宿。铸魂与育人在本质上是文化探寻、文化创造与文化构建的实践活动。大学校训就其本质而言是一种文化现象，是大学精神文化最集中最本质的体现，是大学精神的内核。从校训的本质属性来分析，应归属于大学精神文化的范畴，它以精神文化的形式居于大学文化的核心层次，同时它一般又以标志性建筑等物化形式存在于校园内。校训是人文精神高度凝练的表达，是学校历史和文化的积淀，而不是作为器物或其他物质形式的东西而存在的，自然也应顺应中国特色社会主义进入新时代的历史方位，需要坚持中国特色社会主义教育发展道路，不断提高和满足学生的精神需要，从而从气质、爱好、理想、信念等方面激励其健康人格的形成，修炼人文内功、提升精神境界，最终实现从富足的生活走向丰盈的人生。校训是大学的精神文化标识，从精神文化的层次来理解和认识校训文化，能使我们更加清楚地看到其本身蕴含的文化价值，它发挥的引导、熏陶、激励等功能对大学人的思维观念和行为方式产生的巨大影响，从而为铸魂育人、立德树人提供坚实的文化力量和价值支持。

（一）校训折射出学校教育文化的精神力量

铸魂，就是"塑造灵魂"。根据《辞海》所表述的，灵魂是居于人的躯体内并主宰躯体的精神体，包括理想信念、道德情操、思想素质等。塑造灵魂，就是对人的精神进行塑造。习近平总书记曾揭示文化的内涵：文化体现的是深层次的精神追求和坚守。"如果把人的精神世界当作一个整体，文化处于最具基础性的地位，它是人的精神依据和思想来源，是人内在需要和行为动机的根基和由来，是支撑不断获得精神质料和文化养分的本源'活水'。"①文化直接作用于人的精神与灵魂，可以帮助学生形成积极的人文精神、求真的科学精神和开拓的创新精神，对学生的学习成效、心理发展和人格塑造都具有重要意义。人是社会发展的主体，是生产力诸因素中最活跃、最积极的因素，生产关系则是相对稳定的因素，经济的发展水平和社会的文明程度最终取决于人的精神力量和整体素质。文化育人，就是要作用于人的精神，丰富人的头脑，浸润人的心灵，并在这个过程中陶冶情操、净化心灵、提高思想素质，让人变得更优秀、更有创造力。文化是"根"，灵魂是"核"，在这一意义上，以文化人更能凝聚心灵。"铸魂"是育人的前提和保障，一所高校"用什么"来铸

①　刘建璋：《新时代铸魂育人的要素构成、现实表征与实践理路——基于习近平关于铸魂育人重要论述的探析》，载《广西社会科学》，2019 年第 12 期。

魂，决定着这所高校"育什么人"。

大学精神是一所大学的灵魂所在，校训根植于优秀传统文化，是大学精神的凝练表达，是学校办学理念、治校精神的映射，是学校历史、建校传统和文化精神的积淀，是校园核心人物的教育思想和独立特行的精神品格的沉淀，以不同的形式作用于全校师生的精神世界，对应于受教育者作为认识主体、道德主体、审美主体的统一体，在大学生成长成才与个人发展中起着根本性的塑造灵魂的作用。大学校训作为一种精神文化，其内容体现着学校致力于对学生人格品质的发展和完善，教导学生要努力形成某种精神风貌，"反映的是大学基于文化传统的办学理念与应然的价值追求，是全体师生认同的精神纽带、心理依存、行为哲学以及实践导向，影响甚至决定着一所大学师生的价值观念、思维方式和行为规则等"①。每一所大学的校训尽管取材的角度不同，但都是从不同的方面在彰显大学精神的实质，润物无声地给师生们以传统的熏陶、品位的传递、精神的激励，促进受教育者将工作做"真"、做"实"，与时俱进、不断创新，从而由必然王国进入自由王国，用自己的学识服务社会。

校训所折射的精神具有渗透性与变革性。一方面，校训的渗透性意味着它并非处于静止的状态，而是不断运动着的，它在学校教育主体与客体之间传输。这种精神渗透的结果以受众的认同与实践程度为衡量标准。校训内容、校训产生的时空背景作为渗透系数制约着这种精神的渗透流速。校训内容与社会背景、学校发展、个人发展的时空契合度越高，则越容易获得人们的认同并为之付诸实践；另一方面，校训折射的精神具有变革性，它并非固化不变，而是应该随着高等学校的地位、作用、任务的变化和发展，根据具体学校的办学理念、目标定位、类型定位的变化和发展以及文化积淀等方面的内容进行建设。这种变革既可能体现为校训的更换、调整，又可能表现为对校训内涵的解构与重构。如 1934年南开大学形成的"允公允能，日新月异"的"公能"校训，"'允公，是大公'；'允能者，是要做到最能，要建设现代化国家，要有现代化的科学才能'；'日新月异'则是'每个人不但要能接受新事物，而且还要能成为新事物的创造者'。随着时代的发展，南开的'公能'校训发生了内涵上的变革。'公'意为致力富强、民主、文明、和谐的家国情怀，追求自由、平等、公正、法治的社会理想，涵养爱国、敬业、诚信、友善的人生操守；'能'意为修身报国、服务社会、践行'公'之价值观的能力。'日新月

---

① 韩萌：《"双一流"战略下我国大学校训文化的优化与升华》，载《当代教育科学》，2019年第 5 期。

异'指为追求和践行'公能'过程中要与时俱进、开拓创新，'公能'校训就有了新的表达"①。

综上，校训是学校教育文化中不断被优化与传承且与时俱进的精神力量。加强以校训精神为核心的高校文化建设，既能在潜移默化当中涤荡心灵、熏陶思想、美化行为、升华人格，更能为办好学校提供强大的凝聚效应以及抵御困难的精神动力。

（二）校训彰显了学校教育文化中的人学价值

人学就是关于作为整体的人及其本质的科学。大学的根本任务是培养人才，以人为本是大学根本的办学理念。"以人为本"最早见于《管子·霸言》第二十三："夫霸王之所始也，以人为本。本立则国固，本乱则国危。"这里的以人为本，即确认了人在社会生活中的主体地位，节制着古代专制统治的暴政，是中国古代民本思想的源头。我们现在所说的人本主义，主要源自西方的哲学和思想文化。1852年，英国人纽曼著的《大学的理念》认为：大学是以传授文理科知识为主的"博雅教育"，是训练和培养人的智慧的机构。教育部原部长周济指出：不管时代如何变迁、社会如何发展，也不管高等学校的职能如何扩展，"育人"始终是高等学校最基本、最重要的职能。任何时候高等学校都要始终坚持以"育人"为本。随着改革的深化，我国高等学校也将按自身的逻辑朝更加科学化的方向发展，研究型大学、教学研究型大学、以本科教学为主的大学和高等职业学院等各级各类学校的定位将会逐步清晰。但不论是哪一类型的学校，其最根本的任务都是培养人才。

大学教育是对人的教育，因此一所大学的校训、校风以及引起师生共识的文化传统是大学用来成风化人的根本。从环境影响层面来看，校训文化是一种软性能量，对于促进学生自身发展和整个高校的建设都具有不可小觑的意义。校训存在的本质与受众的主观感受、理解有关，校训从文化、精神、价值观角度对校园管理者、教育者、受教育者的价值指向进行塑造，从而内化其思想意识，进而整合为主体自我建构性的实践活动，促使其思想道德水平提高和科学文化素养提升，最终实现科学的管理、成功的育人以及全面的成人。"从个人能力发展角度来看，高校校训文化能够促进个人能力的发展和人生价值的实现。校训育人的关键点在于'训'，其功能性在于对教育者和受教育者的引导、疏导和督导，

① 赵婀娜：《"公能"校训：核心价值观的南开表达》，载《人民日报》，2014年10月9日。引用时有改动。

引导师生养成优良品德，疏导师生面对挫折振作精神激发内生动力，督导师生以校训为尺规范自身行为举止。所以校训文化的育人所指目的是促使师生内化校训精神，外化行动指南，从品德、学业、能力等方面激励其健康人格的形成，最终实现自我世界的丰富和人生价值的提升。"①

校训多从立德、育人的角度，阐明了"育什么人""做什么人"的人学立场。杨康艳对 43 所师范大学的校训研究发现，我国师范类大学的校训中有"厚德""立德""崇德""重德""弘德""正德"等表述，强调师德的培养和品行的养成；中国政法大学"厚德明法，格物致公"表现出校训的人学立场。2021 年的统计数据发现，137 所"双一流"建设高校中，出现频率较高的词有"德""勤""诚""创新""求实""笃行"等。其中"德"字就出现了 46 次。良好品格是人性的最高表现，品格能决定人生，养成良好的品格要不懈地努力。在一个人的各种品性中，德性占有首要位置，好的品德不仅是社会的良心，而且是国家发展的原动力。

校训的制定体现了积极心理学在实践中的应用，校训所发挥的积极的、正向的功能，给予了人们文化的力量，影响着全校人员。教育作为"人"的事业，在本质上表现为人与文化的双向建构过程，强调的是教与学在一定文化主题上的互动，因此，更要强化理论与实践的结合，双向建构、交合互动。"校训的非强制性约束力主要来自学校教育文化中形成的心理契约。通过心理契约，校训与学校教育文化精神、学校教育文化传统、学校教育活动、学校教育物质文化联结起来，形成了一种隐性的、非正式的相互期望。学校管理者为全校职工营造出相应的学校教育文化氛围，教师传承着学校教育文化传统，并对其进行优化和改造，学生规约着自己的言行，并将其内化为自己的价值观。"②

总体来看，校训的生成以人学为依据，以人的内在发展和积极驱动为归属。校训作为一种学校教育文化，在学校教育活动中起着美育、浸润的作用。习近平总书记强调，要全面加强和改进学校美育，坚持以美育人、以文化人，提高学生审美和人文素养。优良的校训不仅美化一方校园，还美化着整个教育生态，它采择真理，育人、立德，在学校教育文化中不断优化，得以传承。

浇花浇根，育人育心。寥寥数语的校训，是一种"无言之教"，予人

---

① 黄丽晶、刘昕霞：《高校校训文化的德育功能探析》，载《边疆经济与文化》，2022 年第 3 期。

② 张杨、张庆晓、邹瑶瑶：《校训概念的歧见分析与逻辑辨正》，载《教育导刊》，2021 年第 1 期。

以生命的启迪、文化的滋养、前行的力量。新时代应弘扬校训所蕴含的"育人之纲"与"精神之气"，在学思践悟中彰显大学的文化先觉和文化传承，感召学人抱定求学之宗旨，砥砺严谨之德行，敬爱师生之情谊，让校训焕发出新时代的熠熠光彩。

（三）大学校训铸魂与育人六个维度的理论依据和实践支撑

任何一门学科，都有它的理论依据，这是建立学科理论体系的前提和基础，它关系着整个学科理论体系的科学性。理论依据是学科自身的基本理论，一门学科的形成是以理论依据为指导来研究该学科发展的成果。

第一，本书立足于思想政治教育专业，坚持运用思想政治教育学来指导理论体系，因此，书中提出的六个维度的理论依据和实践支撑，也是按照思想政治教育学的理论体系来设计和论证的。陈万柏、张耀灿2007年于高等教育出版社出版的《思想政治教育学原理》（第2版），作为高等院校"思想政治教育专业"的主干课教材，该书认为，思想政治教育学的理论体系涵盖思想政治教育的理论基础、历史考察、本质、战略地位和社会功能、过程及其规律、对象、目的和任务、内容、原则、方法和艺术、载体、环境、评估以及思想政治教育者的素质与培养等方面。一所大学的校训，不仅是训育师生的文化符号、立德树人的有效载体，所折射出的优良的文化精神更是渗透着思想方法、道德意识、价值观念、行为方式，对大学生有启迪、陶冶、指导和塑造作用，具有鲜明的思想政治教育功能。从这个意义上来讲，以思想政治教育学来指导本书的理论体系，对大学校训的丰富内涵进行解读具有重要的理论与实践意义。

思想政治教育学是在思想政治教育实践基础上产生和发展起来的，其研究不能脱离思想政治教育实践，而要对实践经验进行总结并从中抽象出具有一定概括力的理论，以更好地指导思想政治教育实践。思想政治教育学的内容总是随着历史的演进而进步，在不同的时代条件下具有不同的内涵和要求，社会的发展阶段决定了思想政治教育内容的时代性。与传统思想政治教育要素相比，新理论框架下的思想政治教育系统要素已从要素发展成为自成体系的多个维度，如知识、学科、环境、工作等，这是思想政治教育现代化、科学化、专业化发展的结果，反映了思想政治教育的现代转型。

第二，创新需要融合，本书坚持运用多维视角、跨学科研究方法来分析大学校训，在总结概括前人研究基础上，从六大维度梳理并创新，以保证大学校训的研究更加系统化、规范化，进而把握好整体与部分之间的辩证关系。具体而言，从生成维度对中国大学校训的本土生成轨迹进行纵深分析；从本质维度对大学校训本质做出一定探索，以期更精准地把握大学校训的内容，充分发挥大学校训的功能；从结构维度进行分析，为深入认识大学校训并使之更好地表达铸魂与育人的语义提供参考；从功能维度进行分析，保证大学校训对大学人内在思想政治品德的形成和外在整个社会生活都能够产生积极影响；从实践维度进行分析，为大学校训的铸魂与育人实践提供科学依据和行动指南；从辐射维度进行分析，为引领社会的文化，助推高校内涵式发展提供多角度的借鉴与参考。六个部分相辅相成，生成维度是前提性内容，本质维度是导向性内容，结构维度是基础性内容，功能维度是根本性内容，实践维度是保障性内容，辐射维度是动态性内容。稳定合理的"六个维度"使各内容要素相互影响、相互渗透，共同构成了大学校训内容的有机整体，也是内容要素全面而有效实施的重要条件。

另外，本书第五章所聚焦大学校训的"实践维度"既是大学校训的动态性内容，又是大学校训的实践支撑，本章内容积极拓展大学校训的辐射空间，创设有利于开展大学校训的对象条件、空间条件与时间条件等生态因素，解答如何通过大学校训更好地铸魂与育人。在大学校训的实践主客体部分，强调大学校长、教师、大学生、校友四方面主体在大学校训实践中发挥的作用；在大学校训实践过程方面，设置大学校训传播、大学校训教育、大学校训优化等内容；在大学校训实践载体部分，以物质载体、活动载体、组织载体和制度载体为模型顶点，构建"大学校训实践载体模型"三个层层递进的闭环式结构体系，为大学校训铸魂与育人的实践提供科学依据和行动指南，以期更好地解答如何通过大学校训实现铸魂与育人。

第一章　大学校训生成维度：
承载铸魂与育人的使命

"每一个较大规模的现代社会，无论它的政治、经济或宗教制度是什么类型的，都需要建立一个机构来传递深奥的知识，分析、批判现存的知识，并探索新的学问领域。换言之，凡是需要人们进行理智分析、鉴别、阐述或关注的地方，那里就会有大学。"①现代大学自诞生之日起便以照亮人性的美和探究真理为己任，自洪堡创办柏林大学以来，大学就不再仅仅是民间的、教会的和学人的社团机构，而是在办学理念上有了革命性的改变，一方面致力于个性和道德的修养，另一方面将对新知识的探索作为其最重要的职能，实践学术自由以及集教学与科研于一体的办学方针。大学校训的生成历程更是映照和承载着大学的使命和责任，铸时代之魂，育有用之人。

第一节　大学校训生成的历程

中国现代大学及校训是文明互鉴、东西合璧的产物。"训"是中国传统文化中一种独具特色、普遍适用且有效育人的手段，家训、族规等是传统教育的基本内容，影响着人生的方方面面。在特定历史背景下，西方现代大学理念及制度体系逐渐促使中国大学向现代转型，中国固有的"学训"与西方舶来的"Motto"（校训）共同造就了中国现代大学校训，承担着铸魂与育人的使命。

一、中华优秀传统文化与大学校训的思想生成

为政之道，要在用人。人才辈出，是历朝历代统治者谋求盛世中兴的"国之大纲"。鉴于高等教育对于国家培养各种政治人才的贡献，统治者们便知道了教育对安邦治国的重要性，因此，中国古代高等教育的模式是政教合一、官学私学并立，教育的实质是为国家培养各种政治人才，是为政治服务的。由于历朝历代的统治者都把教育视为治国之本，作为

---

①　[美]约翰·S. 布鲁贝克：《高等教育哲学》（第3版），王承绪等译，浙江教育出版社2002年版，第13页。

统治阶级用以生产与其特殊地位和利益相吻合的工具——高等教育机构，没有也不可能生成有自身发展特色的校训。但当时已有家训、庭训、祖训、族训等。中国自古以来就注重家庭建设、家训提炼以及家风养成，家训是传统家庭教育的特殊形式，主要指父祖对子孙、家长对家人、族长对族人在睦亲齐家、治家理财、修身处世等方面的直接训示、亲身教诲，此外，也有一些是夫妻间的嘱托、兄弟姊妹间的诫勉，这是中华传统文明的重要内容，为"校训"的形式提供了可资借鉴的样板。

当家学转为书院式的公开讲学时，校训便开始萌芽。中国古代书院是独具特色的文化教育机构。书院制萌芽于唐，完备于宋，废止于清，作为一种主要的文化教学组织延续了一千多年之久。中国古代书院肇端于唐中期，当时的书院主要功能是收藏、校勘书籍，还不是一种教育机构，在宋朝时期才开始发挥教育功能，一直发展延续至清朝末期。随着书院教育的发展兴盛，逐步出现了使用清晰和相对固定的语言，表述要求师生能够共同遵守、共同追寻的行为方式，这就形成了书院院训。南宋时理学的发展使作为学派活动主阵地的书院风靡一时，中国古代的校训雏形也日见端倪，书院的创办者用简短精悍的语句规定了书院的办学宗旨和基本要求，把自己对于大学理想与风格的理解蕴藏其中，提炼成书院的纲领性文件，即"学规""院训""洞训"等。除去外部环境因素，众多书院通过楹联告诫莘莘学子立德修身的重要性，如安徽新绣溪书院撰有楹联："读书须下苦功夫，试看寒梅，傲骨方能香扑鼻；立品始成美君子，进观大学，治邦先要德修身。"岳麓书院的院训源于朱熹所倡导的"忠、孝、廉、节"，象山书院的院训"明理、志道、做人"，鹅湖书院的院训"为学修身，处事接物"都展现出中国古代教育对德育的重视。书院院训的孜孜教导，使得当时的学子不仅重视对知识的掌握，更将具备儒家思想中的完美人格作为自身修养的最高目标，这也使得书院的教育目的从传授学生知识上升到让学生懂得做人的道理。

书院不仅对学生有较高的要求，对教师的选拔也十分严格。在选拔教师时不仅重视学识也注重品德修养，以便给学生高尚品德的熏陶。所以院训的提出不仅对学生知识学习与品德塑造发挥着重要功能，也激励着教师发挥道德模范作用。院训的训导作用让教师时刻牢记约束自身，进而加强道德培育。白鹿洞书院所聘请的朱熹，在授课之时就十分注重自身言谈举止。书院的教师在给学生进行知识传授之时，不仅关注学生的知识水平，时常与学生进行学术交流，而且关注他们的日常行为，帮助学生解答心中疑问。在言传身教中，学生也成为道德理想的实践者，这进一步促进学生品格的完满，印证了对"君子"美好德行尽善尽美的追求。

由于封建统治阶级对高等教育机构的严格管控，中国传统"大学"并没有明文规定的校训，但中华文化源远流长、学养深厚，五千年的历史沉淀让中华文明散发着悠久的韵味，形成了浩如烟海的文化典籍，这些文化典籍，是中华文化中的核心元素，时至今日仍左右着当代大学的行为准则与道德规范，甚至直接成为许多大学校训的文字范本，为大学校训的萌生提供了理论源泉和思想武器。大学校训是一种以大学为载体的、特殊的文化形式，与整个中华文化的背景密不可分，深深地植根于中国人的社会以及民族心理之中，其内容和形式与传统文化有着继承和发扬的关系，蕴含着丰富而深邃的育人睿智。书院自唐代出现直至清朝末期，存续了近一千三百年，保留下来的教育内涵极其丰富。书院作为我国古代所独有的民间办学机构，成就了古代学子的精神依托。千百年的历史进程将书院成功地打造成求学、问道、授业、修身、辨析的地方，书院也担负起了为华夏培养人才的责任，时至今日仍然作为中华优秀传统文化的重要宝库，也为中国大学校训在形式和内容上提供了珍贵蓝本。

直到鸦片战争时期，隆隆炮声映衬着封建王朝的末日余晖，沉睡的封建帝国中，一部分人开始醒来，"开眼看世界"。清朝末年，随着西方教会学校的传入与"中体西用"思想的传播，西方先进的文化知识、教育理念和教育制度传入中国，中国传统"大学"发生了一系列基因重组与变异。书院，作为对中国古代社会影响较大的一种高等教育机构，逐渐被具有现代意义性质的大学所取代，近代大学校训开始出现。在新时代背景下，当代大学要在守正创新中挖掘书院院训的育人资源，彰显校训的育人功能，引领高校师生牢固树立文化自信，传承中华优秀传统文化，以新时代大学的文化精神助力学生成长成才。

二、近代社会生态与大学校训的历史生成

教会学校是近代中国一支特殊的教育力量，最先被移植到了中华大地上，继而催生出名副其实的中国最早的大学校训。早在 1839 年 11 月 4 日，美国传教士勃朗(S. R. Brown)便创办了马礼逊学校，这是近代中国第一所传播西学的学校，标志着中国近代教会教育史的开端。早期的教会学校办学是为"传播福音开辟门路"，而不是传播广义的西方文化知识，之后为了应对中国本土大学崛起所带来的挑战，扩大教会教育的规模与影响，教会学校积极争取国外教育机构的资助，原来的教会中等教育机

构或教会书院都纷纷组建综合性大学。教会大学是西方列强侵略中国的伴生物，第一次鸦片战争以后，一系列不平等条约的签订使得西方列强获得了在中国的传教权。西方传教士倚仗不平等条约的庇护，深入中国各地，广置教堂、开设教会学校，传播以基督教为核心的西方文化，教会大学的创办从而也获得了一系列制度上的保障。19世纪末20世纪初，由西方教会在中国创建的教会大学，并非中国人的自主选择，但是它的启动与扩张成为促进中国近代高等教育孕育、萌芽、发展和变革的催化剂。教会大学在中国开展西式教育，传播西方的科学知识，进行了一系列"本土化"的改革，为中国大学在近代化进程中模仿与学习西方奠定了基础。

教会大学早期开设文理学科的目的主要是实现"文理学科与宗教结合、受宗教解释、为宗教服务"，不过迫于时势，其办学理念也有所转变，经历了非基督教运动及收回教育权运动、中国化及世俗化等阶段，这点也可以由其校训反映出来，许多教会大学的校训的字眼或思想甚至直接出自《圣经》等，如作为中国近代较早一批教会大学的苏州东吴大学和上海圣约翰大学。东吴大学是美国监理会于1901年在苏州创办的一所教会大学，当时的校长孙乐文（美籍）即引用《新约圣经·以弗所书》第四章第十三节中的"Unto a Full Grown Man"养天地正气，法古今完人作为本校校训，在有意或者无意间，东吴大学从一开始就强化了通识教育，尽管这种强化其本意是基督教教育的主张。无独有偶，圣约翰大学（St. John's College）是1879年由美国基督教圣公会创办于上海的一所著名的教会大学，当时校长卜舫济确定了"Light&Truth"（光明与真理）为该校校训，1931年他在原有校训上加入孔子的名言"学而不思则罔，思而不学则殆"，使圣约翰大学的校训兼备中西文化。另外，燕京大学也是近代中西文化交流的产物。1919年司徒雷登就任校长后，把《马太福音》里第20章28节的内容与弗吉尼亚大学正门的一句希腊文结合，将该校校训概括为"因自由得真理以服务"。在这些教会学校的影响下，以后的教会大学提出了各自的校训，如金陵女子大学校长德本康夫人，以及后来的吴贻芳校长提出"Abundant Life"（厚生）校训；华南女子大学确立了"Saved for Service"（受当施）校训；齐鲁大学确立了"尔将释真理，真理必释尔"的校训。

中国近代教会大学相继制定本校校训后，"MOTTO"（校训）实体已然显现并推广，但由于中国传统"大学"没有"校""训"二字连成一起的词组，因此尚未出现"校训"这一名称。1894年甲午中日战争后，教育先贤们借用日语汉字形体命名，即日语中称之为当用汉字的"校训"（平假名：こうくん）一词。由此看来，"校训"一词虽属舶来品，却又有很深的本土因缘。至此，"校训"一词与中国古代"校训"及西方大学的"MOTTO"完成了完美对接，实现了校训概念与原型的实至名归，也使中国大学校训进一步得以明确化。

第二次鸦片战争后，面对内忧外患，清政府掀起了洋务运动，后在甲午中日战争中的惨败，唤醒了沉睡的中国人民和统治者，让清朝统治阶级意识到要改变落后的局势，就要对传统的旧式教育体制和教育内容进行改革。1904 年清政府以日本学制为蓝本，颁布了《奏定学堂章程》（即《癸卯学制》），这是我国第一个实际执行的现代学制，该学制顺应了中国教育近代化的要求，标志着我国国民教育制度的开始，在它的影响下，一大批具有现代意义的新式学堂应运而生，中国自主创办的大学校训也正式生成。1902 年，张之洞、魏光焘等人创办三江师范学堂；1906 年，三江师范学堂更名为两江师范学堂（南京大学、东南大学等高校前身），由李瑞清主持，他以"嚼得菜根，做得大事"为校训，勉励学生以清苦自励，专心学问，成就大事。这句话的典故，可追溯到北宋汪革（字信民）。根据当时实行的"癸卯学制"，两江优级师范学堂还算不上是完全意义上的现代大学，直到 1914 年改名为南京高等师范学校后，根据当时实行的"壬子学制"才算得上是一所完全意义上的现代大学。当时校训也只用一个"诚"字，但对于整个中国大学校训发展史来说无疑具有划时代意义，南高之所以以诚为训，以诚为本，是因为校长江谦认为，诚涵知、仁、勇，诚育德、智、体。1896 年，盛宣怀创办了南洋公学（上海交通大学前身），1907 年至 1920 年，著名国学大师唐文治掌校，制定了"勤、俭、敬、信"的四字校训，这极有可能是中国第一个具有自身特色的现代意义上的大学校训。[①] 1914 年，赵天麟接任北洋大学校长，他总结了北洋大学近 20 年的办学经验，用"实事求是"予以概括，并以此作为校训。如果说教会大学校训只是照搬西式的"照猫画虎"，那么从这时开始，中国校训的原型开始明朗化、概念化、本土化，成为大学制度的一部分。虽然当时中国近代新式大学受西方大学的影响依旧很深，但是北洋大学的"实事求是"四言四字句校训出自古籍，已经突破了西方校训在内容和形式上的禁锢，成为中国近代大学校训的原型。

回顾北大的早期历史，我们可以说：北大是维新运动的产物，她的

---

① 王彩霞：《试探中国近代大学校训的起源》，载《高教探索》，2006 年第 2 期。

初始特征即是维新、革新、创新。有意思的是，北京大学校史馆研究员郭建荣撰文称：创办于 1898 年，作为中国近现代第一所国立综合性大学的京师大学堂（今北京大学）竟然没有一以贯之的校训。"循思想自由原则，取兼容并包之义"是蔡元培 1917 年出任北京大学校长时提出的办学方针，开创了北京大学学术研究的繁荣局面，奠定了此后北京大学的思想自由、兼容并包的传统，后被提炼为"思想自由，兼容并包"，并被一些人当作北大的校训。1913 年，梁启超应邀到清华大学给学生做了题为《君子》的演讲，他提出学校应该培养具有"君子"品格的人，并引述了《易经》中的"乾""坤"二卦来解析他认为的"君子"，这篇演说词发表在 1914 年 11 月 10 日的《清华周刊》中，清华大学便从中提炼出"自强不息，厚德载物"作为校训，1917 年修建大礼堂时，清华大学将"自强不息，厚德载物"的校训镌刻在巨型校徽上并镶嵌在舞台正额，以激励全校师生奋发图强，救国为民。既有珠玉在前，20 世纪二三十年代，大学繁荣发展，大学校训也百花齐放。这些颇具古风的校训，从此开启了其后大学校训沿袭的定式。这是大学校训的源头之一。

抗战时期，战火纷飞，中国大学顽强地生存、抗争、发展。唤醒民众、救亡图存，成为大学教育首要的历史使命，大学要与国家、社会相互依存、荣辱与共。大学校训也受到了这种文化氛围的影响，师生不断进取、共克时艰，潜心治学、至诚报国。这一时期成立的大学，在校训中有鲜明的反映。抗战初期（1939 年），当时中华民国的教育部定"礼义廉耻"为全国各校共同校训，同时颁布《训育纲要》，提出训育目标为管、教、养、卫，对学生进行"四维"（礼义廉耻）、"八德"（忠孝仁爱信义和平）教育，培养实践道德能力，即好学、力行、知耻，"千校一训"的局面正式形成。立足于文化教育专制主义而推行的全国统一校训，起到限制学术文化自由发展的消极作用，校训政治化、统一化，不利于大学的个性发展，也不利于学业进步，但在抗战特殊时期，国共合作，建立统一战线，军民合作，同仇敌忾，共赴国难，中华大地处处燃起抗日烽火，这种情况下，必须有思想的统一，结成最广泛的统一战线，在当时情境下仍有可取之处。与之遥相呼应的是解放区的大学以其通俗平实的白话语境冲破了桎梏，为中国大学校训吹进了一股清新淡雅之风，如毛泽东为抗日军政大学与鲁迅艺术学院分别题写了"团结、紧张、严肃、活泼"与"紧张、严肃、刻苦、虚心"的校训，华北联合大学将其校训定为"团结、前进、刻苦、坚定"，陕北公学的校训为"忠诚、团结、紧张、活泼"等。这时的校训，形成抗日民族文化统一战线，爱国精神、大局意识、必胜信念、英雄气概等抗战精神的传承成为大学主旋律，中华民族的民族意识空前觉醒起来。作为民族文化传承载体的大学校训，集中反映了战时文化的诉求。

在经历了古代书院母体断层与西方嫁接移植的双重痛苦之后，中国大学获得了凤凰涅槃的新生，在新旧秩序转换过渡的历史时期生存和发展。当然，西方大学的组织制度，也给予它不少的借鉴和仿造。不妨打这样一个比方：20 世纪前半叶的中国大学就像刚抱来的小洋人，传统文化是营养丰富的奶水。但随着对西式教育形式上的模仿，传统中一些旧的因素会逐渐淡化衰亡，新的因素逐渐积累形成，对大学精神的接受则略显滞后。学术自由则被遗弃，很少在校训中觅其踪影，反映出中国大学理念的严重缺失。于是，守望大学精神，寻找失落的精神资源，呼唤大学精神的回归与再塑，已成为大学人最强烈的需要和呼唤。

三、当代大学使命与大学校训的实践生成

1977 年恢复高考，大学教育逐渐走上正轨，但直到改革开放后的 20 世纪 80 年代，中国高校提出校训才又盛行一时。然而，此时的大学校训仍未完全摆脱政治语境的束缚，多延续或改进"文化大革命"时期的标语式口号，如广西大学在 20 世纪 80 年代末将其校训确立为"团结、勤奋、求实、创新"，1992 年山西大学确立了"勤奋、严谨、信实、创新"的校训，1993 年河南农业大学将其校训确立为"团结、勤奋、严谨、求实"，等等。这种严重雷同的现象既与计划经济体制下大一统的教育模式有深刻联系，也与计划经济体制下大一统的社会组织形式有深刻联系。虽然这一时期的校训出现了严重的雷同现象，校训表现为对时代流行语的盲目追随，不能展示出学校的个性，但是高校毕竟提出了各自的校训，主体认知开始建立。

开放向人们展示的是一种态势，一种气势，而其内在蕴含的是一种能量、一种梦想。在教育的历史长河中，教育开放是世界各国发展教育、增进了解和交流的一项策略。在当今世界，开放已成为潮流，教育领域的开放可谓如火如荼，在社会主义市场经济条件下，高校间的竞争越来越激烈，因而不少高校借院校调整、重组升格或校庆之际，追溯传统和历史，重建现代大学制度，寻求并彰显自己的办学特色，开始自觉地重塑或新建大学校训，大学校训内涵与形式的独特性成为大学明确自身文化形象的首要元素。如 1991 年，曲钦岳校长在广泛征求师生意见和总结南京大学办学传统的基础上，将"严谨、求实、勤奋、创新"作为南京大

学校训，体现了学校优良传统与时代精神的统一；中山大学在 1994 年建校 70 周年之际，恢复了老校训"博学、审问、慎思、明辨、笃行"；1995年，暨南大学也恢复了"忠信笃敬"的校训；复旦大学也在其 90 华诞的1995 年，树立起一座"博学而笃志，切问而近思"的校训纪念墙；1997年，北京师范大学为庆祝建校 95 周年，由启功先生倡议并亲自书写了"学为人师，行为世范"的校训；2002 年河南大学 90 周年校庆之际，"明德新民，止于至善"的校训又重新悬于大门内侧。也有一些大学从儒家或国学经典中选取格言名句来构建其新校训。

　　进入新世纪以来，随着国家进一步扩大落实高校办学自主权，文化自觉的进一步深化，许多大学更加注重增强自身软实力，校训建设再次受到重视与青睐，不断有高校明确校训（即以往无明确的校训）或者提出新校训（即对校训进行修改）。许多大学校训一改过去的陈词滥调，尽管大多仍以传统复古为主旋律，但用词总体呈现为"因应时代"与"趋于古雅"并存的趋势。如北京外国语大学 2011 年推出新校训"兼容并蓄，博学笃行"，只有兼容并蓄，博学笃行，才能承担起跨文化交流互鉴的历史使命，这反映了该校促进文化沟通和文明对话的办学宗旨。随着时代发展，这种"趋于古雅"的"尚古"之风反而更盛行，成为一种新的时代精神。另有一些脍炙人口、独具特色的校训在鲜艳的时代背景映衬下显得格外醒目，如 2002 年西北大学在欢庆建校百年之际决定沿用其前身西北联合大学时的"公诚勤朴"校训；2007 年上海外国语大学决定替换之前的校训"文明、团结、求实、奋进"改为"格高志远，学贯中外"；2010 年临沂师范学院在其升格为临沂大学时公布了"明义、锐思、弘毅、致远"的校训；还有一些高校根据学校深厚的文化底蕴和办学传统，提出体现学校整体个性和追求方向的校训。例如，中央民族大学 2007 年 10 月以新校训"美美与共，知行合一"来取代"团结、文明、求实、创新"的原校训。虽然相对之前的校训已有改观，但新的风气之下雷同重复依旧，"厚德""博学""致远"成为新的圭臬。

　　纵观我国的大学校训，历经了一百多年的发展变迁，既反映出大学的办学传统及治校方略，又表现出大学的现代追求。研究百年来中国大学校训，既可以感受到中国大学在跌宕起伏的历史浪潮中，同国家共命运，与民族紧相连，也可以领悟到这一时期中国高等教育乃至中国社会共同的思想保证和精神支撑。"大学精神不是人为设定的，也不是哪位校长或大师头脑中的理念产物，它是介于理性与情感之间的一个范畴，它的形成是多重因素长期相互撞击和融合的结果。"①大学精神的形成不会一蹴而就，要经历一个相对较长的历史过程。校训是对学校悠远历史和文化沉淀的提炼，彰显着学校的治学理念和培养目标，它对人有一种巨大的感染作用，尤其是在长时间后，它会逐渐内化为学校师生的一种心理因子，转化为师生的身体力行，从而更添校训之美。

第二节　大学校训生成的溯源

大学校训的生成并非无源之水、无本之木，而是深深地植根于本民族的文化传统、社会制度、大学文化等，中国大学校训生成的溯源主要聚焦于思想之源、形式之源和现实之源三个方面。

一、大学校训的思想之源

中国大学校训与整个中国文化的背景密不可分，深受中华优秀传统文化影响，正因为根植于传统的沃土，有赖于民族文化的养分，它才得以根深叶茂，弥久常青，中国百年老校校训传递出的"主德""家国""和合"等价值信念往往与传统文化的价值取向高度契合。

（一）以"德""善"为源

中国文化是以儒家文化为主体、以家庭为本位、以人伦为基础的伦理文化。它强调以血缘家庭为基础，以伦理道德来维系整个社会的秩序，是一种求善的道德性文化，简称为"德性文化"。"主德""求善"是学术界所公认的中国文化最具典型性和代表性的特征，中国文化不讲或很少讲脱离伦理型学说的智慧，以重视道德伦理灌输为主旨，偏重于"道德型"的理想人格设计。这一文化传统，反映了中国哲学注重实用、学用一致的传统学风，也使中国成为礼仪之邦，使中华民族更多地体验到人间关怀体贴的温情。因此，中国古代做学问都是从属于或落脚于道德问题的基点上，以修身为本，以齐家治国平天下为目的，自觉地以道德规范维护上下尊卑的社会秩序。这样的"德性文化"形成了诚信待人、勤劳节俭、尊老爱幼等中华民族的传统美德，这种特性也注定了我国学校校训总是以德为先。

（二）以"家国""担当"为源

"天下兴亡，匹夫有责"的家国情怀和使命担当，是中华优秀传统文

---

① 赵建林：《解读清华》，广西师范大学出版社 2004 年版，第 34 页。

化的重要组成部分，也是自古以来社会的理想追求和教育的核心思想。自古以来，我国知识分子就有"为天地立心，为生民立命，为往圣继绝学，为万世开太平"的志向和传统。无论是孔子主张的"当仁不让"，孟子期许的"舍我其谁"，曾子践行的"士不可以不弘毅，任重而道远"，还是王阳明阐明的"知行合一"，抑或是"风声雨声读书声，声声入耳；家事国事天下事，事事关心""些小吾曹州县吏，一枝一叶总关情"，这都是民族精神的生动写照，更是中国大学及大学师生对自己国家和人民所表现出的深情大爱，心里装着国家和民族，把实现个人梦、家庭梦融入国家梦、民族梦之中，不断传承和弘扬。

（三）以"和合""合一"为源

千百年来，中国人民以"天下为公、太平、大同"为不懈奋斗的理想和信念。儒家把天、地、人看成统一的整体，以"人与天地万物为一体""天人合一"为最高境界，因此形成了和谐统一的和合文化，这种文化精神认为和谐才是世界的永恒规律。《尚书·尧典》说道："百姓昭明，协和万邦。"《国语·郑语》提到："和实生物，同则不继。以他平他谓之和，故能丰长而物归之；若以同裨同，尽乃弃矣。"意为不同的事物配合统一起来，能达到和谐的效果。《中庸》道，"致中和，天地位焉，万物育焉"。民间俗语有"家和万事兴"和"和气致祥"之说。重和谐思想的突出表现是强调爱国主义和集体主义，倡导"定于一"。儒家伦理强调个人服从于社会，义务重于权利的观念。在这种观念的熏陶下，中国人逐渐形成了对民族和国家的高度责任感和义务感，整个中华民族因此具有强大的生命力和凝聚力。

二、大学校训的形式之源

中国许多大学的校训与中国文化典籍密切相关，特别是中国古代典籍中的格言句式对校训的形式有很大影响，中国传统文化中的家训、庭训、祖训、族训是中国大学校训取材的蓝本。

（一）学训

古汉语没有"校训"一词，也就不会有命名为"校训"的学校训词，而"家训""师训""蒙训""塾训""学训"等都属于教育类的训育及训词，并与学校的训育及训词有密切关联。"在古汉语中，'学'与'塾'都是学校的别称，'学训'和'塾训'是现代汉语'校训'的近义词，一些学校、乡塾、书院设定的箴铭类学训、塾训与现代校训大体相同，可谓既有其实，又有其名。……典型例证有朱熹为岳麓书院手书的'忠孝廉节'、朱熹为白鹿洞书院设定的《白鹿洞学规》和明太祖为各类学校颁布的《禁例十二条》。这些学训都属于箴言类文体，或题匾，或立石，其形式与现代校训相同。以'学'命名学校的现象至迟可以追溯到商朝。殷墟甲骨卜辞有'学'字和'大学'一词。西周时期的'国学'和战国时期的'稷下学宫'都是较早的例证。以'塾'命名学校的现象也很早便产生了。"①《礼记·学记》云："古之教者，家有塾，党有庠，术有序，国有学。"战国时期以来，称"学"的学校可谓司空见惯，称"塾"的学校比比皆是。各类学校的教师则称"学师"。正是出于上述原因，在中国古代的语言习惯中，"学"既可以泛指各种类型的学校，也可以特指某一所具体的学校，与学校相关的事物通常用"学某"的提法，而不用"校某"的提法。因此，在古汉语中，有学训、学戒、学箴、学铭、学规、学约等词语，没有校训、校戒、校箴、校铭、校规、校约等词语。学校设定的各种类型的训诲教育之词通常被称为"学训"的同义词及近义词。

（二）家训

"家训"也叫"庭训"。中国社会是"家庭本位"的社会，家庭成为人们主要的生活场所，是社会的基本构成单位和核心，是一切人伦关系和人伦秩序设计的原点，因而社会形成了注重家庭教育的风尚。这样，家训就被提到了很高的地位，家训着重于训、教，侧重于对家人子弟的训诲和治家教子、为人处世的指导，无论从内容上还是形式上都对校训产生了重要的影响。如周武王最先用"铭"教子。"铭"是古代家训的一种文体，将训诫内容刻在器物上，以供子孙经常观看。我国古代家训，尤其是周公家训对于教育子孙有重要的启迪作用，其中所包含的有关戒骄满、防怠惰、禁酗酒、重谦谨等个人品德修养，为后世家庭、学校、社会的伦理规范奠定了基础；家训发展到唐代，以诗歌形式出现，讲求工整、对仗、押韵，故称诗训。诗训形象生动，重在以情动人，以物喻理，启发自觉，通过熏陶、感染，逐渐提高孩子的道德情操。如唐代诗人杜荀鹤在《题弟侄书堂》中提到"少年辛苦终身事，莫向光阴惰寸功"，以此来告诫晚辈要勤奋学习、珍惜光阴；发展到明清时期，还出现了一种格言、篇铭、警句、歌诀体裁的家训，这种家训大多是饱含深意的哲言睿语，它们言简意赅，言近旨远，耐人寻味，流传颇广。如清代学者汪继培的"人贵自树"箴言、金缨的"以情恕人，以理律己"格言，以简洁明快的语

① 张鸿：《中国特色的校训现象：箴铭类"学训"》，载《天津师范大学学报（社会科学版）》，2016年第2期。

句道出了为人的真谛。

家训从铭到诗到格言、警句的发展，对校训的形式具有很大的启发意义，为它提供了可借鉴的样板，直到现在校训仍然采用格言、警句的形式，讲求工整、对仗，讲求押韵。这是中国校训明显不同于西方校训的特点。家训不仅在形式上影响着校训，而且在内容上也对校训有很大的影响作用，如在培养理想人格上要求勤俭、谦虚、诚信、廉洁、立志、敬学、勇敢等方面。尤其是近代家训提倡的"治生""制用"等职业理念，不仅拓宽了家训的领域，也丰富了校训的内容，使得校训在择业观上前进了一大步，为传统校训的发展拓宽了天地。

（三）对联

对联，俗称对子，又称楹帖、楹联，是我国汉民族独特的一种文学艺术形式。千百年来，名联迭出，妙语如林，构成我国传统文化中独特的艺术瑰宝。关于对联的来源，一般认为它发轫于古之桃符，自古以来，我国民间就有过春节时在门上贴门神的习俗。汉代，把神荼、郁垒二神的形象画在桃木板上当门神应该说是中国最早的对联。对联讲求对仗工整、押韵，尤其一些格言对联，其中对立志、治学、修身、友善、处世、齐家、明理等有高度的概括，对校训的形式和内容影响也是深远的。如马笛渔为蒙馆题的对联是"教小子如养芝兰，此日栽培须务本；愿先生毋弃樗栎，他年长大尽成材"，均寄托了撰联人的希望、愿望。古代书院的楹联也独具特色，对校训的形式和内容或多或少都起到了一定的影响作用。书院楹联作为一种特殊的文化形态，以潜移默化的方式传达着严肃的哲理和文化意蕴，这种作用是课堂和祭祀活动无法达到的。楹联字少，言简意赅，是一种简练的文体和文字艺术。如明代东林书院的"风声雨声读书声，声声入耳；家事国事天下事，事事关心"、贵州永宁书院的"格致、诚正、修齐，知所先则近道；孝悌、谨信、亲爱，行有余以学文"以及左宗棠 15 岁时为家塾所作的楹联："身无半亩，心忧天下；读书万卷，神交古人"。这些楹联将十分复杂的内容，以十数言表达出来，其精彩处远胜过长篇大论。

（四）碑刻

我国古代有刻石的传统。秦始皇统一六国后，巡游各地都刻石以记功。后东汉熹平四年（175 年），出现石经，即把儒家经典刻在石头上。为了便于人们记诵，石经不仅立于太学门口，而且地方的府学门口也有。这对于后世校训以碑刻形式出现有一定的启发意义。历代帝王赐匾后或悬挂、或张贴、或碑刻等形式，对后人把校训张贴、悬挂于学校显眼的地方等做法有一定的影响。

三、大学校训的现实之源

大学校训是大学办学传统、办学特色和时代个性的完美结合。大学校训作为一种文化表现形态，既是对中国传统文化的继承和发扬，又蕴含社会发展进步的时代要求。大学校训的目的、内容等总是不断变化发展着的，折射出时代的烙印，闪耀着时代的光辉。

（一）肇始于创办者及校长的办学理念

近代以来，中国许多大学的校训都是根据校长和创始人的意图确定的。大学校长和创始人的办学目的通常非常明确。建校之初，办学思路通常被确定为大学的校训。如中山大学校训就是创办者办学理念的执行与反映。1924 年，孙中山一手创办中山大学并亲笔题写"博学、审问、慎思、明辨、笃行"作为中山大学校训。孙中山提出这十个字作为校训，意在培养学生以博学为目的，努力探索知识，养成勤于提问，善于思辨的习惯，最终将知识付诸实践。

（二）转化于历史名人及国家领导人的题词

无论是民国时期还是中华人民共和国成立后，名人题词都是中国大学校训的重要来源。民国时期，许多大学校训都出自著名学者的题词，包括政要、社会名流、教育文化名流。中华人民共和国成立以后，部分大学将国家重要领导人的题词作为学校的校训确立下来。"毛泽东为中国医科大学所题的'救死扶伤，实行革命的人道主义'，以及为湖南第一师范题写的'要做人民的先生，先做人民的学生'，这些校训所倡导的是一种全新的教育理念，不仅有难得的现实意义，更对丰富教育思想、创造新的教育模式、造就富有个性化与创造力的未来一代具有深远影响。"①

（三）迎合于特殊时代及背景的政治号召

在特定的时代背景下，校训的出现通常具有很强的时代特征。中华人民共和国成立后，一方面，中国的大学校训继承了解放区的大学传统；另一方面，它也批判了国民党统治时期形成的大学格言。这一时期形成的校训更符合社会发展背景，更融入了当时的政治背景。比如，当时的清华大学礼堂，镶嵌着"厚德载物，自强不息"的校徽。"文化大革命"期间，全国大部分高校以"团结、紧张、严肃、活泼"为指导方针，鲜有新的校训出现。

---

① 蒋月如：《我国大学校训的生成方式及多重意蕴》，载《大学（学术版）》，2013 年第 4 期。

（四）重构于现代教育思潮理念引导下的民主集议

以民主方式集思广益、最后讨论决定是我国大学校训生成的另一种重要方式。这种民主集议、征集师生及校友意见的方式，能够充分调动和发挥师生参与决策和管理的积极性，并形成良好的民主管理的氛围，以提升其参与意识。1994年对外经济贸易大学发布了"博学、诚信、求索、笃行"的新校训，受到全校师生和员工的广泛讨论。它不仅体现了大学对先进知识研究的特殊性，而且在一定程度上体现了该校对探索和实践精神的独特追求。

（五）建基于历史传承下的当代创新

历史悠久的大学校训往往表现出两个特点：承袭先前校训与迎合时代创新。以南京大学为例，早在两江优级师范学堂时期，学堂监督李瑞清先生提出了"嚼得菜根，做得大事"的校训，以"俭朴、勤奋、诚笃"为校风。"嚼得菜根，做得大事"是南大校史上最早的校训，也是南大百年精神传统的生动体现，奠定了南大学子百年来勤奋苦读的传统；到了国立南京师范高等学校时期，江谦校长以"诚"字为校训；易名为国立东南大学后，郭秉文校长提出了"三育并举"和"四平衡"的办学方针，要求学生养成"钟山之崇高，玄武之恬静，大江之雄毅"的国士风范；发展到国立中央大学时期，罗家伦校长提出以"诚朴雄伟"四字为校训。南京大学另一重要源头的金陵大学则以"诚真勤仁"为校训；中华人民共和国成立以后，国立中央大学更名为南京大学，1952年南京大学与金陵大学合并，组建为新的南京大学。2002年该校百年华诞时，将新的校训定为"诚朴雄伟，励学敦行"，这不仅体现了学校对校训历史的继承和尊重，也根据时代的需要做出了相应的调整。

第三节　大学校训生成的逻辑

"校训"名称的引进，表面上是新概念的出现，实质是新教育观念的出现，不仅是作为传统意义上的文化内容而存在，更是作为西方新式学校体制的组成部分而存在。中国大学的校训虽受西方校训的影响而产生，但内容和形式不拘泥于国外校训，与我国传统文化有着深厚的历史渊源，深受中华优秀传统文化感染，从古代经典中引用符合自身办学理念和办学模式的语句构筑了富有文化底蕴的校训体系，同时坚持守正创新，根据时代的发展变化，不断地回应时代呼唤。

一、民族文化是大学校训的源头血脉

校训文化是从价值目标层面对学校办学理念、校风、教风、学风以及学校特色的高度凝练，具有深刻的精神内涵和文化意蕴。它是民族文化的折射，反映了一个民族的思维模式、文化心理、道德观念，对民族文化的系统运行具有重要作用。民族精神是一个民族在长期的历史发展中形成的优秀传统文化结晶，体现和表达了一个民族的生命力、创造力与凝聚力。世间不存在完全去除独特地域特色和民族化的大学，也就不存在与民族精神和文化基因毫无关联的大学校训。因此，大学校训必须从民族精神中萃取出与大学发展相关的部分加以提炼、弘扬。五千多年源远流长的历史积淀了深厚的中华文明，留下了诸如《周易》《学记》《大学》《论语》以及《孟子》等宝贵的文化遗产，大多成为近代大学校训的思想支柱。高校的校训大多引经据典，引用四书五经等传统经典巨著中的词句，这些词句寓意深刻、含蓄隽永、意蕴无穷，并与自身办学理念和办学特色相结合，形成立意高远、个性特色且富有文化底蕴的校训。第一，校训文化是建立在国家和民族文化土壤基础之上的，符合我国教育现实需要的原创性理论和思想。语言是民族的，而校训文化的语言映射出自己民族的精神。校训文化汲取了民族文化的养料，具有浓郁的民族文化元素，从而被视为经典。正如梁漱溟所言："古典中国，在某种意义上，只是一个文化，而不是一个国家。"第二，民族文化往往承载着传统文化的核心文化价值，每个人对传统文化的记忆都是通过集共性、个性于一体的符号来形成的，这种集体记忆往往通过与文字相关的形式进行传承。通过弘扬校训文化，有关的文化记忆也就深深嵌入人们的头脑中，成为其思维模式的一部分，甚至内化为共同的文化心理，这也是对传统文化的一种认知。因此，从不同层面、不同视角深入挖掘中国传统文化内蕴的文化能量、民族精神，对于民族文化的光大、民族精神的弘扬会产生不可低估的作用。第三，校训文化是根植于中华民族土壤的文化符号，反映着中华民族独特的审美价值和道德情操，其宣扬价值深入人心，形成根深蒂固的文化心理。校训文化的传承，正是人的内在精神状态和品质的超越过程。校训文化精神价值之呈现，就是对中国传统文化中蕴含的思想进行精神性传递。校训文化深深镌刻着中华民族主流文化的价值烙印。这种"精神"正是中国传统文化内在原则、价值体系的核心。

二、历史积淀是大学校训的生成土壤

文化的发展，来源于积累和沉淀。对于一所历史悠久的大学来说，它的精神是大学在长期发展过程中逐渐积累和形成的。从本质上讲，任何一所大学的校训都必须基于其大学精神。校训是经历岁月洗礼和历史积淀的思想精华，基于中华经典的大学校训，在大学自身发展过程中，经过历史的积淀，历久弥新，任凭风云变幻，仍能守望一以贯之道。

一所大学的办学特色与其历史文化传统密不可分，优秀的历史文化传统是大学形成办学特色的重要基础。大学除了知识传播、设备齐全、建筑宏伟之外，还有一个不可替代的功能，就是给予大学生所特有的精神特质，让学生受益终生，如果每所大学都能经过所在大学人的努力，长期积淀而形成稳定的大学精神，并使之成为大学自身的"精神名片"，引领大学人发展的内在力量，其精神气质就会有一种现代的自然嬗递力量，如英国的牛津和剑桥、美国的哈佛和耶鲁、中国的北大和清华——它们是一个国家数百年来的"文化晴雨表"。作为一个能够对社会提供强大精神力量的机构，大学理应成为现代化发展和推动创新的引擎，灾难的降临、革命的开始或者权力的终结都只能改变它的外部形态和部分内涵，而不能动摇它精神的根基。"华北水利水电学院因水而生，源水而长，三次搬迁，四易校址，历经磨难聚而不散，在 50 多年的办学过程中，从无到有，由弱变强，已发展为以工科为主，理、工、农、经、管、文、法等多学科协调发展的大学，形成了自己鲜明的历史文化传统，也彰显了自己独特的个性。特殊的历史形成了华北水利水电学院'育人为本，学以致用'的教育理念，铸就了'情系水利，自强不息'的办学精神，也因此培养了一大批'下得去，吃得苦，留得住，用得上'的优秀工程技术人才和管理人才。学校虽历尽沧桑，但不断发展壮大，而'这种办学精神贯穿于学校的发展历史之中，更融入历代华水人的血脉之中，支撑着该校教职工在艰难曲折的办学历程中团结奋斗，引领着学校不断前进。'"[①]

校训体现在办学实践中积累、探索和寻找适合大学实际发展的价值观和方法论的过程中。从微观上看，大学校训必定与具体的大学实践相关，并且与某一段实践过程相关。博洛尼亚大学校训的"大学之母"是其创发于中世纪绵延千年办学发展的写照；牛津大学的校训"上主乃吾光"是大学创办之初宗教思维的延续；剑桥大学的"此地乃启蒙之所和智慧之源"是对大学知识传播、人才培养使命的昭示；浙江大学的校训"求是创新"是对竺可桢办学理念的传承，也是对时代要求的彰显。上述校训无论

---

① 宋孝忠：《办学特色与大学的核心竞争力》，载《华北水利水电学院学报（社会科学版）》，2007 年第 5 期。

古今中外，虽然表述不同，内涵不一，但都是大学人立足本校传统，在积累、探寻、沉淀、认同的过程中自主确立的价值观念。虽然形制不同，但在大学发展史中，它们之间有着一定的历史延续性、阶段性，在传承人类文明文化的进程中发挥着同样的作用。

三、时代精神是大学校训的创新动力

从中世纪到现在，大学的发展与时代的进步是相辅相成、不断提升、相互促进的，大学的失败与时代的失落也基本吻合。大学是一种时代的存在，时代精神与大学精神是紧密相连的：大学精神应是时代精神的体现，时代精神是大学校训的创新动力；同时大学精神不断地吸纳时代精神中的有机养分，对时代精神的孕育、发展又具有引领作用。时代精神在更多的情况下为那个时代最敏锐的人所接受、传播、发扬，他们以敏锐的眼光写出强烈的在场感，对社会和自身进行审视，无论是西方14至17世纪的文艺复兴还是中国20世纪初的新文化运动，都显示出这样的特征。这个最敏感的人群就是那个时代的学人群体，他们是时代精神的写照，会把时代精神带进大学，他们会借助大学弘扬大学校训。由于"时代精神实质上是已经潜在于个体精神之中的东西，只是它在个体精神的全息协同作用中才显现出来罢了。同时，时代精神又反过来在每个个体上留下自己的烙印，从而使个体精神又成为时代精神的缩影，每个个体精神都以某种方式分享着时代精神"①。当体现着时代精神的个体是大学人，或是影响大学精神的学人，时代精神便通过这样的方式全息地渗入大学之中，成为大学精神或主或次的组成部分之一。

一个典型案例便是南开大学的校训。"在建校之初，南开大学便以'允公允能，日新月异'为办学宗旨，创办了南开大学并将其定义为校训。该校训创立之初，源于张校长的'公能'教育，允公即要求学生时刻发扬大我精神，有大公之德，也就是我们常说的爱国精神。能指能力，这里不仅包括学习和为人处世的能力，还包括身体的体能，智力的智能等多个方面。通过对学生公德及社会能力的培养和锻炼，学生成为不断创新、积极进取、'日新月异'的高素质人才。经过一个世纪漫长的发展，南开大学的校训始终不断完善、不断丰富，不断注入新的时代内涵……2012年，南开大学在修订的《南开大学学生素质教育实施纲要》中进一步丰富了校训新的时代内涵，即'以德为先、能力为重'，全方位提升学生的综

---

① 王存臻、严春友：《宇宙全息统一论》，山东人民出版社1988年版，第157页。

合素质，培养学生践行社会主义核心价值观，做优秀学子和合格公民，同时将校训与我国目前进行的教育改革联系到一起，为百年校训注入了新的时代内涵。"[①]南开大学校训的发展历程印证了"游离时代的大学"是没有生命力的大学，同样，也没有不带时代精神印迹的大学精神，大学需要应生活之呼唤，勇于并能够承担起引领时代精神发展的历史重任，这才是大学健康存在的基本方式。

当今中国社会正处于历史性的深层转换过程之中，校训文化作为一种特殊的文化现象，也必然富有新的时代内涵。在新时代新征程中，校训文化承担的社会功能不容忽视，校训是符号文化，它承担着历史责任，具有思想教育功能，在整个社会文化的传播过程中，起着非常重要的作用。正如习近平总书记所说："我们进行历史教育，并不是要耽搁在历史的苦难上唉声叹气，而是要从历史中塑造民族精神、民族魂，认识和把握中国社会发展规律，激励人民继续前进的信心和勇气。"校训文化唤醒了人们对中华民族深邃的情感与记忆，它恰似一条无形的精神纽带，成为凝聚中华民族向心力的一个重要载体，在清晰的自我认知基础上达到更高的文化自觉，进而达到校训文化内涵的融通。因此，以校训为基点进行精神建设，不能背离时代发展主题，游离于社会发展核心任务以外，应体现社会发展方向，引领时代进步潮流，与时俱进，把现代化进程中的先进文化熔铸于高校自身文化之中，培养适应时代发展需要的人才。必须始终坚持社会主义方向，体现社会主义原则，符合弘扬中国精神的要求，结合大学历史传统和中华优秀传统文化，在对大学校训进行深入研究的基础上，作出符合时代和社会发展需要的阐释，帮助学生逐渐形成为国为民服务的中国精神。如南方科技大学的校训"明德求是，日新自强"，体现了南方科技大学的办学理念和人才培养之道，以南方科技大学的实践回答"培养什么人、怎样培养人、为谁培养人"这一根本性问题。校训的确立是学校党史学习教育"学党史、立校训"工作取得的阶段性重要成果，这标志着南方科技大学的宣传思想文化工作迈上了一个新的台阶，学校的精神内核越来越坚固，精神谱系越来越丰富。在新十年的新征程中，努力为南方科技大学人打造具有全球影响力的新型研究模式。

四、大学校训更迭过程的个案分析

由于校训总是与校史有着密切的关系，从经典的校训案例，如西南

---

① 贯丽丽：《我国大学校训的文化内涵及外译策略》，载《白城师范学院学报》，2018 年第 7 期。

联合大学的"刚毅坚卓"校训精神，浙江大学西迁中"求是"校训的制定，东北大学"自强不息，知行合一"校训的变迁等，更能直观地来看校训确立后所发挥的作用。

（一）在战火中诠释刚毅坚卓——国立西南联合大学

国立西南联合大学，是中国抗日战争期间，由国立北京大学、国立清华大学、私立南开大学在长沙组成的，后搬至昆明的一所综合性大学。国民政府函令南开大学校长张伯苓、清华大学校长梅贻琦和北京大学校长蒋梦麟三人共同筹办。1938 年 12 月，西南联大常务委员会决议以"刚毅坚卓"为校训，并周知布告。刚毅见于《礼记·儒行》："儒有可亲而不可劫也，可近而不可迫也，可杀而不可辱也，其居处不淫，其饮食不溽，其过失可微辨而不可面数也。其刚毅有如此者。"刚毅是要大学生做勇敢正直而无所畏惧的人；坚卓是要大学生信念坚定，努力学习，成就卓越。在这偏远之地窘迫之境，梅贻琦带领着学校师生恪守校训"刚毅坚卓"，于国难困顿中弦歌不辍。物资极度匮乏，炮火连天不断，土墙茅草顶掩映下的简陋大学里，没有实验器材，没有体育设施，西南联大学生依旧书声琅琅，教授们依旧严谨治学。图书馆的座位极其稀少，学生们就去茶馆看书，在那里"泡"出了不少的论文和作品。遇到日机空袭的时候，学生们一边跑警报，一边带上书随时随地阅读，成了一道战争年代分外奇异的风景线。联大教职工薪水微薄，得靠卖字卖衣或兼工为济，大多数教授代课领酬，还有教授不领课酬。比如闻一多擅长金石，便揽一些刻章的活计，梅贻琦、潘光旦、袁复礼三位教授的夫人还一起制作定胜糕，在昆明街头挑篮售卖。文人饱尝捉襟见肘之艰辛，梅贻琦、潘光旦、陈寅恪、叶企孙四位联大同事后来被誉为百年清华历史上的四大哲人。文人跋山涉水向着祖国、向着乡村原野间长征，为"刚毅坚卓"四字写下坚实的注脚，也抵住了烽烟，维系了中国大学教育之命脉。在联大时期，冯友兰、陈寅恪和华罗庚等学者各自潜心完成各学科的巨著，泱泱大学之包容与通达既使得文法理工诸学科兼修共建，又令清华之严谨、北大之自由与南开之活泼在此国之西南彼此润长。西南联大与中国的历史和命运紧密联系在了一起。西南联大借用《满江红》的曲调填了一首激荡人心的校歌，读之回肠荡气，尽显爱国之志。从国立长沙临时大学建立到西南联大停止办学，共计八年十一个月的光阴，内树学术自由，外筑民主堡垒，前后任教的教授有朱自清、闻一多等三百余人，他们都是各个学科、专业的泰斗、顶级专家。条件简陋，生活艰苦，但却培养出了高数量高质量的一大批人才。据西南联大北京校友会 1996 年编辑的《国立西南联合大学校史》记载，联大学籍毕业学生总计四千余名，是当时中国毕业生最多的高校，诺贝尔奖得主、国家最高科技奖获得者、"两弹一星"功勋奖章获得者不乏其人，人才辈出，星辉熠熠。在中华人民共和国百废待兴之际，这些人才在建筑、新闻等各个领域挑起重担，为中国以至世界的发展作出了贡献。令人敬佩的朱光亚先生在 1950 年，祖国一穷二白的背景下公开号召留美学生回家投身祖国建设，信中言辞恳切，激发起留学生共鸣，读后大为感动，纷纷踏上回国的航班，为祖国挽回了宝贵的人才。值得关注的是，国民党撤离大陆时，很多著名学者随之赴台，这中间就有西南联大毕业生三百余人，他们致力于去除台湾岛日本化、重视教育、发展农林、实施改革，使上世纪落后的台湾在基础建设和经济总量方面得以飞快的发展。林语堂先生目睹西南联大学生的精神面貌后赞叹过"联大师生物质上得不了，精神上了不得！"。外国高等教育界学者也表示认同，西南联合大学的历史为世界学术界追忆与推崇，并已成为中国乃至世界可继承的一宗遗产。2017 年，李克强总理说："联大以刚毅坚卓为校训，在极端艰难困苦中弦歌不辍，大师辈出，赓续了我们民族的文化血脉。这不仅是中国教育史上的奇迹，也是世界教育史上的奇迹。"办学仅有八年的国立西南联合大学的校训"刚毅坚卓"这四个字，为国人传颂，历久不衰。西南联大所处的时代，正是强敌入侵、民族危亡之际，"刚毅坚卓"的校训激励着西南联大学生追求健全人格，高尚情操，是特定的时代精神与普遍的大学精神的结晶。

（二）在文军西征路上砥砺求是精神——浙江大学

浙江大学的前身为 1897 年兴办的求是书院，是我国近代成立的新式学堂之一。求是书院取自王阳明的"君子之学，唯求其是"，提倡"务求实学，存是去非"的校风，一直延续到 1928 年成立的国立浙江大学。1936年，浙江大学迎来了它最为亲密的伙伴——竺可桢校长，揭开了浙大历史新的篇章。竺可桢是庚款留学生，获得哈佛大学的博士学位，并且对求是书院一脉相承的学风十分赞赏。就任不久，震惊中外的"七七"事变发生，为救亡图存，东部沦陷区的许多高校在战乱中踏上了举世罕见的高校西迁之路。竺可桢将一年级迁往天目山里的禅源寺，11 月中旬又把二、三、四年级迁到建德。几日后，上海陷落。1938 年 2 月浙大迁至泰和，11 月南宁失陷。1939 年 6 月竺校长参察贵州湄潭。翌年初举校再次西迁至贵州，开始了长达六年半的避乱，这便是被称为"文军长征"的浙大西迁历史。抗日战争时期，在疾病和战火的双重阴霾下，西迁的浙大迎接了它的浴火重生。1938 年 11 月，竺可桢作《王阳明先生与大学生的典范》的演讲，提出以"求是"两字作为浙江大学校训，以便更好地继承和发扬"求是"的优良传统，贯彻治学的精义，这是"求是"校训的第一层含义，即继承学校的优良传统和作风，发扬学校自开创以来的求是精神。在演讲中，他以王阳明的求是精神、遇险不畏精神、艰苦卓绝精神和公忠报国精神，激励浙大师生在艰危中奋发进取。竺可桢是哈佛归来的学生，深受哈佛大学办学理念的影响。"求是"的英文是 Faith of Truth，和哈佛大学的校训（拉丁文 Veritas）有异曲同工之妙。次年，动乱的浙大已历经三次西迁，在广西宜山的开学典礼上，竺校长对一年级新生作了《求是精神与牺牲精神》的内涵阐释，他认为埋头苦攻固然是一种求是，但大的时代背景下明是非才是求是，鞠躬尽瘁死而后已的诸葛亮称得上求是，西方为科学献身被烧死在十字架上的布鲁诺也是求是，求是就是排万难冒百死以求真知，只有坚定求是才能取得最后的胜利，"君子盖有举世非之而不顾，千百世非之而不顾者，亦求其是而已矣，岂以一时之毁誉而动其心哉，此为我校求是精神之精义"，竺校长作此讲话后的第二天，日军的飞机在浙江大学临时校舍的上空投放炸弹，造成了惨重的损失。如此艰难困苦的条件下，竺可桢用"求是"校训、求是精神激励浙江大学学子不畏牺牲，求是奋进。继后，竺可桢在《科学之方法与精神》一文中继续阐发大学生如何在学业中发扬"求是"，提出科学家应取的态度：不附和，不武断，不作无病之呻吟，严谨整饬毫不苟且。事实上，竺可桢将"求是"的涵义进行了扩充和深化，由求是精神变为科学精神、牺牲精神、革命精神和开拓创新精神。竺可桢任浙江大学校长期间，是浙江大学最为艰难的时期，但也是浙大发展的黄金时期。竺可桢任校长十三年，抗战中，作为"流亡大学"的浙大从抗战前只有三个学院的地方性大学，一跃成为综合性的、国内一流的、世界著名的大学，被西方学者誉为"东方剑桥"，堪称中国教育史上的奇迹。浙江大学的兴起，有着历史的积淀，也有学子和教职员工的奉献，更有着竺可桢的教育思想、治学理念和人格魅力。"求是"思想不仅塑造了几代栋梁之材，同时也深深地影响着中国的大学精神。1988 年 5 月，路甬祥校长在建校 95 周年之际作演讲，认同创新精神是包含于已有的求是精神中的，并指出"没有创新，学校无法得以同步于时代"，于是将"求是创新"定为新时期的浙江大学校训，并作出了新的解答和诠释，"求是"校训是遵从校史而来，"求是创新"校训是顺应时代发展的需要而作的扩充。

（三）在战乱流亡时代背景下坚持自强不息，知行合一——东北大学

"自强不息，知行合一"是东北大学的校训。一百年前的辽宁大地，

山河破碎，民不聊生。1921年春，面对日本步步紧逼的侵略意图，时任东三省巡阅使、奉天督军兼省长的张作霖，采纳了奉天省代省长王永江等人的建议，决定创办大学以培养人才、富强东北、抵御侵略，于1923年组建了东北大学。第一任校长王永江在首届学生开学典礼时，题写了"知行合一"四字校训。"知行合一"是由明朝思想家王守仁提出的，意为认识事物的道理与在现实中运用此道理，是密不可分的。1928年，身负国仇家恨的张学良成为东北大学第三任校长，他在对学生讲话时说："我很希望诸君，要坚定志向，各用自己之所学，全国学者都能如此，则中国自强矣。"自此，"自强不息，知行合一"便成为东大师生薪火相传的信念与理想。"自强不息，知行合一"既有"自强不息"的爱国意识、民族精神和传统文化思想性格，又有坚持实事求是精神、重视实践和知识、理论与实际结合、实践与理论统一的思想作风与工作作风，在近代中国第一所流亡大学的办学历史中发挥过并且仍然在发挥着巨大的作用。早在建校初期，东大就被寄予厚望。尤其是1928年，著名爱国将领张学良将军出任东大校长，更是立志要把东大建设成为国内顶尖学府。此后，敢为人先的东大，就一直以引领的姿态阔步前行，在近代中国教育史上留下了许多开创先河之举。东大的学校建筑效仿德国柏林大学进行设计，建筑风格宏伟大气，壮丽辉煌，图书馆、理工科大白楼、实验室、大礼堂等建筑鳞次栉比，更有当时亚洲最大的体育场。这些建筑从1923年开始建设，一直持续到1930年全部完工，至今依然矗立在皇姑屯北陵大街，也就是今天的东大旧址所在地。彼时，张学良校长先后捐出其父张作霖的大部分遗产约180万银元，用于东大的校园扩建、礼聘学者、购置先进实验设备，以及资送优秀学生出国留学等。一时间，东大名师荟萃，汇集了刘半农、章士钊、黄侃等当时著名学者。1928年，刚刚结束欧洲考察的著名建筑学家梁思成、林徽因夫妇，也应邀来到东大，创建中国高校第一个建筑系，培养专门研究传统建筑的人才，点燃了中华民族建筑复兴的火种。为了让学生学好知识，掌握技能，东大还在学校附近建设了设备先进的工厂供学生使用，聘请了留德归来的杨毓桢博士出任厂长。学习成绩优异者，还可由学校出资，选送出国留学深造。除了教学上的创新，东大还极力倡导男女同校，开始在国内高校招收女大学生；同时，学校极为重视体育教育，并派遣学校学生、百米全国纪录的保持者刘长春参加了1932年在洛杉矶举办的第10届奥林匹克运动会，成为中国出征奥运会的第一人。东大教育思想和育人方式之超前，在当时国内处于领先水平。到了1930年，东大已发展成为设有6个学院、24

个系的一流院校，在校学生 3000 人，堪称当时东北的第一学府。遗憾的是，随着"九一八"事变爆发，东大成为第一个被日军破坏的大学，不得不举校南迁。东大先后迁往北平、陕西西安、河南开封、四川三台等地办学，一直到了解放之时，再度回到北平和解放区长春办学。内忧外患，点燃了东大学子的爱国热情。流亡期间，师生们不忘一边艰难复课，一边助力抗战，在"一二·九"抗日爱国运动爆发的时候，东大学子成为运动的先锋队和主力军。直到今天，这种爱国情怀，一直深深埋藏在东大人的心里，从未丢弃，只要国家需要，就会有东大人的身影。东工分分合合数次，至此格局基本定型，也确立了以"工科"为主的学科发展方向。在往后的数十年时间里，东工秉持"自强不息，知行合一"的精神，作出了许多开创性的改革和研究成果。东工产生了中国大学历史上第一个学生科学技术协会，研制出了中国第一台模拟电子计算机、第一台国产CT、第一块超级钢以及钒钛磁铁矿冶炼新技术、控轧控冷技术等大批高水平的研究成果，编著了我国第一部疲劳设计专著《疲劳强度设计》，创建了中国大学第一个科学园，在工科领域享有盛名。经过半个世纪的发展，东工已经发展成为一所以工科为主，多学科协调发展的综合性院校。1993 年，东北工学院恢复了"东北大学"的名称，时年 92 岁的张学良亲自题写校名并出任名誉校长。如今，东北大学不仅是"211""985"高校，还入选了 2017 年的中国"双一流"大学建设高校名单。百年东大，历久弥新。走过整整一个世纪的东大，正值青春年少，一代又一代的东大人，践行"自强不息，知行合一"的校训精神，总会在祖国需要的地方，贡献自己的力量。

总之，校训从源头、本土文化的民族精神、历史阶段的时代精神中提炼出校训所需要的元素，形成与民族、时代精神的互动；它是大学历经外在形体转变仍积淀其中的相对稳定的生命力。

第二章　大学校训本质维度：
传承铸魂与育人的基因

马克思主义认为，事物的本质即事物的根本性质，是事物本身所固有的，决定事物性质、面貌和发展的根本属性。校训的本质即关于校训的质的规定性，是校训区别于其他事物的基本特质。本书立足于大学校训传承铸魂与育人基因的独特本质，从历史学、社会学、文化学的角度对大学校训的本质作出一定探索，以期为正确把握大学校训的内容、充分发挥大学校训的铸魂育人功能、进一步繁荣发展大学文化提供帮助。

第一节　大学校训本质的历史阐释

大学校训经过长期的发展和历史积淀所形成的办学传统和理念特色，与这个大学的发展沿革、所在地域、专业设置等因素密切相关。一则经得起历史检验和文化检视的校训必定是经过了一个相对漫长的历史发展过程。人类的精神与价值成为大学校训所应具备的一般条件是：它作为某个时代的先锋，并对这个时代的前进与变革产生深远影响；它反映了大学最根本的教育理念，即中国古人所称的"大学之道"；它得到了一定数量大学人的认可和信任，并成为大学人言行的规范和标准；它与大学的发展有着直接的、深层的、广泛的内在联系，这是最为直接与重要的。从社会发展进步、大学发展历程、大学生命力的彰显、大学人永恒信念的坚守等历史溯源的层面来看，铸魂与育人是大学校训永恒的基因传承。

一、社会发展进步的文化结晶

"大学是人类社会文明的结晶，它是一种社会的文化承诺。它需要集中一些有文化素养与精神追求的知识分子，不仅传播知识、造就人才，而且传递和发展这个社会的核心价值。因此，大学是精神文化传统的创造者和传承者。"①大学是大学校训发展变化的主要空间，但这个空间场域无法排除普通精神进入大学而成为大学校训的基本素材和文化因子，

---

① 杜维明：《人文教育与大学灵魂》，载《解放日报》，2010 年 8 月 15 日。

大学的围墙也难以阻隔普通精神与大学校训的交融。从某种意义上来说，大学校训是一个社会长期发展的精神荟萃。但在人类复杂的精神领域中，只有与大学使命相关的文化因素才能构成大学校训的要素。简而言之，社会发展过程中凝结的先进的、独立的、自由的、科学的、进步的文化因子指向并建构了大学校训铸魂与育人的核心本质。

大学校训是大学悠久历史和传统文化的浓缩，体现了大学在长期办学实践中经过历史积淀而不断演化形成的核心内容，它是比大学的形体和形态还要久远的存在。大学在发展过程中凭借自身强大的文化整合和鉴别能力，从社会文化、社会发展中汲取了大学校训传承与创新的核心文化要素，将中华优秀传统文化、革命文化、先进文化的精髓融入校训，并自始至终坚守着铸魂与育人的文化基因。以四川大学校训为例，"海纳百川，有容乃大"这八个字，语出民族英雄林则徐题于书室的一副自勉联："海纳百川，有容乃大；壁立千仞，无欲则刚。"回望百年发展史，四川大学经过十多次的重组和整合，校训也随之不断变化。直到成都科技大学和华西医科大学的相继合并进入，文理工医相互填补、共同促进，川大再次明确以"海纳百川，有容乃大"为校训并秉承着这一校训，发展成为生产和传播新思想、新理念的重要基地和社会先进文化的示范区和辐射源。虽然四川大学校训经历了历史的变迁，不断变化，但其校训精神中凝结的永恒的"和谐包容、继承发展、创新创造"的文化因子仍然在传承延续，发扬光大。在学校历史发展的滚滚长河中，校训坚守着铸魂与育人的历史使命，引导师生最终实现自己的人生价值以臻于至善，从而使校训充分发挥铸魂与育人的时代职责。

二、大学发展历程的鲜活表达

每一所大学都有不同的发展历史，有的大学办学历史较长，有的大学办学历史较短。在不同大学的历史发展进程中，大学职能的发挥也会明显不一样，有的在其办学历史进程中培养了一大批有重要影响的科学家，形成了一批具有明显优势的学科，为国家和社会做出了重大贡献；有的在其办学历史进程中倾向于基础科学的人才培养，有的倾向于工程科学的人才培养，有的倾向于人文社会科学人才的培养，有的倾向于应用型人才的培养；有的在其办学历史进程中为国家的国防事业做出了重要贡献，有的为国家的教育事业做出了重要贡献，有的为国家的农业发展做出了重要贡献，有的为国家的海洋事业做出了重要贡献，等等。这些不同往往蕴含和反映在大学校训的内容和形式之中。可以说，大学校训发展史折射了人类教育发展演变的历史。经过几千年发展，大学校训从无到有、从稚嫩到成熟，记录和反映了人类大学教育史的成长壮大历程。从校训的变化反观人类高等教育的发展，蕴含着传统文化、体现着时代精神和坚守着铸魂与育人文化基因的大学校训在不断发展的过程中，暗合了教育的变迁，反映了中国传统教育转型为现代教育的光辉历程。可以说大学校训是大学教育发展史的活化石。

国外大学校训特别是西方大学校训虽具有相对稳定性与恒久性，但其并非一成不变，大学人往往会在大学发展历程中根据现实发展需要对校训进行时代解读，赋予校训新的时代内涵，这也彰显了大学校训对大学发展史的记录与见证。在中国，这种记录与见证更为明显。如北京师范大学的校训变迁。北京师范大学的前身是 1902 年创立的京师大学堂师范馆。1904 年，张亨嘉担任这所当时全国新型最高学府的总监督，他的就职演说言简意赅，"诸生听训：诸生为国求学，努力自爱"。"为国求学，努力自爱"八个字，掷地有声，字字珠玑，既指向明确又要求具体，将它作为学校的"校训"是顺理成章的。1908 年，在张之洞等人设立分科大学的建议下，京师优级师范学堂于 1909 年 6 月独立设置后搬迁到厂甸五城学堂新址，张之洞出席开学典礼，训词称"京师优级师范，为全国教育之标准。故京师师范，若众星之拱北斗"。"为标准""做北斗"一度成为京师优级师范学堂的办学追求。1912 年，陈宝泉担任北京高等师范学校（由京师优级师范学堂沿革而来）校长，他提出了"诚实、勤勉、勇敢、亲爱"的校训。1914 年，学校将这八字浓缩为"诚勤勇爱"，写进校歌，要求师生"学日进，德务滋"，力行校训，"无愧为人师"。这一校训在北京学界影响较大，引发了一定的社会关注。1919 年，蔡元培先生应北京高等师范学校修养会之邀请，做了以"科学之修养"为主题的演说，其中就专门谈了北京高师的校训。1923 年高师大改后，范源濂担任北京师范大学校长。1924 年 6 月，范源濂为人正直、作风廉洁、办公守时，为毕业同学题词"以身作则"，并加以注释："师范大学毕业诸君以教育为职志，特本'言教不如身教'之旨，为书四字与同学录，共勉之。"范源濂虽然不久后即去职，"以身作则"的题词却融入北师大人的血脉。此后，"以身作则"被学校师生奉为校训。1937 年抗日战争全面爆发，学校被迫西迁，与北洋工学院、北平大学合组为西安临时大学（后改称西北联合大学）。1938 年 7 月，国民政府教育部发文，要求"全国公私各级学校务各制一特有之校训及校歌"。随后，西北联大常务委员会在综合考虑合组各校校情、历史和文化传统的基础上，确定了"公诚勤朴"的联大校训。关于这个校训的内涵，黎锦熙先生的解释为，"公"以去私，"诚"足去弱，"勤"可开源，"朴"能节流，"勤朴公诚"是民族苦疾"贫、愚、私、弱"的对症药。1939 年 5 月，国民政府教育部又要求各级学校以蒋介石裁定的"礼义廉耻"为校训，西北联大及其分出校虽名义上服从国民党中央的规定，但实际认同的仍是"公诚勤朴"校训。西北联大解体后，北师大从联大分出并西迁兰州，1946 年在北平原址复校，学校虽屡受调整、遭遇波折，但学校的传统却得到了坚持，办学精神上与从前仍一脉贯连。20 世纪 90 年代，面对高等教育改革发展的新形势和新任务，全校师生在筹备"211 工程"的建设中，也在反思学校的文化建设。1996 年 11 月 4 日，学校校务会议明确将"学为人师，行为世范"定为校训，并请启功先生赐墨勒碑，先生欣然应允，这就是今天我们走进北师大南门看到的校训碑的来源。在 120 余年的办学历程中，北师大校训几经变化，有着一个孕育、调整和定型的演变过程。回顾这段历史，可以感受到北师大人矢志教化、育人兴邦的责任担当和使命追求，同时也真切感受到了以校训精神为核心的学校文化建设对学校办学的价值提升。

三、大学生命力稳定的源头活水

"美国加州大学前校长克拉克·科尔（Clark. Kerr）曾经做过一个统计，发现在 1520 年以前，全世界建立的组织中，现在仍然用同样的名字，以同样的方式做着同样事情的只剩下 85 个，这 85 个之中有 70 个是大学。"[1]换句话说，大学这种非营利性机构的寿命是非常长的。张维迎曾在《大学何以基业长青》一书中谈道："为什么一个大学可以基业长青？因为大学具有最为忠诚的客户和品牌；大学有一个持续的核心理念；大学有着为这种核心理念而奋斗献身的一支师资队伍；大学本身是一个不断反思和创新的组织。"[2]

在马克思主义哲学中，社会意识具有相对独立性，从根本上说，社会意识的变化发展和社会存在的变化发展非完全同步，有时社会意识的变化发展会落后于社会存在的变化发展，有时又会先于社会存在。在大学的千年发展历程中，作为大学文化价值内核和大学精神本源的大学校训，其发展变迁也呈现出一定的相对独立性，大学校训的超前性引领着社会文化的发展，与此同时，大学校训的相对滞后性也积蓄了大学相对

---

① 郎永杰、王生钰：《凸显大学的文化整合机制》，载《山西大学学报（哲学社会科学版）》，2004 年第 6 期。

② 张维迎：《大学的逻辑（增订版）》，北京大学出版社 2005 年版，第 117 页。

稳定的生命力。大学校训的滞后并不是说大学校训停滞不前，而是指在近千年的发展过程中，大学校训虽经形体变化，但其所彰显的大学理念与校训精神内核却具有非常强的稳定性。在千年发展过程中，虽然大学校训本质凸显的文化基因跟随大学使命的不断拓展而由"真理""科学"延展为"培养人才""服务社会""国际交流"，但担起铸魂与育人的核心使命从未动摇。在本书针对 118 所国外大学校训所作的词语统计中，"真理（Truth、Veritas）、科学（Science）、知识（Knowledge）"等词语组合在任何时期都是高频词汇，哈佛大学校训，1643 年最初为拉丁语"真理"（Veritas），1650 年改为"荣耀归于基督"（In Christ），1692 年改为"为基督为教会"（Christo et Ecclesiae），后恢复为最初的"真理"（Veritas）。追求真理、培养人才、服务社会、传承文化，这是大学相对稳定的生命力所在，也是大学和大学人孜孜不倦地去追求、去维护本身持续健康发展的精神内核。

四、大学人理想信念的永恒坚守

大学校训的本质无论是中国古代学人崇尚的德治、礼治，中世纪大学所确立的团体自治、学术自由，还是纽曼所倡导的大学应具有的"不染尘世的非功利的社会适应性以及评判理性、道德人格"、洪堡引入的科学精神以及个性与道德修养精神，或是近代中国大学人所表现出的强烈的社会责任感、牺牲精神、忧患意识，都是作为一种价值取向出现，以大学人所认同的价值观为核心，古今中外大学概莫能外。大学校训通过学校的制度和文化建设，影响着师生的价值取向，促进崇高精神追求和理想信念代代传承。

第一，体现了对大学人价值观的永恒坚守。即大学师生在特定社会与大学生活的长期实践中逐渐建立起来的一种共同的价值取向、心理趋向和文化定势，是全体大学人一致赞同的关于大学意义的终极判断。这一终极判断在极为广泛的范围内影响着个体的知识内化与"成人"过程，成为这一过程的无形"杠杆"。大学人不仅是这种价值的感染者与创造者，还是它的传承者与改革者。对于不同性质、不同层次和不同国家与文化背景中的大学来说，其大学人的价值观有所不同。

第二，体现了对大学整体理想和目标的永恒坚守。大学是学人的联合体，并不等于所有学人之总和。作为联合体的整体，它必然区别于个人之和的理想和目标。这种理想和目标的确立在一定程度上与大学人的价值观相联系，也取决于其自身的内外部文化、政治、经济、学术条件，取决于教育发展的自身规律，取决于社会对它的需求，它是与一所具体大学相关的全体学人认同的、愿意为之奋斗的共同理想和目标。

第三，体现了对大学核心理念的永恒坚守。它不同于大学的具体目标，但它是实现大学的共同理想和目标的凝聚力或黏合剂，如"作为以工程教育为特色的麻省理工学院，为不断探索培养与工业社会发展相适应的人才，提出了'手脑并重'的核心理念，促使学校在 20 世纪进行了三次重大改革，迅速跻身一流大学行列。大学核心理念是具体的大学所遵守的关键信条，具有较强的超越时空的特征，对它的解释具有多义性、可转换性，甚至随时空变化而赋予新意。芝加哥大学建校不久就跃居世界顶尖之列，正是由于学校创造并坚持着'增长知识、丰富生活'的核心理念，正如原校长梅森所言：'芝加哥大学是先驱者，它要么出类拔萃，要么一事无成，它没有理由像别的大学那样'"①。

第四，体现了对大学组织信念的永恒坚守。即处理学人联合体之中人与人、人与机构、机构与机构之间关系的基本信念，它是实现大学目标及大学人理想的支撑与保证，如思想自由、学术独立与自主、民主精神、教授治校或校长治校、教授治学、学生自治、合作精神、团队精神等。

站在大学之内看，大学校训可以体现为对大学人价值观的永恒坚守、大学总体理想和目标的永恒坚守、大学核心理念和大学组织信念的永恒坚守，若站到大学之外则可看出大学校训反映了一所学校独特的历史传统、文化特色、发展内涵及价值追求，是独立性和批判性、科学性和人文性、历史性和创新性、本土性与全球性的统一，体现时代精神，代表所在地区与民族文化发展的精神方向。大学校训常常与崇高的道德密切相关，道德崇高又与理想主义密切相关。所以，作为大学精神的核心价值，大学校训往往是一种理想主义的产物，它所追求的是大学的一种"应然"，并在一定程度上以"实然"状态体现出来。

总而言之，从历史发展的进程来看，大学作为一种相对独立的文化存在，虽经历史的淘漉和文化的洗礼而外在形体有所变更，但其内在蕴含的独特的精神气质却穿越历史熠熠闪光，见证和引领着人类文明和大学历史的发展之路。大学通过校训所坚守和传递的是人类文明发展进步的文化结晶，通过校训精神铸魂与育人基因所规约和形塑的是大学人的文化气质和精神气韵，这些记录着大学的前行和社会的发展，也引领着大学的发展和社会的进步。

---

① 刘献君、周进：《大学核心理念：意义、内涵与建构》，载《教育研究》，2012 年第 11 期。

第二节　大学校训本质的社会生成

场域是各种位置之间存在的客观关系的网络或构型，如教育场域、经济场域和法律场域等。大学也是包含着各种潜在的和活跃的力量的场域，在大学场域中充满各种结构关系，可以说大学校训是国家、社会、媒体等各行动主体间权力抗衡与斗争的结果，是一种博弈后的价值选择。大学校训在社会场域中，时时接受社会根基的形塑、意识形态的规约、社会力量的参与、主流媒体的影响等而不断自新与沉淀，但无论如何，校训词语的变换、校训形式的变更、校训实践主体的变化都未曾动摇过大学校训铸魂与育人的文化基因。

一、社会根基的形塑

马克思指出，我们"周围的感性世界决不是某种开天辟地以来就直接存在的、始终如一的东西，而是工业和社会状况的产物，是历史的产物，是世世代代活动的结果"[①]。研究大学校训文化也要注重其所依存的社会根基。虽然校训作为社会意识的思想文化具有一定的相对独立性，但任何人、任何观点并不能完全超越或脱离其所寄寓的时代和社会根基。

纵观国内外大学校训我们可以看到，对"真、善、美、真理、自由、正义"等人类美好情感的追求是所有大学共同的价值取向。但由于所处的时代背景、社会根基不同，虽然情感取向相同，但依托大学校训所传达的内在价值倾向与外在文化追求却大相径庭，以人道主义为例，古代人道主义（如孔孟）与近代人道主义（如西方文艺复兴以来的思想体系）由于社会根基不同，其具体内容有重大差别。"前者以原始氏族传统为根基，强调人际的和谐亲睦、互爱互助；后者以资本主义的崛兴为背景，强调的是个性解放、个人的独立和自由。"[②]

西方大学校训特别是中世纪倡导的"无差别的爱、在上帝这个无差别的人和神之前身份的平等"等思想观念和价值取向都是当时西欧封建等级制的产物。近代，受欧美思想史上为启蒙理性所倡导的"普世价值"影响，西方大学校训开始在原有的追求自由、博爱的基础上，倡导"正义、自由、平等、人权、民主、科学"等观念，这是近代的历史产物，是近代资本主义私有制的产物。中国儒家传统的"德性文化"影响了中国两千年高

---

① 《马克思恩格斯文集》第 1 卷，人民出版社 2009 年版，第 528 页。
② 李泽厚：《中国古代思想史论》，生活·读书·新知三联书店 2008 年版，第 315 页。

等教育的发展和走向，塑造着中国学人的心灵和信仰。大学校训均是围绕着"忠、孝、廉、节、信、学、志、敬、诚"等以儒家思想为核心的传统道德展开。鸦片战争后，中国面临千年未有之大变局。由于现代社会生产和生活方式发生了根本变革，人们从血缘、地缘、宗法、家族中解脱出来，农民进入城市，家庭生产式微，宗法关系消失，两千年来以氏族宗法血亲为纽带的社会根基崩塌，导致以孔子、荀子为主导的"礼制""名教"走到尽头。19世纪末谭嗣同率先发出批判礼教的最强音，提出以"仁"代"礼"，即要求建立新的、现代的、自由平等的、独立的伦理政治。此时的中国大学校训中开始出现了教会大学的"光与真理""因真理得自由以服务"等现代西方词汇。改革开放后，社会主义市场经济的发展，更加强调和凸显人的主体性，思想文化空前大繁荣、大发展，通过后文的统计我们可以看到这一时期，大学校训中双语校训、一句话校训等形式逐渐增多，取词方式也更为自由和多元。因此，追寻大学校训的本质必须立足和回归大学校训所生长的社会根基。

二、意识形态的规约

意识形态概念和文化概念构成了马克思主义理论的重要范畴。意识形态具有鲜明的政治属性，同时也具有强烈的文化属性。意识形态属性是文化的重要特性即文化的意识形态性。在阶级社会中，文化作为现实社会生活的呈现，文化的存在样态、呈现形式、交流模式及其内容表现等都是某种意识形态在特定条件下的具体反射。文化表征着意识形态的理论特性，意识形态则是文化核心价值的最终走向。任何一种意识形态的文化都脱离不了其特定的社会属性和阶级属性，它们在利益上的同一性也必然反映到文化认知的同一性上来。

文化的意识形态性与意识形态的文化性是影响大学校训的重要因子。美国著名思想家、政治哲学家及翻译家艾伦·布卢姆在其专著《美国精神的封闭》中作出的精辟论断——"大学是一个以理智为基石的国家的神殿"——反映了千百年来大学的发展、变革并不是一帆风顺的，是一部大学内部的视角与外部的视角、社会施加的压力和寄予的期望种种挑战相互制约，不断超越，旧的平衡打破随即建立新的平衡的历史。大学校训的变迁发展不仅仅是大学人共同价值追求的体现，同时也受制于国家意识形态的规约。

因此，大学校训的制定与生成必定要体现其所处时代的意识形态属性。中国大学校训中的"仁义礼智信"是传统儒家思想和中央集权制意识形态的体现；西方大学校训中的"自由、博爱、平等"是资产阶级意识形态的文化取向。同一校训用词，在不同时代也承载着不同的意识形态观念，如"实事求是"分别是始建于1895年的北洋大学（天津大学）、由岳麓书院改制而成的湖南公立工业专门学校、中共中央党校和中国人民大学的校训。四所学校校训取词相同，但对校训的阐释却彰显着不同时代的意识形态属性。

1914年，北洋大学第三任校长赵天麟总结北洋大学近20年办学经验将校训定为"实事求是"，"'实事求是'一词出于《汉书·河间献王刘德传》，文中说刘德'修学好古，实事求是'，唐代经学家颜师古对其注解为'务得事实，每求真是也'，后来被人们沿传引申为：办事求学须根据实证，求索真相，踏踏实实，知之为知之，不知为不知。……1914年，时任北洋大学校长的赵天麟在总结建校近二十年的办学经验的基础上，以'实事求是'的精神教导学生，遂将'实事求是'定为校训"①。北洋大学的"实事求是"校训精神，是一代又一代北洋人践行着实事求是的精神，将长期办学经验积累、传承和发扬的结果。适逢政局动荡，国运衰败，知识分子追求真理，兴学救国，改造中华无不彰显着校训的意识形态属性。

1917年，湖南公立工业专门学校（湖南大学前身之一）迁入岳麓书院旧址，校长宾步程也将"实事求是"作为校训，制匾悬挂于讲堂。千百年来，从岳麓书院到湖南大学奉行的"务实"精神，就集中体现在"实事求是"之中，充分体现了学校教育传统和治学理念，成为湖大文化与精神最宝贵的特质。毛泽东同志在1916年至1919年间曾多次寓居岳麓书院半学斋，"实事求是"对他的思想形成产生过较大影响，他最终将"实事求是"由学风用语上升到哲学高度，作为概括党的思想路线的哲学用语。

中共中央党校建立于战乱年代。毛泽东亲手写下"实事求是"，作为中央党校的校训。有关专家认为，虽说毛泽东效仿岳麓书院，但仍给人以耳目一新之感。这不仅因为"实事求是"思想是驱除当时存在于党内的脱离实际、崇尚空谈的教条主义的"利器"，更重要的是毛泽东赋予了"实事求是"全新的科学含义。其实，"早在1941年，毛泽东同志在《改造我们的学习》一文中指出，'实事'是客观存在着的一切事物；'是'是客观事物的内部联系，即规律性；'求'就是我们去研究。因此要找出周围事物的内部联系，作为我们工作的向导。毛泽东曾说，学习马克思主义要'有的放矢'，'的'就是中国革命，'矢'就是马克思列宁主义。中国共产党人

---

① 张宝运：《实事求是：北洋大学工程教育的理念与精神》，载《高教探索》，2010年第6期。

所以要找'矢'，就是为了要射中国革命这个'的'。这种态度就是'实事求是'的态度。毛泽东同志在《改造我们的学习》中掷地有声地严厉指出：'没有科学的态度，即没有马克思列宁主义的理论和实践相统一的态度，就叫做没有党性，或叫做党性不完全'"①。这是马克思主义无产阶级意识形态的体现。

中国人民大学是在党中央直接关怀下创立和发展起来的一所社会主义新型大学，学校从 1937 年诞生于抗日战争烽火中的陕北公学开始，历经了华北联合大学、北方大学和华北大学多个时期。"实事求是"并非从学校诞生之日起就明确作为校训，跟随着学校的发展足迹，校训也经过四次变迁。经历陕北公学时期校训"忠诚、团结、紧张、活泼"、华北联合大学的校训"团结、前进、刻苦、坚定"、华北大学时期校训"忠诚、团结、朴实、虚心"。1992 年 6 月 15 日，校党委全体会议把"实事求是"正式奉为中国人民大学校训，其原因一是"实事求是"反映了学校的历史积淀与传统，二是"实事求是"与中国人民大学的学科特色和校风高度契合。

纵观中国人民大学 80 多年的发展史可以说是马克思主义中国化意识形态的发展史，毛泽东亲自制定的陕北公学的校训"忠诚、团结、紧张、活泼"，是"实事求是"的源头。陕北公学有三条教学工作原则：理论联系实际、少而精、教与学合一。陕公的教学实践体现了"实事求是"的思想。华北联大秉承"为革命实际斗争的需要而培养革命干部"的教育方针，贯彻理论联系实际、教学一致与实践运用、少而精和通俗化的原则，在短短 9 年的办学期间创造了辉煌的成就。1950 年 10 月 3 日，中国人民大学举行开学典礼，刘少奇在讲话中说，中国人民大学是"中华人民共和国第一个办起来的新型的大学"，办好学校必须加强团结和发扬实事求是的精神，强调"不要主观主义、教条主义、经验主义，要辩证唯物主义，以实事求是的精神学习、工作"。总之，"实事求是"在不同的背景下，与不同的阶级立场结合，具有不同的意识形态属性。

三、社会力量的参与

国内外很多大学校训出自名家之手，名家中除了恪守传统的前清翰林之外，也有政界要员、社会名流，还有教育名家、高官显贵。将名家题词作为大学校训，一方面，可以借名家之名提升自身办学的知名度与美誉度；另一方面，该校训也是历史名人、政府领导、社会知名人士教

---

① 赵腊平：《岳麓书院"实事求是"匾额的启示》，载《中国矿业报》，2012 年 9 月 22 日。

育理念、办学追求的反映。如上海国家会计学院的校训"不做假账"，北京国家会计学院和厦门国家会计学院共同的校训"诚信为本，操守为重，坚持准则，不做假账"，都是由时任国家总理朱镕基题写的，体现了对会计从业人员的职业操守的要求，更体现了国家对诚信的重视，希望所有从业人员能够在社会主义市场经济中捍卫文明底线。

有部分大学校训是依据大学的兴办人意向来确定的，一些人亲自参与了校训的制定，而另一些人则陈述了他们的意向，并委托他人就校训提出建议，最终由他们决定。例如，厦门大学创始人陈嘉庚在创办之初就提出了"自强不息"的校训，希望学生们能够坚持不懈地学习，追求自己的理想和国家的繁荣。后来，当林文庆担任校长时，他从培养目标的角度提出了"止于至善"的校训，得到了陈嘉庚的认可。最后，在陈嘉庚的主持下，"自强不息"与"止于至善"相结合，成为厦门大学永恒的校训。另一个例子是圣约翰大学，一所由基督教圣公会创办的教会大学。根据基督教圣公会的意图，圣约翰大学既是一所高等学术机构，也是一所神学研究机构。创办者的明确意图是把学校变成一所具有鲜明宗教特色的大学。因此圣约翰大学创办时，便将校训确定为"Light and Truth"，即"光和真理"。

四、主流媒体的影响

主流媒体的信息传播不仅关乎媒体本身，还涉及舆论引导的话语权和主动权问题。2005年2月1日，《长江日报》对武汉著名高校重新确立大学校训做了大量报道。2011年《长江商报》，刊发《武大师生倡议恢复老校训校徽》一文，报道了武汉大学校史研究会创始人吴骁等三名师生在网上发表公开信，建议全面恢复使用在"国立武汉大学"时期(1928—1950年)的校徽、校训和校歌，此信在网上引发热议。武汉大学校长李晓红深夜就此事专门发帖回复，并赞其表现了"武大学子的爱校之情"。2014年4月开始，《光明日报》曾推出《校训的故事》专栏寻访报道，挖掘和阐述大学校训的历史由来、文化传承与当代价值，折射了大学办学历史和精神坚守的基本面貌，引发了社会各界的广泛关注。各大媒体除对本地、本区域、本国大学校训的重点报道，还跨区域、跨媒介、跨国界对大学校训进行了寻访追踪，催生了媒体报道大学校训的热潮。媒体的监督报道，一方面扩大了大学校训的传播度、美誉度。如为纪念长春理工大学老校长王大珩的丰功伟绩，2014年7月21日，《吉林日报》在1版显要位置刊登了《以校训激励理工人》专题文章，《新文化报》在2版头条以《长春理工大学校训的背后是王大珩先生的深情奉献》为题，《东亚经贸新闻》在2 版以《"明德、博学、求是、创新"创造"长春理工奇迹"》为题，《城市晚报》以《"明德、博学、求是、创新"一代教育家为后人指引方向》为题，从多个角度讲述了老校长王大珩院士尽瘁报国、严谨治学、求是创新、鼎力支持学校发展建设，以实际行动践行社会主义核心价值观的优秀事迹。2014 年 10 月 7 日，《长江日报》访谈了华中农业大学教授无机及化学分析的李慧慧老师，她介绍校训"勤读力耕，立己达人"时说，"希望作为'华农人'的你们能有'兼济天下'的胸怀，让这种大爱继续传递"。2022 年 6 月 24 日，中国新闻网专访东北大学副校长孙雷，中新社记者问：最早的大学校训出现在哪里？校训之于大学有何意义？孙雷校长认为，大学是教育人的场域，一所大学的校训、校风以及引起师生共识的文化传统是大学用来成风化人的根本。校训育人的关键点在于"训"，意义在于育人，其功能性在于对教育者和受教育者的引导、疏导和督导，它既有显性文化特征，规范学校内师生的言行，又有隐性文化特征，润物细无声地影响师生的举止甚至价值观。2023 年 4 月 23 日，金台资讯报道，湖南农业大学党委研工部副部长彭可为勉励支教研究生要秉承"朴诚、奋勉、求实、创新"校训精神，担当教书育人使命，把个人成长融入基层教育事业。另一方面，媒体针对大学校训的雷同性、重复率等分析与报道也给大学校训建设提供了警示范本。如 2015 年 7 月 30 日，《光明日报》发表了名为《校训也该有特色》的一篇报道，该文批判了校训缺乏特色的现象，认为校训可以有适当的重复，毕竟都是在办大学、在育人。但是，过高的重复率却是不正常的，在一定程度上反映出我们的大学没有着眼特色来办学。

媒体不仅可以作为传播大学校训的载体和平台，还可以成为创新大学校训发展的新阵地。习近平总书记指出，"要运用新媒体新技术使工作活起来，推动思想政治工作传统优势同信息技术高度融合，增强时代感和吸引力"。因此，大学一定要具有前瞻性、前沿性，要灵活运用"学习强国"学习平台、微信公众号、抖音微视频、网络直播、快闪等新媒体，为学生提供各种信息交流平台以利于他们在与同龄人的交流中健康成长。同时，新媒体的传播内容新颖、传播方式较快，在某种程度上更贴近学生的生活实际，能够让校训文化概念在学生心田发芽，让校训真正成为校园文化的灵魂与核心，让广大师生通过规范自己的日常行为促进校园文化进一步健康发展。以哈尔滨工业大学为例。"近年来，哈工大发挥新媒体技术优势、传播优势，坚持用好无人机采集、移动直播、H5 应用、大数据分析等技术，深入推进报、台、网、微融合发展，持续打造以哈工大官方微信、哈工大'联小络''哈工大小 O'等为主体的'自媒体矩阵'，探索试行'五四'表彰、'七一'表彰等校训育人大型仪式活动全网直播，抓住重要契机设计发布《哈工大功夫传承者》《那些年，我们一起追过的青春哈工大》等一批校训育人微视频，吸引师生主动靠近、自动连接。"①

第三节　大学校训本质的文化透视

大学校训就其本质而言是文化现象，从文化角度透视大学校训本质，可以认为大学校训是大学精神实质的高度凝练、是大学文化传统的核心灵魂、是大学师生凝聚的精神纽带，它的核心使命指向铸魂与育人。

一、大学精神实质的高度凝练

大学精神是一所大学在长期的发展过程中积淀、形成的，为全体大学人所普遍认可和传承，并不断对后来者的价值追求、办学理念、历史传统、道德情操、思维方式产生重要影响，是一所大学最具本质性和个性化的精神气质。大学精神一经形成，就不容易流失，弥漫并体现在校风、教风、学风等非物质性的存在之中，时时刻刻充盈于整个大学校园，渗入到大学人的心田里，且会在大学人之间进行代际传承，发挥着重要的感染熏陶作用。校训是以箴言的形式向大学师生传达的精神律令，有其特别的文化格调和人文精神，是大学精神与理念的灵魂与内核，是大学精神实质的高度凝练，是一所大学所持精神高度抽象的价值追求和品格特征。

一方面，大学校训是中外大学在办学过程中对其人文传统、教育理念、治学精神及办学风格的理性抽象和高度凝练。大学并不仅仅是由人所占据的建筑，它是一个理念的住所。一所具有竞争优势的大学，必定有体现自身优势特色的先进的教育理念。校训是学校精神文化的历史沉淀，是对办学理念内敛式的再提炼，一所大学的校训在诞生之时通常是以应然的方式为学校成员"定规"和为学校发展"定位"，一般都是用短语来表示的，这一规范性要求对大学内部来说，是凝聚力和向心力，对大学外部来说，是核心竞争力。处在这一应然形态的大学校训，经过漫长的大学精神文化建设的过程，最终会成为大学办学理念的重要承载形式

---

① 　熊四皓：《准确把握三个辩证关系　发挥校训育人功能》，载《奋斗》，2017 年第 19 期。

之一。"通过探寻校训中蕴含的'大学之道'，我们不难发现，凡有鲜明个性的著名学府的校史上，必有竖起精神大旗的旗手，然后代代相传。如蔡元培之于北京大学，梅贻琦之于清华大学，张伯苓之于南开大学，竺可桢之于浙江大学。"①另一方面，以校训为代表的大学文化符号，不仅反映一所大学的学术传统和办学宗旨，也深刻砥砺着一代代学子的品行。正如南京大学校长蒋树声教授认为的那样，不同的大学之间形成了各自的传统和精神，大学文化的精华培育了大学精神，大学精神又促进了大学优秀文化的发展，校训最能反映大学的传统和特色。大学校训是对大学精神文化的理性抽象和认同，如大连医科大学校训"甚解、敏行、明仁、济世"的内涵是让师生在知识上完善自己，在行为上规范自己，在道德上约束自己，更好地实现知、行、德的统一；成都理工大学校训"穷究于理，成就于工"体现的则是穷究于事事物物之理，成就于实践实干之工的精神。

"我们似应更多地关注大学校训与大学精神的动态关系，重视大学校训对大学精神的引领作用和这种引领作用对大学精神塑造的意义。这种引领作用表现在：大学校训从某个角度展示大学精神的某个方面（或重点从某个方面塑造大学精神），校训成为大学精神的发展（塑造）方向。大学精神是一种精神的场，一旦受大学校训的引领，便成为一种矢量场，这种矢量的大小与对大学校训宣传力度的大小成正比。"②如今，高等教育在数量和质量上都实现了新的跨越，然而，大学作为一种精神文化却随着大学有形围墙的拆除而变得逐渐模糊，大学之道在蓬勃建设的大学中悄然迷失，大学被深深地卷入到强大的世俗化的旋涡中。在大学校训趋同化的今天，如何形成并保持自己独有的大学校园文化，就如同国家要有精神、民族要有力量一样重要。

二、大学文化传统的核心灵魂

毛泽东指出："一定的文化（当作观念形态的文化）是一定社会的政治和经济的反映，又给予伟大影响和作用于一定社会的政治和经济。"③耶鲁大学校长列文（Levin）曾提出实现大学使命的三个基本要素，即有形资产、人力资源和文化内涵。学校文化传统是学校在教育方面的文化积累，每一所学校或多或少都会形成自己独特的历史传统与校园文化，影响全

---

①　高天明：《校训与近代中国大学精神》，载《黑龙江高教研究》，2004年第7期。
②　倪筱荣：《论大学校训与大学精神关系的"应然"与"实然"状态》，载《教育与职业》，2011年第35期。
③　《毛泽东选集》第2卷，人民出版社1991年版，第663—664页。

体师生的价值选择、人格塑造、思维方式和精神风貌。

作为校园精神象征和灵魂的大学校训，无法摆脱时代的精神状况，游离时代的大学校训是没有生命力的，纯粹"价值无涉"的大学校训是不存在的。一方面，大学本身所固有的文化沿袭和办学实践是校训的文化根基。校训是在办学实践中逐步形成的，办学时间长的学校，承载悠久的历史传统和文化沉淀，能够形成富有个性和特色的校训。1923年，云南大学前身东陆大学创始人唐继尧在开学典礼上亲定校训，"自尊、致知、正义、力行"八字校训简短有力，内涵丰富，每一个词都是学校精神与气质的浓浓体现，是云大人文精神的高度凝练，以"润物细无声"之气、以"简洁明快"之势直达每个师生眼底，渗透到每个人的精神理念之中，从而潜移默化成为云大人的行为准则。1937年，熊庆来成为云南大学的第四任校长，并开创了云南大学的黄金时期。他制定了《云南大学校歌》并提出"诚、正、敏、毅"的校训。四字校训更为简练易记，既有传承又有发展，体现了熊庆来的教育思想，他更是以身作则成为学子的榜样。两则校训各有千秋，为造就两代云大人发挥了潜移默化的作用，给云大精神注入了中国传统美德的元素。另一方面，民族文化也是大学校训根植的沃土。民族文化不仅表现一个民族的外在风貌，而且是它内在的"灵魂"，它承载着中华民族的文化基因，凝结成了中华民族特有的文化因子，是中华民族宝贵的精神财富。我国大学校训均立足于中华民族五千多年灿烂的优秀传统文化，从博大精深、源远流长的民族文化中汲取养料并形成特色。"如被誉为'江南第一学府'的复旦大学倡导'博学而笃志，切问而近思'，语出《论语·子张》'博学而笃志，切问而近思，仁在其中矣'。这句校训突出了复旦人对治学之道的认识和理解。"[①]华南理工大学校训"博学慎思，明辨笃行"，源自《礼记·中庸》中的"博学之，审问之，慎思之，明辨之，笃行之"，意即学问、思辨、行动。

一个好的校训的诞生是艰难的，它绝不是随意挑选一些励志词语的简单拼凑和堆砌，也不是牵强附会的随意解读，更不是高悬于校园显眼位置的摆设。只有经典的、折射着古代先贤智慧和今人先进思想精粹的大学校训方能彰显文化之内涵厚重，才能经得起推敲，更能够流传久远。尤其在中国，大学校训是传统文化的延续和发扬，是现代文化的提炼和发展，它以最精纯的语言演绎着经典、诠释着深刻。

---

① 邱伟光：《以校训为切入点　创新学校办学理念》，载《思想·理论·教育》，2003年第Z1期。

三、凝聚大学师生的精神纽带

德国著名哲学家雅斯贝尔斯指出，"大学是一个由学者与学生组成的、致力于寻求真理之事业的共同体"①。师生共同体是教育体系中稳定的、有序的有机结构，它更加接近教师发展与学生发展的内在本真。师生课堂上的互动及课后的密切接触，构成了大学师生共赢的局面。在现代大学体制中，教师是掌握专门知识的"专家"，学生是准备成为专业人才的"受训者"，师生关系是教育教学过程中最基本的关系，也是提升高校人才培养质量的重要"隐形"资源。大学固然有人才培养、科学研究、社会服务等职能，但人才培养是大学的核心工作，科学研究和社会服务作为大学重要的职能，也是人才培养的重要载体。人才培养，是大学之道，也是大学的初心和使命。作为西欧最早产生的、有着"西方大学之母"之称的博洛尼亚大学、巴黎大学等，是由学生主持校务的"学生大学"和由教师主持校务的"先生大学"组成，基本上是师生自治的共同体。前者由学生主持校务，包括教授的选聘、学费的数额、学期的时限和授课的时数等均由学生决定；后者则由教师掌管校务。这说明，自大学伊始，教师和学生就是大学的主体。

在大学里，学生的成长不仅是知识积累的过程，也是人格养成的过程，需要文化和人文精神的滋养。围绕专业教育形成的大学文化在一定意义上将教师和学生之间的关系建构为单向度的关系，不仅因缺少师生之间的有机联系而使得受教育者在人格养成上缺失代际影响，而且因单纯的专业知识教育缺乏意义带入而缺失人文关怀。这就为大学校训铸魂与育人的核心使命奠定了文化基因。既然大学的本质是教师和学生构成的共同体，那么应该通过教师与学生之间的活动以动态形式显示大学文化，形成师生命运共同体文化，大学校训理应是大学师生凝聚的精神纽带。从本质上讲，"校训"表达了办学主体的一种愿望，体现了办学主体的目标选择。校训蕴含学校共同愿景，本质就是"我们想要创造什么样的学校""我们想要培养什么样的学生"，描述的是一个基于学校文化传统、现实可行的学校发展图景，体现着学校组织成员共同的内心追求、思想观念、价值取向和行为方式。作为反映师生共同价值取向、真实存在的学校共同愿景，为师生共同持有的意象或景象，是校训文化形成的基础，也是校训文化的精髓与灵魂。

---

① ［德］雅斯贝尔斯：《大学之理念》，邱立波译，上海人民出版社2007年版，第19页。

纵观中外大学千百年来的发展之路，培养人才是其亘古不变的使命。回看大学校训千百年来的流变之路，铸魂与育人是其颠扑不破的坚守。大学人在创造大学校训的同时，也在由自发到自觉地以校训文化塑造着大学人自己。大学校训文化建设与大学育人具有高度的契合性，这种契合性源于校训文化融学校思想观念、理想信仰、社会风尚等为一体，具有价值重塑、主体激励、实践创构等育人功能。无论从历史学视角、社会学视角、文化学视角来分析，大学校训都作为一种强大的精神力量在涵养人、教化人、陶冶人，培育人正确的思想观念和价值取向，以铸魂与育人为使命担当。

第三章　大学校训结构维度：表达铸魂与育人的语义

从结构论的视角看，大学校训是一个复杂的结构系统，包含目标、形式、内容等多个子系统，这些子系统又包含若干要素，彼此关联、相互影响，构成了一个展示大学历史文化底蕴、大学文化传承和大学人文精神的、多层次的、兼容并包的文化综合体，它承载着对新时代铸魂与育人的目标、原则和方法的理论思考与实践探索，为时代新人接受教育和个体成长提供充足养料。

第一节　大学校训的目标结构

马克思认为，社会有机体始终处于不间断的变化之中，不是静止不变的。他指出，社会有机体不是坚实的结晶体，而是一个不断运动、变化和发展的有机整体和复杂系统。大学校训作为有机整体中的一个子系统，也处于不断的变化和发展中。在大学校训变动不居的发展史中，沉淀着一条永恒不变的宗旨，那就是大学校训的目标确立，要遵循以下原则：借助多种语言形式，建立一种能体现社会需求、时代发展、文化传承、价值取向、育人理念和发展愿景的精神文化体系和一个包含校训传承、校训传播、校训创新发展等诸多元素的价值实践体系，从而可以强化大学人的文化认同，推动高等教育高质量内涵式发展，不断铸牢中华民族共同体意识等。

一、大学育人内在规律的要求

马克思强调，规律是事物之间的"内在的和必然的联系"[1]。列宁认为："规律就是关系。……本质的关系或本质之间的关系。"[2]通过了解客观事物的规律，更能够经过感觉而到达于思维，逐步了解客观事物的内部矛盾，以及这一过程和那一过程间的内部联系。《说文解字》解释，育人的"育"，就是教育、培养，偏向于思想品德的塑造。"人"就是被育之

---

[1] 《马克思恩格斯文集》第 7 卷，人民出版社 2009 年版，第 250 页。
[2] 《列宁全集》第 55 卷，人民出版社 2017 年版，第 128 页。

人，即学生、学习者。大学的育人过程，应该是遵循教育发展规律和学生身心发展的规律、尊重人的主体地位、重视传承人文传统的过程。研究、揭示大学育人规律，"就是为了认识教书育人的本质、作用，克服教书育人的盲目性，增强教书育人的自觉性，发挥教书育人的作用"①。规律既有人的成长规律，也有对文化的思考和发展规律，还有文化作用于人的规律。当然，知识本身就蕴含着文化，教育教学的过程就是一个文化传递的过程，这种文化传递不仅是知识的教与学，更重要的是对文化的肯定、认同以及文化价值的确认。因此，要提高大学育人的科学化水平，就要注重凸显提高大学生的文化自觉性，使他们意识到自身是一个相对独立的个体，知道自身有何价值，有何职责，并且对自己要做的事情具备信心和使命感。文化自觉性不仅涉及主体的文化认知、文化判断和选择能力以及文化精神，还涉及客体的时代条件与背景。2022 年 9 月 20 日，习近平总书记为《复兴文库》作的题为《在复兴之路上坚定前行》的序言中提到，"修史立典，存史启智，以文化人，这是中华民族延续几千年的一个传统"。文化育人作为育人体系的重要一环，对于促进高校思想政治工作的落实和有效落地，更好地培养高素质人才具有重要作用。大学生作为一个特殊群体，不断增强他们的文化自觉性，就是要把校训文化渗透到高校育人的整个环节中，贯穿到高校思想政治工作的全过程。校训文化是大学文化的核心，代表着大学的精神气质，凝结了大学育人理念和对大学人素质的基本要求，着眼于学生的终身可持续发展，是高校发展、建设目标的集中体现。校训文化作为大学精神的重要组成部分，其弘扬和传承是坚持高校立德树人根本任务的重要一环，帮助大学生树立正确的世界观、人生观、价值观，把校训文化融入学校党建、思想政治工作和教育教学全过程，可以最大限度地发挥思想政治教育功能，促进莘莘学子成长为德才兼备的人才。同时，校训凝聚了高校的初心使命，集中体现了大学立学、办学、治学、求学的价值追求，与社会主义核心价值观教育相契合，可以使社会主义核心价值观教育在高校的培育和践行更加生动具体。山东女子学院"前身是创建于 1952 年的山东省妇女干部学校，2010 年 3 月经教育部批准改建为全日制普通本科高校——山东女子学院。学校坚持文化育人，在多年的办学历程中形成了'坤德含弘，至善尚美'的校训，山东女子学院的办学思想和办学特色凝练在这个个性鲜明的校训上。这个校训体现了山东女子学院的文化特质和治学理念，

---

① 郑永廷、林伯海：《教书育人规律及其遵循对策研究》，载《思想教育研究》，2017 年第 6 期。

树立了独特的学校文化品牌，尤其是发挥了极大的育人作用，一届届的大学生遵循传承着校训精神，走向社会，开创美好生活"①。

二、更高水平大学建设的诉求

党的十八大以来，党和国家持续推进教育领域改革，以更好适应新时代建设现代化强国的现实需求。2015 年 10 月，国务院正式印发《统筹推进世界一流大学和一流学科建设总体方案》，在高等教育事业领域全面启动"双一流"建设，将"211 工程""985 工程"等重点建设项目，统一纳入"双一流"建设。此后，党中央相继推出了一系列加快建设世界一流大学和一流学科建设的战略决策，推动高等教育强国迈上新台阶。从"211 工程""985 工程"建设、"2011 计划"再到"双一流"建设，扎根中国大地建设世界一流大学正在向纵深发展。建设世界一流大学是中国高等教育领域长期的、全局的、带有根本性的重大战略决策，是中国高等教育长远目标和战略规划的一次历史性转变。建设真正的一流大学，必须探索走出符合自身发展规律的发展之路，坚持"中国特色、世界一流"。当前，中国大学都在努力凝练各自的特色，突出其建设路径的独特性，致力于提升自身的综合实力和竞争力。尤其是底蕴深厚、历史悠久的综合型大学，正在朝着建成世界一流大学的宏伟目标而昂首阔步。但在这一发展过程中不应忽视的是，"双一流"高校不仅应在实现"双一流"建设的硬指标上有所建树，也应根植于中国深厚的文化底蕴，在传承良好的文化传统、重视校园各主体精神培育的软实力上不断提升。每一类学校都应明确自身的发展特色与价值内涵，尤其是"双一流"建设高校更要明确一流大学的本质属性，即一所大学最永恒、最独特、最根本的财富不仅是一流的学科、一流的大师、一流的大楼等，更重要的是要具有与之相对应的大学精神。校训文化作为大学文化的渊源、基因和核心元素，其传承、践行、优化和升华，是我国"双一流"建设的重要组成部分。习近平总书记指出，要使社会主义核心价值观的影响像空气一样无所不在、无时不有。要把社会主义核心价值观培育与校园文化建设紧密结合起来，全面激发校园文化的认知导向、心理调节、人格塑造等功能。加强对校园精神的培育，发挥大学校训、校史、大学精神的育人作用，推动形成高雅的文化品位。从战略高度上规划大学文化的发展方向，积极探索校训文化育人的有效路径，不断加强大学文化建设的统筹、规划和引领，这也是"双

---

① 尹衍梅：《中华优秀传统文化涵养下的大学校训育人研究》，载《高教学刊》，2020 年第 29 期。

一流"建设以及建设更高水平大学的题中应有之义。燕山大学的历史与艰苦奋斗的精神分不开。从哈尔滨工业大学到东北重型机械学院再到燕山大学，学校前后经历了三次在荒地和农田上开辟新校区的创业过程，并在创业过程中逐步形成了"厚德、博学、求是"的校训和"艰苦奋斗，严谨治学，求实创新"的学校精神。对燕山大学来说，在办学历程中逐步形成的校训和学校精神不仅是学校的文化内核，也是对学校坚持特色化办学，立足优势特色，服务地方需求的办学定位的高度概括，指引着学校建设特色鲜明、优势突出的高水平大学的方向。

三、大学根本任务的追求

2017 年 10 月 18 日，习近平总书记在中国共产党第十九次全国代表大会上指出，要坚持育人为本、德育为先，把立德树人作为教育的根本任务。2021 年 12 月 14 日，习近平总书记在中国文联十一大、中国作协十大开幕式上的讲话中进一步指出，"立德树人的人，必先立己；铸魂培根的人，必先铸己"。德育是学校教育的灵魂，是学校教育价值追求和实践探索的核心内容。《国家中长期教育改革和发展规划纲要（2010—2020年）》提出，要"坚持德育为先"，"把德育渗透于教育教学的各个环节，贯穿于学校教育、家庭教育和社会教育的各个方面"[①]。联合国教科文组织曾指出，"人的思想观念、态度等已在人的基本素质中占据首位，德育已是涉及人才培养的大问题"[②]。21 世纪的德育目标，是在知识经济对人才全方位要求的背景下，从单纯注重学生政治思想品德的发展向提升大学生的思想境界和人文素养转变。德育工作本质上是一种文化活动，大学文化视域下大学德育的任务就是要形成具有本校风味的"文化泡菜缸"，按照美的规律造就"完整的人"。校训是一所学校的精神文化核心，是学校教育理念的集中体现，更是德育工作纵深发展的体现。学校德育目标要求往往集中体现在校训中，校训是最能体现德育目标要求的一种形式。因此，大学校训目标的确立要满足大学人的发展性目标、学术性目标、公益性目标和共同性目标的实现，即大学校训目标的确立与调整要充分考虑大学人健全人格、走向完美和崇高的发展性目标；要立足大学人探求真理、验证真理、发展真理，深化学术价值追问的学术性目标；要注

---

① 国家中长期教育改革和发展规划纲要（2010—2020 年）[EB/OL]. （2010-07-29）[2017-07-11]. https://www-gov-cn. webvpn. sysu. edu. cn/jr2g/2010-07/29/content_1667143. htm.

② 《教育——财富蕴藏其中》，联合国教科文组织总部中文科译，教育科学出版社 1996 年版，第 6 页。

重大学人道德修养和人生境界提升，引领社会发展的公益性目标；要考虑大学人为社会公正、人类文明和世界和平作出贡献的共同性目标。华中师范大学主要有三个前身：华中大学、中华大学、中原大学教育学院。自学校创立，华中大学一直秉持"立足本土文化、放眼人类文明"的教育理念；中华大学坚持"成德、达材、独立、进取"的治校准则；中原大学教育学院则坚持"忠诚党的教育事业"的崇高信念。"在新中国成立初期，学校依据自身师范的定位，制定了'忠诚、奋发、博学、乐育'八字校训，以此统摄办学思想，规范育人行为。在几十年的办学中，学校一直倡导'尊师爱生''为人师表'。学校在筹备建校 90 周年校庆活动中，制定了'求实创新，为人师表'的新校训，1998 年修订为'求实创新，立德树人'。惟求实而可以创新，惟立德方能树人。"①八字校训是学校精神的灵魂，传承了中国儒家文化，充分彰显了师范办学理念，也体现了特定历史时期社会共同的价值观念和整体价值追求，引导学生在校的行为和价值取向，促进了大学校园的学风建设和校风建设。校训的提出意在激励和劝勉在校的教师和学子，校训就如同铭刻在师生心中的指路灯塔，给予他们坚定的信念和顽强的力量，即使是离开学校多年的人也会将校训铭记在心。

第二节　大学校训的内容结构

大学校训是文化精神与教育理念的综合表达。中西方教育理念有很大的不同，透过大学校训，能够看出中西方大学在办学理念、办学传统和价值取向甚至民族性格的养成上的不同。大学校训是体现教育理念的一种非物化形式，不同院校往往缘于不同的办学历史和价值追求，对自身办学文化的理解自然产生差异，进而导致校训内容与形式的千差万别。

一、按照用语内涵划分

大学校训寥寥数语，却极其精练地表达了大学理念、大学精神和大学人共同的价值追求，表现了大学所处国家民族、社会文化的深邃底蕴。对大学校训用语内涵的历史性研究同时也是对大学发展史和文化发展史的研究。

---

① 于洁：《我国部属师范大学校训的文化特质研究》，四川师范大学 2019 年硕士学位论文，第 19 页。引用时有改动。

（一）西方大学校训用语的内涵

西方大学校训彰显了西方文化精神，是西方文化精神的投射。西方大学校训的思想内容经历了从"重神灵""重上帝"、"自治""自由"到"主智""求真""服务"的演变。校训的词语组合也经历了"重神""求自治""尚自由""主智求真""重服务"的演变过程。

1."重神"的宗教思想内涵

欧洲早期的大学"基本上都是教会的侍女和附庸"，教会通过种种措施，打压异己，控制着人们的思想，大学不仅对文艺复兴的贡献有限，反而遭受百般阻挠和抵制。同时，大学是中世纪教育制度绽放出的最绚丽的花朵，中世纪基督教完全垄断了教育，只有僧侣为从事宗教活动才能读书识字，世俗教育被扼杀，学校附设在教堂。宗教文化成为早期西方大学文化的重要组成部分，西方大学弥漫着浓郁的"重神灵""重上帝"的宗教文化色彩。在这种环境下诞生的大学，其一切活动都必须体现宗教的意志，即便是制定校训也不例外。美国的高等教育和宗教渊源极深，如哈佛大学、耶鲁大学、普林斯顿大学，最初都是教会出资创办的，它们的校训都体现了"重神尊主"的宗教思想。中世纪的牛津大学是作为教会的附属机构而存在的，它与宗教有着不解之缘。牛津大学校徽上用拉丁文刻写着大学的箴言：Dominus Illuminatio Mea（上主乃吾光）。该校训体现了宗教作为一种道德准则，对学者们不懈追求真理发挥了重要作用。在本书所收集的119条国外大学校训中，以上帝（God）为主体内容的校训共有8条，如牛津大学校训"Dominus Illuminatio Mea"（上主乃吾光）、哈佛大学的早期校训是"荣耀归于基督"和"为基督，为教会"、杜克大学校训为"Eruditio et Religio"（知识和虔诚）、格罗宁根大学校训"The Word of the Lord is a Light for Our Feet"（上帝的话照亮我们的足迹）、布朗大学校训"In Deo Speramus"（我们信赖上帝）、普林斯顿大学校训"Dei Sub Numine Viget"（她以上帝的名义而繁荣）、威斯康星大学麦迪逊分校校训"The divine with in the universe，however manifested，is my light or God，our light"（上帝是引领人们走出黑暗和蒙昧的光明之神）、乌普萨拉大学校训"Truth through the grace of God and through nature"（通过上帝的仁慈和天性传递真理）。还有一些大学的校训用词以"Light"（光）、"Sancte"（圣洁）等词语隐喻表达"重神"思想，如耶鲁大学校训"Lux et Veritas"（光明与真知）、首尔国立大学校训"Veritas Lux Mea"（真理是我的光明）、北卡罗来纳大学教堂山分校校训"Lux Libertas"（光明自由）、哥伦比亚大学校训"In lumine Tuo videbimus lumen"（借汝之

光 得见光明）、加州大学洛杉矶分校校训"Fiat Lux"（愿知识之光普照大地）、塔夫茨大学校训"Peace and Light"（和平与光明）、伦敦国王学院校训"Sancte et Sapienter"（圣洁与智慧）等，都具有强烈的宗教色彩，主张神的启示是真理和知识的源泉，显现出宗教对大学文化的渗透。

2. "求自治""尚自由"的自由信念内涵

自由一直是大学的立身之本。自大学诞生以来，大学自治和学术自由便被视为大学一以贯之的传统价值观。大学自治和学术自由对高等教育事业的发展和学术繁荣有重要意义。西方大学学术自由思想的源头可以追溯到古希腊、古罗马时期。在古希腊，学术文化的兴旺发达与哲人们享有广泛而充分的学术自由休戚相关。对爱智慧的希腊人而言，学术自由是不证自明的，自由的思想和精神不仅在他们的日常沟通和书面语言中得到深入挖掘，而且通过他们自由地批判、总结和阐发哲学思想、人文思想、道德理念等表现于外；对古罗马人而言，尽管对哲学方面的研究不多，但他们以宽容的心态面对原希腊世界学术自由的精神和传统，并以友好的、开放的心态保存着学术自由的火种。

大学从诞生之日起就沿袭着古希腊、古罗马追求学术自由的传统。西方大学校训的词语组合也总是围绕着自由、自治进行。中世纪大学一经产生就争取到了自治权和自由权。巴黎大学不仅是欧洲大学之母，更是法兰西民族的荣耀，她被称为"传播法兰西精神最活跃的发源地"，其校训和办学宗旨彰显了大学思想和学术自由的民主氛围，使得大学成为引领社会精神的重要场所。帕多瓦大学建于1222年，位于意大利美丽的水城威尼斯附近的帕多瓦市，如今有800年历史。帕多瓦大学校长丹妮拉·马佩利曾说："建于1222年的帕多瓦大学包揽了许多人类记录，这些记录代表了意大利和欧洲历史和文化的许多转折点。"13世纪初，当时博洛尼亚大学限制学术自由，因此大批的教授和学生从博洛尼亚大学脱离出来，建立了帕多瓦大学。倡导和保卫学术和教学自由一直是帕多瓦大学的精神核心，在800年的学校历史中从未被遗忘，其校训是拉丁文"Universa Universis Patavina Libertas"，翻译成中文为"为帕多瓦，宇宙以及全人类的自由而奋斗"，充分说明了大学追求自治和自由的理想。

大学所追求的自治、自由的传统为文艺复兴做足了精神准备，文艺复兴后期，随着时代的发展，大学逐渐摆脱了宗教文化的束缚，校训的词语组合也逐渐从"重神""求光"等转变为"求自治""尚自由"，最具代表性的是哈佛大学历任校长坚持的3A原则，即学术自由、学术自治和学术中立（Academic Freedom，Academic Autonomy and Academic

Neutrality)。在本书所收集的 119 条国外大学校训中，以自由(Freedom、Libertas)为核心词语组合的共有 9 条，如柏林自由大学校训"Veritas—Iustitia—Libertas"(真理、公平、自由)、斯坦福大学校训"Die Luft der Freiheit weht"(让自由之风劲吹)、高丽大学校训"Libertas，Justitia，Veritas"(自由，正义，真理)，延世大学校训"Truth，Freedom"(真理，自由)、北卡罗来纳大学教堂山分校校训"Lux Libertas"(光明自由)、加州理工学院校训"The truth shall make you free"(真理使人自由)、京都大学校训"自由の学風"(自由的学风)等都体现了大学传承古希腊所追求的"自由、自治"的传统。

3."主智求真"的智性思维内涵

智慧作为希腊传统道德中的最高目标，一直为古希腊的哲学家们所关注。从词源上看，"哲学"(philosophy)一词的希腊文、英文由"爱"(philo)与"智慧"(sophia)两词缀合而成，其字面意思是"对智慧的友爱"。古希腊早期哲学家赫拉克利特应该是第一位将智慧定义为认识事物本质的人，他在其著作中说道："智慧就是成为为一者，即通达智性，因为可以看到，正是某种智性在周遍地掌舵操纵着万事万物。"苏格拉底终其一生践行着神谕，他自认为自己是神给城邦的礼物，认为"唯有神真有智慧"。柏拉图提倡"知识即理念""最高的美德即智慧"。而后到了亚里士多德，他认为"既然人们研究哲学是为了摆脱无知，那就很明显，人们追求智慧是为了求知"。他还认为，只有哲学才是追求"头等智慧"的，而其更著名的一句论述更是道出了对发端于古希腊—罗马时期的智慧、真理的渴望与追求，即"吾爱吾师，吾更爱真理"。剑桥大学成立于 1209 年，作为一所古老的教育机构，据传说，最早是由一批为躲避殴斗而从牛津大学逃离出来的师生建立的。亨利三世国王在 1231 年授予剑桥教学权。剑桥大学和牛津大学被誉为英国两所最好的大学，合称"牛津桥"，剑桥大学是世界十大名校之一。剑桥大学的拉丁文校训"Hinc lucem et pocula sacra"，英译为"From here, light and scared draughts"(此地乃启蒙之所，智慧之源)。

在本书所收集的 119 条国外大学校训中，以知识(Knowledge)为主体内容的校训共有 9 条，分别是昆士兰大学校训"By means of knowledge and hardwork"(依靠学识暨勤勉)、新南威尔士大学校训"Knowledge by Hand and Mind"(真理来自实践和思考)、鲁汶大学(荷语)校训"Seat of Wisdom & Knowledge"(智慧之所在)、埃默里大学校训"The Prudent Heart Will Possess Knowledge"(智慧的头脑将拥有知识)、杜克大学校训"Knowledge and Religion"（知识和虔诚）、洛桑大学校训"Live in Knowledge"（活在知识里）、爱丁堡大学校训"Without knowledge，all is in vain"（没有知识，一切都是徒劳的）、利兹大学校训"Et augebitur scientia"（知识将会增加）、拉夫堡大学校训"By Truth，by Science，and by labour"（真理，科学和劳动）。以真理（Truth）为主体内容的校训共有18条，分别是哈佛大学校训"Veritas"（真理）、加州理工大学院校训"The Truth Shall Make You Free"（真理使人自由）、密歇根大学校训"Art，Science，Truth"（艺术，知识，真理）、圣路易斯华盛顿大学校训"Strength Through Truth"（力量借助于真理）、西北大学校训"Quaecumque sunt vera"（真理即永恒）、约翰•霍普金斯大学校训"The Truth Shall Make You Free"（真理使你们自由）、乌普萨拉大学校训"Truth Through Gods Mercy And Nature"（通过上帝的仁慈和天性传递真理）等。此外还有以书（book）、智慧（wisdom）、笔（pen）等隐喻词语组合形式表达追求知识、追求真理的校训，如隆德大学校训"Prepared for both the book and the sword"（智勇双全）、庆应大学校训："ペンは剣よりも強し"（独立自尊笔比剑强）、华威大学校训"Mind over Matter"（精神凌驾物质）、加拿大皇后大学校训"Sapientia et Doctrina Stabilitas"（智慧和知识使你处乱不惊）、悉尼大学校训"Sidere mens eadem mutato"（繁星纵变，智慧永恒）等都传达了"主智、求真"的思想。

4."重服务"的责任意识内涵

大学与社会的关系伴随着大学使命与职能的拓展，经历了中世纪长久的疏离、近代的保守、初步的融合等阶段。中世纪时期大学还带有浓厚的宗教色彩，没能完全摆脱教会的桎梏，其主要职能就是培养人才、传授知识（教义），因此被称为象牙塔。其浓厚的宗教性，不仅使大学与世俗社会发展相疏离，也束缚和禁锢了新知识的产生和大学新职能的拓展。文艺复兴运动之后，人文主义教育得到了传播，但大学与社会的发展仍然保持着一定的距离，大学教育脱离于社会这一本质并没有得到实质性的改变。高等教育与社会发展的初步交融始于德国和北美大陆，最有代表性的是德国的哈勒大学和哥廷根大学，它们有别于传统大学，在办学理念和课程设置方面进行了改革，开始与社会相结合，适应社会发展的需要，并对19世纪初期创立的柏林大学产生了重大影响。进一步的融合和发展出现在美国的一系列大学中，谈到威斯康星大学、哥伦比亚大学、达特茅斯学院、布朗大学及康奈尔大学等美国大学的发展史，则无法绕过服务社会的教育理念。"服务"理念在美国赠地学院和一些州立大学的办学活动中得到了充分体现，赠地学院和州立大学所强调的服务，是指大学在抓好人才培养和科学研究的同时，应该更加凸显为当地的经济建设和社会发展服务的职能。最直接的体现是康奈尔大学校训"I would found an Institution where any person can find instruction in any study"（要创办一所大学，在这里任何人在任何学习领域都能受到教育），"Any person"体现了任何人都有权利受到教育的平等精神，这是当今世界全球性教育发展的趋势，"Any study"体现了根据学生特点和兴趣进行引导的工作态度。透过康奈尔大学的校训，我们还看出康奈尔大学的文化和精神是实用的、包容的、豁达的，康奈尔大学提供的广泛的课程资源，特别是为国际学生提供英语语言课程和其他资源，如语言合作伙伴计划来实现自己的理想。

在本书所选取的 119 条国外大学校训中，以"Service""Country""person"等词语组合方式出现的校训有 15 条，西安大略大学校训"Veritas et Utilities"（追求真理 服务人类）、佐治亚理工学院校训"Progress and Service"（进取和服务）、美国陆军军官学院（西点军校）校训"Duty，Honor，Country"（责任、荣誉、国家）、东京大学校训"品質で、品質で勝つために、国家の指導者とすべてのレベルのバックボーンを育成する"（以质取胜、以质量量、培养国家领导人和各阶层中坚力量）、美国维克森林大学校训"For Humanity"（为了人类）、帕多瓦大学校训"Universa Universis Patavina Libertas"（为帕多瓦，宇宙以及全人类的自由而奋斗）、马依多尔大学校训"Attnam Uppamam Kere"（以惠我之心惠人）、苏黎世大学校训"Cuncti adsint meritaeque expectent praemia palmae"（让所有因其价值而应得奖赏的人都来吧）、早稻田大学校训"学問の独立、学問の活用、模範国民の造就"（学问独立、学问活用、造就国民典范）、墨尔本大学校训"I grow in the esteem of future generations"（让下一代在对我们的景仰中成长）、巴黎综合理工大学校训"Pour la patrie, les Sciences et la gloire"（为了祖国的科学和荣誉）、多伦多大学校训"As a Tree through the Ages"（百年树人）、芝加哥大学校训"Crescat scientia；vita excolatur"（益智厚生）、大阪大学校训"地域に生き世界に伸びる"（立足本土，延伸世界）。由此可以看出，国外大学"重服务"的词语组合也经历了由地区、国家到世界、人类的发展历程。这足以证明：其一，英国高等教育学家埃里克·阿什比曾说过，"任何类型的大学都是遗传与环境的产物"①，大学校训的发展历程足以证明世界高等教育的发展趋势；其二，大学作为高等教育的经典代表形式，虽然具有一定的阶级性，但大学本身固有的普适性、国际性、恒久性、引领性是其在社会变革洪流中不曾因乱、因变而凋谢的主要原因。

从国外大学校训的词语组合来看，国外大学校训具有相对较强的稳定性，由于结胎于具有浓厚宗教色彩的中世纪大学，国外大学特别是西方大学的词语来源取自《圣经》、拉丁语警句格言较多，取词母版相对单一，"重神、求自治、尚自由、主智求真、重服务"的思想传统和校训用词方式，传承千年至今依然是大学校训的经典词语组合形式；与此同时，大学校训又具有极强的时代性，能够融合吸纳大学所处时代的时代精神，对社会需求、国家需要及时作出反应，这种时代性也体现在校训的词语组合中，如"重服务"的词语组合形式的出现便是例证。

（二）中国大学校训用语的内涵

中国大学校训在思想内容上主要体现了中国传统文化中崇德、重情、尚实用等核心思想，突出表现为崇德求善的德性思想、深仁厚泽的仁爱精神、经世致用的价值取向、乐观进取的发展态度、居安思危的忧患意识以及和合圆融的文化心理，这些思想通过校训以"柔性"的方式在大学中发挥价值引领、教书育人、凝聚激励、约束规范等功能，反映学校办学的基本精神、教师育人的基本方针、学生行为的基本准则等。

1."崇德"的德性文化内涵

中国大学校训强调"责任意识"。无论是古代中国传统"校训"中的"明明德、亲民、止于至善""忠孝廉节""澡雪身心，传习圣贤之体用"，还是当代大学校训中的"自强不息，厚德载物""勤求博采，厚德济生""崇德尚能，经世救民"都强调个人对自然、对个人、对社会、对国家、对民族、对世界、对天下的强烈的责任意识。这种责任意识的根源是中国儒家思想中的"德性论"。在本书统计的改革开放后的 2631 所大学校训中，"德"字校训出现了 1248 次。其中以"厚德"为核心词语的校训有 443 条。中国传统文化的"厚德"思想深深影响着中国大学校训的生成与发展过程。

（1）"以德修身"的自律主张

从孔子的"修己安人"到新时代高等教育的"立德树人"，无论是从教育者还是从受教育者的角度来看，"以德修身"的自律主张都是不变的追

① ［英］埃里克·阿什比：《科技发达时代的大学教育》，滕大春等译，人民教育出版社 1983 年版，第 7 页。

求。修身是儒家思想的核心观念，儒家"修身"之"身"并非仅指血肉之躯。儒学是人伦日用之学，注重人的内在精神层面的丰富，修身，即"为己之学"，所谓成己、达己。孔子认为，当政者修身立德的最终目标是成德成仁，成圣成贤。他认为，个体的修身立德成仁，完全是靠自觉，即"为仁由己，而由人乎哉？"修身，从其根本上来说是心性之存养。孟子反复强调"君子不可以不修身"，并强调"慎独"和"反求诸己"，把人丢失的本心寻找回来。要实现自我的完善，成就其高尚的人格，就要"以修身为本"，《荀子·君道》与《礼记·大学》都明确指出，上自天子下至臣下、百吏乃至庶人皆以修己、修身为本。在儒家看来，"修身"的重要性在于，只有身修己正，近方可齐家，远方可治国、平天下。西汉董仲舒的"仁者安人，以义为我"，程朱理学注重"涵养须用敬，进学在致知"的修养方法，陆九渊的"慎独即不自欺"，张载的"为天地立心，为生民立命，为往圣继绝学，为万世开太平"都是儒者襟怀的表达，也是中国大学校训中"以德修身"的自律主张的历史范本。东方世界的第一所国立中央大学洛阳太学以"明明德，亲民，止于至善"为校训，教人"修身、齐家、治国、平天下"，为东汉政权培养了大批有用人才，也奠定了中国高等教育的价值取向。鹅湖书院院训——"为学修身，处事接物"，"修身"要求学生做到"言忠信，行笃敬"和"惩忿窒欲，迁善改过"，即言语忠诚老实，行为敦厚严肃，压抑自己的欲望和怒气，改正自己的错误而向善，多做自我反省和自我批评，以达到自我发展、自我进步。宏道书院院训——"仰高、恭敬、逊志、省身"，"省身"语出曾子的"吾日三省吾身"。儒家强调学业品格的自省自纠，要求学生每天多次对自己的学习和社会交往进行反省，检查自己是否违背了儒家的道德准则。常修为政之德，常思贪欲之苦，常怀律己之心，见贤而思齐，见不贤而内自省，通过自我意识来省察自己言行，并督促自己加以改进。

（2）"好学尚智"的德性追求

"好学"是孔子思想中一个具有核心意义的基础性观念。孔子曾言："十室之邑，必有忠信如丘者焉，不如丘之好学也。"他认为自己忠信的资质与常人一样，只是因为自己好学，所以能异于常人。从这句话也可看出，孔子把"学习"和"忠信"这一优良的品质作比较，"好学"是更重要的，虽然在道德德性的系谱中"好学"不见得比"仁""忠"更高（忠信本来是春秋时代最重要的德行）。相较于西方哲学的"爱智"，中国的"好学"更体现了一种对学习活动无条件的喜爱。"好学"是一种乐观文化的体现。如"学而时习之，不亦说乎""默而识之，学而不厌，诲人不倦，何有于我哉？""吾尝终日不食，终夜不寝，以思，无益，不如学也。""古之学者为己，今之学者为人。"不管学什么，学的目的是最大限度地完善自己，所学完全融入自身，成为自身的内在部分，实现自己的潜能，而不是为了表现给别人。《礼记·学记》说"玉不琢，不成器；人不学，不知道"，通过人与玉的类比，说明了学习的重要性。这也证明"好学"对中华民族的民族性格亦有重要的塑造作用。

在本书统计的中国各时期大学校训用词中，"学"字分别出现了9次、10次、14次和981次，稳居高频字词榜首。中国大学校训中的"学"，继承和发展了儒家人文理念中的"学"，重视经典的人文教养，把"好学"之德的培养与"修身"紧密结合起来，强调主体自身内在的反省、体验和感悟，提倡以实践性之"学"塑造自我人格，以实际行动养成"好学"之德，达到"止于至善"的境界或者说是人生的最高理想。

"学"的内容不仅是重视知识的"学文"，更强调德性的"学道"，《论语》中有"志于道，据于德，依于仁，游于艺"的话语。"学道"就是学习和掌握这一切东西，"志于道"就是以追求这些为志向。在儒家思想中，"学道"是第一位的，学者一旦立志向道，他的心理愿望和言行举止都会追求合理性。孔子一生都在为道而学，为道而教，为道而施，人要"知道"就要"学道"，孔子主张君子要"学道"，普通人也要学道。所谓学文是学道的余事，道的追求始终是君子之学的目标。"学"的目标是学为君子，不论在大学发展的哪一个时期，大学校训的"学"就是修为一种高尚的人格、完整的人格，注重学问道德的内在修养与外在践行。儒家通过"圣人可学"的观念，肯定了"德可学"，即肯定了德性与教育的联系，以德性教育为中心塑造完整的人格，这一教育理念贯穿中国高等教育发展的始终。

2."仁爱至上"的情感内涵

"仁"是儒家最重要的道德观念。在中华文明两千年的发展历程中，仁爱是中华民族最核心的价值理念，是道德之首。在《论语》中，孔子有100多次谈到"仁"的观点，"仁"是孔子谈得最多的道德概念，也是孔子最重视的道德概念。《吕氏春秋》明确讲："孔子贵仁。"何为仁？樊迟问仁，子曰爱人。"仁者爱人"是孔子在家庭伦理的基础上提出的更具有普遍意义的人际伦理。孟子把"仁"扩大为"亲亲—仁民—爱物"。

在中国大学校训中"仁爱至上"的价值取向贯穿始终，贯穿中国高等教育"知行合一"的全过程。"近仁""崇仁""怀仁""仁心"既是中国大学人修身治学以期达到的道德航标，又是中国大学人学以致用的行为指向。在本书所统计的改革开放后2631所（含独立学院265所）大学校训中，

"仁"字校训占 43 条，大多受到医药类大学校训取词的青睐，如温州医科大学校训"仁肃、勤朴、求是、奋发"，宁波卫生职业技术学院校训"仁爱、健康"，滨州医学院校训"仁心妙术"，山东中医药大学校训"厚德怀仁，博学笃行"。其中也不乏农业类和师范类的大学校训体现"仁"的价值取向。如 2009 年，南京农业大学公布新的校训"诚朴勤仁"，该校训是从其前身中央大学校训"诚朴雄伟"和金陵大学校训"诚真勤仁"中各取二字组合而成。《论语·雍也》有云，"夫仁者，己欲立而立人，己欲达而达人……己所不欲，勿施于人"。"仁"强调立己达人、相互关爱、尊重人格、与人为善。以"仁"为训，意在勉励师生员工心系苍生、仁爱天下。再如湖南师范大学校训是"仁爱精勤"，"仁"在湖南师范大学校训内涵中是种树培根、育人养心、正宜明道、天下归仁的意思。当然，中国大学校训所彰显的"仁爱至上"精神不仅限于爱国、爱人、爱社会、爱真理、爱自然等领域，它更是一种德行的精神航灯和最高的道德标准，引领着中国大学的发展。

3."崇尚实用"的理性内涵

不同于古希腊和印度文化中的先验理性，中华民族的思维并不排斥思辨性，但更以实用理性见长，实用理性实质上就是经验理性。恩格斯曾写道："在一切实际事务中……中国人远胜过一切东方民族。"[①]李泽厚将其称为实用理性的表现。"所谓'实用理性'就是它关注于现实社会生活，不作纯粹抽象的思辨，也不让非理性的情欲横行，事事强调'实用'、'实际'和'实行'，满足于解决问题的经验论的思维水平，主张以理节情的行为模式，对人生世事采取一种既乐观进取又清醒冷静的生活态度。"[②]从民族文化精神来说，中国古代传统思维方式形成了自己的个性，即实用理性，涵盖了国人经世致用的价值取向、自强不息的乐观态度、居安思危的忧患意识和和合圆融的文化心理等。实用理性渗透在大学校训文化中，突出体现在以下四个方面。

（1）经世致用的价值取向

《辞源》中对"经世"的解释为"经历世事"或"治理世事"，"致用"为"尽其功用"。"经世致用"简言之就是做学问必须有益于国事，《辞海》给"经世致用"下了一个定义："经世致用就是关注社会现实、面对社会矛盾，并用所学解决社会问题，以求达到国泰民安的实效。"这一思想更加注重

①　《马克思恩格斯全集》第 12 卷，人民出版社 1962 年版，第 190—191 页。
②　李泽厚：《中国现代思想史论》，生活·读书·新知三联书店 2008 年版，第 342 页。

实用理性，让学术研究服务于社会民生的实际需要，体现了中国传统知识分子"黜空谈，尚实学"的思想特点以及"心怀天下，奋志不移"的情怀。在本书所收集的改革开放后的 2631 所中国大学校训中，有 20 所大学以"经世致用"为校训。如宁波大学校训"实事求是，经世致用"。"实事求是，经世致用"有着丰富的古今内涵，"宁波是历史上著名的'浙东学派'和'宁波帮'的发源地。'浙东学派'以'注重研究史料和通经致用'享誉史学界。'宁波帮'是对近代大批宁波人漂洋过海到世界各地，尤其是港澳台地区创业，取得辉煌成绩的美称。'宁波帮'商业巨头大都出身贫寒，以诚信、经世致用起家。'求是'是'浙东学派'的传统，'诚信''经世致用'是'宁波帮'的气质"①。2008 年 3 月，学校正式确定"实事求是，经世致用"为宁波大学校训。2014 年 6 月，中南大学将校训定为"知行合一，经世致用"。"知行合一，经世致用"，远承先秦诸子"备物致用"的为学之道和宋明理学"为万世开太平"的宏大志向，近效"经世应务""明体达用"的中华文化精华，它"不仅要求'中南人'有远大的理想抱负，志存高远、胸怀天下，更要'学用结合'，要理论联系实际，脚踏实地，注重实效。把'经世致用'作为校训，不仅体现了学校的文化传承，与孙中山先生早年为湘雅医科大学的题词'学成致用'更是一脉相承，有利于引导中南学子将远大理想抱负和锲而不舍的实际努力结合起来，既要志存高远，敢为天下先，又要脚踏实地，从点滴做起"②。如果说"经世致用"是大学的办学目标和价值取向，那么"知行合一"就是大学实现价值的途径和方式。

从中国古代学人的"学而优则仕"开始，中国高等教育中知行合一的基调便已奠定。在中国传统"大学"时期，南昌友教书院校训"志于道、据于德、依于仁，而后游于艺"、石鼓书院校训"学文敦行、辨志慎习、笃伦常、识仁体"、丽泽书院校训"讲求经旨，明理躬行"到民国时期京师大学堂的校训"为之则易，不为则难"、中山大学校训"博学、审问、慎思、明辨、笃行"再到北京航空航天大学的"德才兼备，知行合一"等都论述了知行合一、经世致用的大学发展之道和育人之途。在众多"知行合一"的大学校训中，特别值得一提的是东北大学的校训"自强不息，知行合一"。在东北大学 99 年的发展历程中，校训曾经历了四次更替"知行合一——礼义廉耻，知行合一——励志笃行——自强不息，知行合一"。无论是战火纷飞、流亡办学的年代还是实干报国、追求卓越的年代，东北大学"知行合

---

① 张进中：《实事求是里的经世致用》，载《光明日报》，2014 年 10 月 14 日。
② 王明东：《"经世致用"——中南大学校训解析》，载《当代教育论坛（校长教育研究）》，2007 年第 10 期。

一"的校训精神始终是支撑和引领东大人前进的精神动力与价值航灯。

在中国大学校训中，体现"实用性、经世致用"价值取向的词语还有很多，如"务实""致用""求实""实学""笃实""崇实""效实"等，充分体现和论证了中国传统文化中"实用理性"对高等教育价值取向的塑形与引导。

(2)自强不息的乐观态度

不同于西方传统的罪感文化，中国传统文化提倡的是一种乐感文化，相信人定胜天、务实进取、刚健有为，这培育了中国人自强不息、乐观积极的精神状态。在中国大学校训中，"自强不息""自强励志""艰苦奋斗""厚积薄发""弘毅致远"等用词都是大学进取精神的体现。在本书收集的 2631 所改革开放后的大学校训中，有 30 多所大学校训中含有"弘毅"一词。"弘毅"出自《论语·泰伯》："士不可以不弘毅，任重而道远。仁以为己任，不亦重乎？死而后已，不亦远乎？"朱熹集注："弘，宽广也；毅，强忍也。非弘不能胜其重，非毅无以致其远"，体现了君子的奋斗不息、乐观进取的精神与气质。武汉大学校训——"自强，弘毅，求是，拓新"。其中，自强是中华民族的传统美德，成就事业当以此为训。武汉大学最早前身为"自强学堂"，其名也取此意。"弘毅"出自《论语》"士不可以不弘毅，任重而道远"一语，意为有远大的抱负和坚强的意志。武汉大学校训"意在继承和发扬中华民族自强不息的伟大精神，树立为国家之富强勤学苦练、奋斗奉献的宏伟志向，以坚毅刚强之品格、恢宏远大之胸襟、科学严谨之态度，探寻人文，增进道德，追求真理，不断进步，开创新局面，取得新成绩，造就社会新民，贡献国家常新。自强之魂，弘毅之志，求是之风，拓新之的，是武汉大学曾经辉煌的历史，也是武汉大学孜孜以求的今天和明天"[①]。

在本书收集的 2631 所改革开放后的大学校训中，有 76 所大学校训中含有"自强不息"一词。尤为突出的是清华大学校训"自强不息，厚德载物"、东北大学校训"自强不息，知行合一"、兰州大学校训"自强不息，独树一帜"、厦门大学校训"自强不息，止于至善"、四川农业大学校训"追求真理，造福社会，自强不息"。"自强不息"出自《易经》中乾卦的象传，其辞云"天行健，君子以自强不息"，喻指天（即自然）的运动刚强劲健，相应于此，君子处世，应像天一样，自我力求进步，刚毅坚卓，发愤图强，永不停息。"自强"是实用理性精神对人主体性的高度体认，是人善

---

① 侯杰昌：《自强之魂，弘毅之志，求是之风，拓新之的——从校训谈武汉大学的办学理念》，载《中国高教研究》，2002 年第 5 期。

于在有限与无限的矛盾中求得生存，从而获得不断超越的过程。自 19 世纪末 20 世纪初以来，尤其是 20 世纪前半叶，在争取自由和解放的斗争长途中，"自强不息"是使用最多、最广泛的激励、鼓舞的口号和精神号召之一。兰州大学校训昭示了学校与时代同发展，与民族共命运，所走过的一百年风雨。一代代先贤和兰大人栉风沐雨，筚路蓝缕，自强不息，艰苦奋斗，坚守在祖国的西北部，为走出一条属于自己的一流大学之路而奋斗着，形成了兰州大学特有的大学文化和大学精神，而校训则是这种文化和精神的集中体现。"自强不息，独树一帜"的校训，诠释出一代代兰大学生顽强拼搏、敢为人先的精神风貌，引导广大学生继承本校优秀传统，光大兰州大学精神。

（3）居安思危的忧患意识

作为中华民族精神基质之一的忧患意识，主要表现为对风险的预判和防范，即所谓"思则有备，有备无患"，它是中华民族几千年来赓续繁荣的超凡的人生哲学和生存智慧的体现。忧患意识是中华民族战胜困难的强大动力。正因为有浓厚的忧患意识，中华民族才对现有和潜在的文化风险有充分的意识和能力去消除与化解，虽屡经磨难，仍绵延数千年未曾中断。在中国大学校训用词中，这种忧患意识、居安思危的自觉理性主要体现于"创新""鼎新""出新""求新""日新""致新""力新""拓新""尚新""维新"等革新词语中。从中国传统"大学"时期的应天府书院校训"夫善国者，莫先育才，育才之方，莫先劝学，劝学之要，莫尚宗经"到民国时期成都高等师范学校（四川大学）的校训"精韧不怠，日进有功"，到改革开放前首都师范大学校训"为学为师，求实求新"再到如今改革开放后，本书统计的 2631 所中国大学校训中以"创新"为核心词的校训共有 394条，可见开拓的精神、创新的意识一直为中国大学人所推崇、所践履，富有革新求变思想的大学校训激励着广大师生崇尚实际、拷问事实、探究本质、服膺真理。其中，南开大学校训"允公允能，日新月异"是"创新"精神的最精致概括。张伯苓对"日新月异"有深刻的阐释，他说："所谓日新月异，不但每个人要能接受新事物，而且要能成为新事物的创始者；不但要能赶上新时代，而且要能走在时代的前列。"这种南开精神成为引领时代前进的主导精神，对现代社会的发展也起着重要的导向作用。

（4）和合圆融的文化心理

中华民族是一个崇尚和合的民族。"和"代表了中华民族开放包容的发展态度与格局，"合"则阐明了中华文明的文化生成机制。圆融是中国人民崇尚的一种文化心态。传统儒学以"究天人之际"为最大学问，以"天人合一"为最高境界。《中庸》概括，"和也者，天下之达道也""万物并育而不相害，道并行而相悖，……此天地之所必为大也"。不同的事物配合统一起来，能产生和谐的效果。"和合"思想蕴含着"天人合一""和而不同""和为贵""协和万邦"等理念，成就了中国传统文化最突出的特点：多元性与连续性。

　　和合圆融思想也是众多大学校训的文化价值取向，如"和而不同""融合""合一""和合"等。中央民族大学校训是"美美与共 知行合一"，该校是中国乃至全世界都很特殊的一所学校，学校里少数民族学生比例为54.9%。在这里，有最全的少数民族学子，有最多的生活习俗碰撞。校训中"美美与共"，是已故的中央民族大学名誉校长费孝通先生对文化自觉的表述，"各美其美，美人之美，美美与共，天下大同"，倡导"君子和而不同"的处世之道和"有容乃大"的坦然态度，意为不同民族之间要相互尊重，欣赏和赞美对方的文化。这种和合圆融的思想反映在中国大学校训发展的各个阶段。从中华人民共和国成立后到改革开放前，大学校训中出现了传统词汇与现代词汇的融合，如国防科技大学校训"厚德博学，强军兴国"、广州大学校训"博学笃行，与时俱进"；改革开放后特别是扩大高校办学自主权、中外联合办学等高等教育改革后，中英文混合大学校训成为大学校训中一道新生的风景线，如宁波诺丁汉大学校训"A City is Built on Wisdom"（城市建于智慧之上）、昆山杜克大学校训"Eruditio et Religio"（知识与信念）等。

二、按照内容类型划分

　　布鲁贝克在《高等教育哲学》一书中，将大学理念划分为两大类：一类是以认识论为哲学基础的大学理念，另一类是以政治论为哲学基础的大学理念。这两种哲学理念交替在高等学府中占据统治地位。大学校训是大学理念的表征，因而大学校训可以分为知识真理型校训和社会政治型校训两类。国内外大学校训有共性也有个性，大学校训中除了追求知识、真理，服务祖国、奉献社会之外，还存在许多诸如宗教、道德、礼俗等方面的内容，这些内容很难归结到知识论或政治论的校训分类中。本书将这部分校训归结为"价值导向型校训"。

　　1. 知识真理型校训

　　认识论视域下大学理念强调大学的任务在于创造知识和从事学术研究，而不注重引导学生在实践中探求知识，它试图使大学超脱世俗生活，保持大学自治和学术中立，成为远离世俗的"象牙塔"。以这种理念为内涵的大学校训，其内容一般包括发现规律、追求知识、探寻真理等。强调以学生对知识、真理的不懈追求为办学的主要目的，这种大学精神也反映在大学校训中。在国内外大学校训中关于"追求知识，崇尚真理"的校训高频词语非常普遍。

在国外大学校训中关于知识真理型的高频词语集中表现为"Truth、Knowledge、Veritas、Science"等，比较有代表性的校训如德里大学校训"Dedicated to the Truth"（执着于真理）、圣路易斯华盛顿大学校训"Strength through Truth"（力量来自真理）、巴黎综合理工大学校训"Pour la patrie, les sciences et la gloire"（为了祖国的科学和荣誉）等。在偏重动词性取词的中国大学校训中，知识真理型取词可分为以下三种：一是阐明学习内容的广博性和深厚性，如"博学""厚学""精学"等，这方面的例子有北京化工大学校训"宏德博学，化育天工"，其中宏德博学意旨要志向宏大、道德高尚、学问广博、学力深厚。忻州师范学院校训"厚学启智，修德树人"，厚学启智是指要成为一名教师就要加强学习，不断积累知识，才能用渊博的知识开启学生的智慧。辽宁大学校训"明德精学，笃行致强"，精学强调弘扬光大崇高思想情操和道德修养，精晓学业，传承民族文化之优长，兼容世界优秀文化。二是注重求知过程中的精神态度，倡导良好的学习风气和诚心向学的校园文化，如将"乐学""严谨""勤奋""拼搏""刻苦""精进"等作为校训用词。如辽宁城市建设职业技术学院校训"诚信乐学，善建致用"，山东科技大学泰山科技学院校训"乐学、乐教、创造、创业"等。以"严谨""刻苦"为核心词语的大学校训密集地出现在解放区的大学，如湖南大学校训"忠孝廉节，整齐严肃"、华北联合大学校训"团结、前进、刻苦、坚定"、抗日军政大学校训"团结、紧张、严肃、活泼"等。以"刻苦""精进"为核心词语的大学校训，如南通大学校训"祈通中西，力求精进"。三是注重求知方法，如"明理""求真""求是""审问""创新""明辨""笃行"。在注重求知方法的校训中，以中国传统"大学"时期的"明理"、天津大学的"实事求是"、京师大学堂校训"为之则易，不为则难"、中山大学校训"博学、审问、慎思、明辨、笃行"等传承百年的校训较为典型、有代表性。而在本书统计的改革开放后的2631所大学的校训中，以"创新"为内容的多达394条、以"求真"为内容的多达110条、以"笃行"为内容的多达269条，虽然凸显了"求知求真"的核心内容，但表述却过于雷同，缺乏新意和特色。

2. 价值导向型校训

在大学校训中，宗教价值导向与道德价值导向是同时存在且共同呈现的，仅仅由于所依社会结构、伦理结构、价值观念的不同而在中外大学中有所偏重。西方大学校训偏重宗教价值导向，中国大学校训则凸显道德价值导向。然而，西方大学校训所凸显的宗教价值导向中亦强调爱人、公义、光明、真诚等道德性价值导向；中国大学校训所凸显的道德价值导向中也跳脱不出"天行健，君子以自强不息；地势坤，君子以厚德载物"的中国传统文化价值导向。

（1）宗教价值导向型大学校训

基督教被视为西方精神文明的支柱，西方大学的千年发展始终没有超越基督教的精神范畴。在前文所统计的国内外大学校训用词中，"lux""Light""lumen""Lord""God"等体现"重神""尊主""敬上帝"的宗教思想词语和"爱""善""敬""义""诚"等体现教义精神的词语，均为高频词语。总之，国外大学校训用词大致体现为"光明"（Light）、"上帝"（Lord）和"智慧"（Wisdom）。

"光明"（Light）说。《旧约》中对"光"的论述相当丰富，暗喻至善，博爱，公义，公平，公正，反映出师生们对世界发展的美好愿望。在本书统计的国外大学校训中有 5 所大学校训涵盖"light"，如哥本哈根大学校训为"目之所及，天光妙契"（It beholds the celestial light），格罗宁根大学校训为"上帝的话照亮我们的足迹"（The Word of the Lord is a Light for Our Feet），加州大学洛杉矶分校校训为"愿知识之光普照大地"（Fiat Lux）等。

"上帝"（Lord）说。西方文化认为"圣经是神所默示的"，于教训、督责、使人归正、教导人学义都是有益的。故欧美一些大学校训中多含有"上帝""主""神"等词。如牛津大学校训"上帝乃指引"（The Lord is my illumination），格罗宁根大学校训"上帝的话照亮我们的足迹"（The Word of the Lord is a Light for Our Feet），彰显宗教信仰能为人们提供价值体系的支柱，同时强调了"启示"（Illumination）是知识和真理的源泉。

"智慧"（Wisdom）说。智慧作为古希腊传统道德中的必修德目。苏格拉底认为智慧即德行，教人道德就是教人智慧，智慧就是道德。斯多葛学派认定德性是人生追求的主要目标，心目里面智慧是主善。《圣经》多处提到"智慧"，故一些大学校训多有引用。如西澳大学"求知 求索"（Seek Wisdom），鲁汶大学（荷语）的"智慧之所在"（Seat of Wisdom & Knowledge）和诺丁汉大学的"一座建立在智慧之上的城市"（A city is built on wisdom）等，无不显示出西方传统文化中"智慧源于知识又高于知识"的训旨。

（2）道德价值导向型大学校训

英国著名学者蒂洛认为，人是共同生活的动物，道德价值就在于它能满足人这一共同生活的需要。当我们考察道德价值的时候，像我们将在后两章作的考察那样，把道德的起源归为人类向往过一种和谐而积极的共同生活的需要和愿望，难道不比认为道德价值是某个超自然的起源加于我们之上的理论更加可信吗？国内也有学者持此观点：道德价值，是人们行为的社会价值，指这些行为满足人们社会伦理关系的需要。道德价值是指自由的行为主体在利他动机的支配下从事的行为能在一定程度上满足他人和社会的需要。

就道德内容而言，国内外大学校训中都包含对"爱"（永宁维风书院校训：格致诚正修齐，知所先则近道，孝悌谨信亲爱，行有馀以学文；沪江大学校训：信、义、勤、爱；韩国青江文化产业大学校训：人间之爱，自然之爱，文化之爱）、"善"（洛阳太学校训：以明明德、亲民、止于至善；厦门大学校训：自强不息，止于至善；韩国梨花女子大学校训：真、善、美）等道德共识的追求与体现，这种道德共识的本质就是要求"爱人"。西方大学在宗教文化的熏染下，接续了西方宗教性道德，宣传牺牲自己来爱别人，甚至爱敌如友。而在中国，没有"上帝"，却有孔子，孔子提倡的"仁学"建构了中华民族的文化—心理结构，它倡导的"爱人"本身就是一种"绝对命令"，是安身立命、终极关怀、人生意义。

就道德个性而言，费孝通在论述中国乡土社会的基本结构时提出"差序格局"一词，以此与西方社会的"团体格局"相区别。所谓"差序格局"亦即中国社会的基本结构是一个"一根根私人联系所构成的网络"，在此差序格局的社会中形成了与之相适应的"由己向外"的道德体系，"'克己复礼''壹是皆以修身为本'——这是差序格局中道德体系的出发点"，孝、悌、忠、信都是私人关系中的道德要素。在此社会文化体系中生发滋长的中国大学文化追求一种有差别的"伦""礼数"，这种道德体系和文化追求上的差序格局，也体现在大学校训中，仅以岳麓书院的"忠、孝、廉、节"四字校训中的"忠"为例，中国传统文化中始终贯穿着一种从国家、民族的整体利益出发，称之为"公忠"的道德精神。"忠"作为中国古代人伦道德思想体系中的一个重要德目，既是官德，也是民德。在中国古代农耕文明家国同构的社会中，"忠君"具有忠于皇帝和家国民族的双重意义。"忠"不是单纯的忠君，而是诚信、守信、讲信誉、重承诺的代称，具有深刻的道德内涵，是具有普遍意义的道德原则和规范。"忠"也是重要的教育理念，在岳麓学子的道德人格上得到认同，一批批学子投笔从戎、勇赴国难，为当时的教育界树立了一面"忠"字大旗。

就道德发展阶段而言，中国传统伦理学建立在动物情感"人化"的基础上，将自然情感理性化。理性化就是人类能够运用一套理性的观念、理性的思想来"命名"即管理人的情感。这是"礼"的形成，而这也就是伦理。慢慢使它由一种外在的规范变为内在的自觉，就是道德。在道德方面，又做出两种道德的区分：一种是宗教性道德，一种是社会性道德。"宗教性道德"以对超自然对象的信仰为其出发点，并且紧紧围绕这种信仰构造自己的体系；"社会性道德"则是某一时代社会中群体（民族、国家、集团、党派）的客观要求，而为个体所必须共同遵守的基本生活规则和内心协议。两种道德都是历史的产物，并适应于一定的时代。但这并不意味着在某一个时代只能存在着一种道德价值导向。湖南大学校训历经了岳麓书院时期的"忠孝廉节"，湖南公立工业专门学校时期的"实事求是"，抗战时期的"忠孝廉节，整齐严肃"，再到 2001 年新组建的湖南大学的"实事求是，敢为人先"，其校训的沿革历程可以完整、全面地诠释大学校训中宗教性道德价值导向与社会性道德价值导向的发展与存续。

3. 社会政治型校训

中国大学精神在其最原始的形态就与维护统治有着密切的、难以割裂的关系，担当着官学养成所的功能。社会政治功能是中国大学的鲜明特点。西方大学在千年的发展历程中，由社会边缘的"象牙塔"发展成为现代社会的"轴心机构"、科技进步的"孵化器"和社会进步的"加速器"，社会政治功能日益凸显。政治论理念强调知识的意义在于对国家和社会的实用价值，追求学以致用，要求打破传统的"象牙塔"，使大学成为社会的"服务站"。故而社会政治型校训多与"奉献社会""服务国家""关怀人类"相关。

(1)奉献社会

大学作为一种美好的社会存在，不仅在于它能够生产知识、传播文明、传承文化、创新科技，更在于它能够向社会传递"真善美"的核心价值观。金陵女子大学是中国第一所女子大学，其校训"厚生"取自《圣经》中的约翰福音第十章："我来了，是要叫人得生命，并且得的更丰盛。"1928 年，吴贻芳担任校长后将校训"厚生"精神赋予新意，注重培养学生的社会服务和实践能力，并将其贯穿于办学治校育人过程中。1937 年 12 月 13 日，日寇发动"南京大屠杀"之后，南京金陵女子文理学院设置妇女儿童难民收容所，竭尽全力保护了上万妇孺的人身安全。百年来，"厚生"一直贯穿南师（金陵女子大学）精神始终。从李瑞清主张"视学生若子弟"到江谦主张"出为人师须能使所接触者受感化"；从金陵女大直接以

"厚生"命名的校训到陈鹤琴主张并实践"一切为了儿童，为了儿童的一切"，无一不是"厚生"精神的具体体现。

（2）服务国家

爱国是社会主义核心价值观，也几乎是所有大学共同倡导的价值观。上海交通大学校训"饮水思源，爱国荣校"是 20 世纪 90 年代确定的，但感恩、报国始终激荡在百年交大人的血脉中。"饮水思源"是对"自我"的道德诠释，"爱国荣校"则是在"自我"意义上提升了交大人志存高远的人格境界，更加感受到每一位交大人发自肺腑的自豪与责任。重庆大学校训"耐劳苦，尚俭朴，勤学业，爱国家"，虽无经典出处，但言简意赅、隽永如斯。吃苦耐劳是人才成长的前提，崇尚生活俭朴是人才成长的关键，勤于学业是人才成长的途径，热爱祖国则指明了人生事业的根本。

（3）关怀人类

大学作为中世纪贡献给人类最美的智慧之光，其意义与价值必不会仅囿于一国范围，放眼全球，很多大学的校训都体现出站在人类共同发展的高度，关怀人类，共同进步的价值取向。如美国维克森林大学校训"For Humanity"（为了人类更美好的未来），校训文辞简洁而含义深远，建设一个更加美好的人类社会，不仅需要学生们以责任、热情、博爱和智慧之心承担更多的社会责任，服务人民、奉献社会，同时也要求学子在不断学习中认识自我、完善自我、战胜自我并超越自我，如此这般，则个人专业知识的成长、自我素质的提升最终会成就当今社会的实事求是、至善至美。校训鼓励学子修身于己，达济于人，为人类谋进步、为世界谋大同，不断为人类作出新的更大的贡献。

三、按照院校门类划分

尽管很多大学的校训都有相似之处，但作为门类不同、专业有异、层次有差的各类大学在校训制定时，既要体现教育育人为本的本真共性，又要体现一些时代特色的烙印，还要体现学校在学科门类、专业分布、价值取向、目标定位、培养模式等方面的特色。因此，大学一定要有自己的突出个性，找准学校的定位，制定出符合学校特色的校训。

（一）师范类大学

本书主要探讨"中央部属高校"，即国务院组成部门及其直属机构在全国范围内直属管理的一批高等院校。部属师范大学是中央部属高等学校的重要组成部分，指由中华人民共和国教育部直属管理的一批高等学校，目前，教育部直属管理的师范类院校共 6 所：北京师范大学、华东师范大学、华中师范大学、西南大学、陕西师范大学和东北师范大学。我国师范大学校训是师大精神、魅力的体现，是我国大学校训中有代表性的一类，体现其师范教育的特色。

（1）词语来源。本书所研究的6所部属师范大学的校训都不是任意创作或随机构造的，据笔者考证得出它们的词语均出自我国古代书籍。孔子云："诵诗读书，与古人居；读书诵诗，与古人谋。"从文化情感角度看，这种尚古意识往往表现为一种恋古情结，此后，孟子、荀子都在此基础上承袭了这种尚古思维，它对儒家文化的延续作出了贡献。这种尚古情结对于大学校训影响深刻，虽然有些校训不是历史悠久的老校训，也不直接借用经典文学警句，但其字词和内涵依旧由经典引申而来，蕴含着伟大的传统文化经典的智慧，内涵深刻，意味深长。具体内容如表3-1所示。

表3-1　部属师范大学校训的词语来源

学校名称	校训	词语出处
北京师范大学	学为人师，行为世范	《旧唐书》《世说新语》
华东师范大学	求实创造，为人师表	《秀露集·耕堂读书记（二）》《北齐书·王昕书》
华中师范大学	求实创新，立德树人	《礼记·大学》《左传·襄公二十四年》《管子·权修》
东北师范大学	勤奋创新，为人师表	《春秋》《霞外捃屑·掌故·林西厓方伯》
陕西师范大学	厚德，积学 励志，敦行	《周易·坤卦》《文心雕龙·神思》《白虎通·谏诤》《礼记·曲礼》
西南大学	含弘光大，继往开来	《周易》《朱子全书·周子书》

（2）词句结构。6所部属师范大学的校训中除陕西师范大学是二言八字，其余五所学校都是四言八字。之所以多采用这种形式与我国古代文学和文字的使用和发展有极大的关系。中国早期诗歌以四言诗为主，《诗经》奠定的四字齐言模式，对后世诗歌的体裁结构、语言艺术等方面产生了深远影响，体现了先民对于汉语诗歌形式美与意蕴美的自觉追求。二言体诗的内容质素虽囿于时代的局限而节奏短促、韵律简单，但它是中国最原始的诗体形式，运用比较贴近现实生活的写实笔法，所以两言也是具有意义的句子，陕西师范大学校训"厚德，积学，励志，敦行"，就是由二言构成的。四言八字内涵丰富，陈述规范。如部属师范大学中北京师范大学的校训"学为人师，行为世范"，华东师范大学的校训"求实创造，为人师表"和西南大学的校训"含弘光大，继往开来"等。由此，"二言

八字"和"四言八字"句式结构简洁明快，字少意深，易记易懂，便于传播，直至今日。

（3）价值取向。一方面，彰显师范类院校师范特性。华中师范大学的"求实创新，立德树人"凸显了对师生在读书治学和行为修养上的基本要求，华东师范大学的"求实创造，为人师表"体现了时代和人民对教师角色的认识和期望，东北师范大学的"勤奋创新，为人师表"体现了教师个人素养的基本要求。另一方面，蕴含德才兼备的大学培养目标。如北京师范大学的"学为人师，行为世范"和陕西师范大学的"厚德，积学，励志，敦行"同时强调学与行相结合，提出"笃行""励志敦行""健行""力行"等要求。

（二）工科类院校

众所周知，工科院校是为我国现代化建设事业培养专业基础知识扎实、应用能力较强、综合素质较好的高级应用型技术人才的摇篮和沃土，此类院校文化直接关乎我国向工程教育强国迈进的人才培养质量。近百年前，我国现代高等工科教育创始人和奠基人黄炎培先生就明确提出高等工科院校应该是"一方面教授学生得以生存的职业技能，另一方面需要强化学生道德情操教育"。纵观当下我国工科类院校校训，不少学校都在追求美学意蕴的同时，努力展现文化底蕴，多是引经据典，聚焦我国教育事业的悠久历史，其中比较具有代表性的院校有：清华大学校训"自强不息，厚德载物"，浙江大学校训"求是创新"，哈尔滨工业大学校训"规格严格，功夫到家"，上海交通大学校训"饮水思源，爱国荣校"，北京航空航天大学校训"德才兼备，知行合一"，东南大学校训"止于至善"，天津大学校训"实事求是"，同济大学校训"同舟共济"，华中科技大学校训"明德、厚学、求是、创新"，东北大学校训"自强不息，知行合一"，电子科技大学校训"求实求真，大气大为"，大连理工大学校训"团结、进取、求实、创新"，华南理工大学校训"团结、勤奋、求实、创新"，武汉理工大学校训"勤奋、严谨、求实、创新"，辽宁工业大学校训"砺器悟道"等。

（1）常用词语。高等工科院校校训中出现频率较高的词素有"德、学、新、行、真"等。大多数高等工科院校都以上述出现的词素组成高频校训词语，如厚德、修德、求实、力行、自强等。通过这些词素与其他词素组成词语形成的高等工科院校校训，可以体现出对中华传统文化和经典价值追求的优选集成和创新凝练，可以明确彰显各大高等工科特色院校坚持德才兼备的高素质人才培育宗旨，同时也是现代工匠精神内涵意蕴的确切表达，引领着大学精神和先进文化的不断深刻演进。"以辽宁工业大学校训'砺器悟道'为例，'砺器悟道'即在'器'的磨砺中领会'道'的深远。'砺器悟道'校训展现的是辽宁工业大学培育具有现代工匠精神的综合型人才的目标宗旨。该校校训着重体现科技精神与人文精神的结合要义。砺器即精益求精地钻研专业技能，提升个人科学素养，培育适应新时代发展的高级工科人才；悟道即求真务实，培养出懂得事实道理、明辨是非的综合型高级人才。"①

（2）用语特征。从修辞上来看，符合富有中国作风与中国气派的传统修辞风格。在句式特征方面，以"四言八字""二言八字"为主，"四言四字"为辅，大多能够准确体现出本校的办学精神和文化传承。如"上海理工大学'信义勤爱、思学志远'八字校训体现和传承了中国传统文化精神中的优秀特质，富有深厚的人文精神内涵。以此校训为指导，将远大的精神志向和扎实的行持功夫结合起来，定会在大学生活中学有所成，在以后步入社会中也必将能实现自己的抱负"②。

（三）公安类院校

根据教育部 2017 年 6 月 14 日公布的《2017 年全国普通高等学校名单》，全国公安高等院校有 34 所，含公安部直属学校 4 所、省属本科学校 20 所、省属专科学校 10 所。具体内容如表 3-2 所示。

表 3-2　公安类院校校训具体情况

类别	校名	建校时间	校训	句式
公安部直属	中国人民公安大学	1948 年	忠诚、求实、勤奋、创新	二言八字
	中国刑事警察学院	1948 年	忠诚、求是、团结、奋进	二言八字
	南京森林警察学院	1953 年	忠诚、团结、严谨、勤奋	二言八字
	铁道警察学院	1950 年	至诚、至公、敏学、笃行	二言八字
省属本科	江苏警官学院	1949 年	无私奉献	四言四字
	湖北警官学院	1949 年	德才兼备、文武双全	四言八字
	云南警官学院	1950 年	忠诚、责任、奉献	二言六字
	广东警官学院	1949 年	忠诚、责任、服务	二言六字
	山东警察学院	1946 年	忠诚、严谨、团结、奉献	二言八字
	四川警察学院	1950 年	忠诚为民、勤学成才	四言八字
	北京警察学院	1949 年	坚定、勤奋、求实、严明	二言八字

① 蔡敏夫、金颖、黄丹、潘明雪：《高等工科院校校训践行与学生工匠精神培育的研究——以辽宁工业大学为例》，载《辽宁工业大学学报（社会科学版）》，2019 年第 6 期。

② 刘永：《上海理工大学校训的中国传统文化阐释》，载《改革与开放》，2015 年第 15 期。

续表

类别	校名	建校时间	校训	句式
省属本科	浙江警察学院	1949 年	忠诚、严谨、团结、奉献	二言八字
	福建警察学院	1949 年	忠诚、勤奋、严谨、求实	二言八字
	吉林警察学院	1949 年	报国荣警、察己修身	四言八字
	江西警察学院	1951 年	忠诚奉献、知行合一	四言八字
	河南警察学院	1949 年	忠诚、团结、求实、开拓	二言八字
	湖南警察学院	1949 年	忠、真、智、勇	一言四字
	重庆警察学院	1950 年	崇法、精业、忠勇、笃行	二言八字
	新疆警察学院	1950 年	忠诚、敏锐、博学、强健	二言八字
	辽宁警察学院	1960 年	尚德、博能、忠诚、卓越	二言八字
	广西警察学院	1950 年	德才育人、忠勇铸魂	四言八字
	山西警察学院	1949 年	忠诚、正义、厚德、博学	二言八字
	贵州警察学院	1950 年	忠诚、严格、求实、勤奋	二言八字
	上海公安学院	1949 年	托起公安工作明天	八言八字
省属专科	天津公安警官职业学院	1949 年	忠诚、勤奋、求实、献身	二言八字
	河北公安警察职业学院	1978 年	忠诚、奉献、求实、创新	二言八字
	内蒙古警察职业学院	1948 年	忠诚、勤奋、团结、奉献	二言八字
	黑龙江公安警官职业学院	1946 年	勤学苦练、忠诚为民	四言八字
	安徽公安职业学院	1949 年	崇法、尚学、育警、铸魂	二言八字
	西藏警官高等专科学校	1956 年	忠诚、团结、笃学、创新	二言八字
	甘肃警察职业学院	1949 年	推诚尚勇、持公守正	四言八字
	青海警官职业学院	1953 年	崇文尚武、立德树人	四言八字
	陕西警官职业学院	1953 年	忠诚、崇法、励学、守正	二言八字
	宁夏警官职业学院	1980 年	崇德明知、尚法敦行	四言八字

（1）词义分析。基于对公安高等院校校训词义的频率统计后可以发现，"忠诚"在公安高等院校校训中使用频率最高，占比 61.8%。在一则关于普通高等学校校训的研究中，"忠诚"词义的使用频率只有 0.44%。

二者对比，深刻体现了公安高等院校对"忠诚"的价值偏好以及"公安姓党"的政治属性。培养忠诚铸警魂是人民警察职业性质的本质要求，也是我国公安机关与西方国家警察机关的本质区别。公安高等院校办学理念中忠于中国共产党、服务人民、集体观念、团队意识、吃苦耐劳等价值导向能准确反映公安机关行业特征，又体现时代精神的职业核心价值观，长期处于这样的校训氛围中，学生逐步会形成"学警"的身份认同和对公安院校的归属感。

（2）用语特征。在体现鲜明价值导向的同时，公安高等院校的校训气质普遍偏向严肃化，刚劲有余但柔韧不足。在句式特征方面：20 所公安高等院校校训偏好"二言八字"形式，占比 58.8%；而普通院校校训更倾向"四言八字"。在字数特征方面，二言词组校训高达 22 条，占 64.7%。"二言"的表达方式节奏短促，但读起来精简流畅，不仅体现出公安院校致力于培养自管自律、忠诚守纪的办学理念，而且也更加凸显了公安院校"政治建警、科学育警"的时代主题。具体内容如表 3-3 所示。

表 3-3 公安类院校校训的句式结构

句式结构	一言	二言	三言	四言	八言	总计
二字	0	0	0	0	0	0
四字	1	0	0	1	0	2
六字	0	2	0	0	0	2
八字	0	20	0	9	1	30
总计	1	22	0	10	1	34

（3）表达形式。公安院校是公安新生力量输送的主渠道。由于起步相对较晚，学校校训的确立，尚有完善的空间，其有效性也尚待实践检验，加之在历史传统、办学基础、文化底蕴等方面与一些办学历史悠久的高校相比存在较大的差距。在追求"大学的本质"和"人的发展"上，公安院校在表达形式、内容上与普通高校有着趋同性，"博学""笃行"等普通高校出现频率较高的用词也是公安院校的校训喜欢提及的内容，使大众对公安高等院校校训有一种分不清、差不多、容易记混的印象，少有让人过目不忘、久久回味的校训。

（四）体育类院校

"1952 年—1954 年，我国建立第一批中央直属的 6 所高等体育院校。几经发展变迁，至今已发展为 14 所，其校训的发展大致经历三个阶段。改革开放前，大部分院校没有校训。据访谈所知，武汉体育学院在 20 世纪五六十年代确立校训'公勇诚毅'，进入新世纪后添加'学思辨行'，具体确立的时间、方式、背景未知。当时北京体育大学在校门口镌刻有'团结、紧张、严肃、活泼'的字样，可以确定只是宣传口号，而不是校训。直到 20 世纪九十年代之后，大部分院校才开始出现校训。"①

（1）句式结构。目前，"二言八字"的校训居多（6 所院校），分别是：上海体育学院、河北体育学院、沈阳体育学院、广州体育学院、成都体育学院、天津体育学院；"四言八字"的校训次之（5 所院校），分别是：哈尔滨体育学院、武汉体育学院、西安体育学院、南京体育学院、吉林体育学院；采用"四言四字"的院校有 1 所，即山东体育学院；"一句话式"的校训有 2 所，即北京体育大学和首都体育学院。这体现了我国本科体育院校校训语言结构的多样化和丰富化。

（2）词源文化。校训的内容主要来自传统经典、现代词语、名家思想和伟人题词。7 所高等体育院校校训直接源自《大学》《中庸》《论语》等儒家传统经典著述，其余 6 所来自现代汉语，1 所来源于学校创办人的体育思想。

（3）词语内容。从直属体育院校校训的使用词语内容来看，直接关注身体健康的有成都体育学院的"健体"，上海体育学院的"身心"；体现女排精神的"拼搏"一词，有 5 所体育学院的校训采用；"厚德博学"有 4 所体育学院采用。团结、厚德、崇德、严谨、自强、拼搏等词语是 14 所直属体育院系使用频率最高的词语，蕴含着丰富的思想道德资源，体现着中华民族所特有的价值体系和精神底蕴，符合社会主义核心价值观的意义表达。

（五）医学类院校

根据教育部 2017 年 6 月 14 日公布的《2017 年全国普通高等学校名单》，全国医学本科院校有 106 所，是高等教育体系的重要组成部分，承担着培养具有高尚医德、精湛医术、丰富人文素养的医学专业人才，传承创新民族医药事业的时代重任。校训是医学生较早接触的医德医风教育内容，好的校训能够引导医学生树立正确的职业道德意识、奉献意识和社会责任感，积极发挥校训文化在医学生职业道德教育中的作用具有重要意义。

（1）句式类型分析。校训句式特征基本是简练、工整、对称的，以"四言"为主、"二言"和"一言"为辅。如南方医科大学校训"博学笃行，尚德济世"为四言八字，大连医科大学校训"甚解、敏行、明仁、济世"为二言八字，陕西中医药大学校训"精、诚、仁、朴"为一言四字，总之，以二言、四言为主的医学类院校校训句式基本上沿用了我国古代语言句式

---

①　孟欢欢、王娟娟：《高等体育院校校训研究》，载《教育评论》，2012 年第 3 期。

发展的特征。

（2）词源分析。校训偏好引用《论语》《礼记》《易经》《中庸》等传统经典中的精华，选用传统经典著作中耳熟能详的经典格言，部分为名人题词的形式。例如贵州医科大学校训"诚于己、忠于群、敬往思来"是其校长李宗恩在建校时提出的，中国医科大学校训"政治坚定、技术优良"是毛泽东主席在革命战争年代提出的。

（3）常用词语分析。对我国106所医学本科院校校训进行词频统计，共计用词84个，出现次数排名前五的词依次是"博学""厚德""创新""济世""求实"，体现了医术精湛、尊重生命、救死扶伤、关爱病人的重大责任和医德价值。哈尔滨医科大学、广西医科大学、皖南医学院等校训中"弘医""精医""大医精诚""乐道济世"的词语，从不同角度展现了注重医学生职业精神的培养，努力为健康中国战略的实施提供保障的价值追求，蕴含本学科鲜明的特征。

（六）财经类院校

财经类大学主要任务是培养高素质财经类学科专业人才，为经济发展储备后备力量，而校训则是观测和考察不同财经类大学人才培养理念的重要"窗口"。本书通过对44所财经类大学的校训进行句式类型分析、词频分析、特征分析，以寻找财经类大学校训的共性与个性。

（1）句式类型。财经类大学校训的句式以二言八字和四言八字为主，占总数的84％，与陈桂生[1]对99条大学校训的分析结果（81.8％）、王彩霞[2]对中华人民共和国成立后改革开放前389条校训的分析结果（82.5％）、王刚[3]对辽宁省23所大学校训的分析结果（83％）极其相近，但高于王彩霞对改革开放后549条校训句式的统计结果（61.4％），二言和四言表述形式整齐，简洁明了，富有感染力，节奏感强，可能更符合财经类教育工作者的语言审美。

（2）高频词与常用字。通过对校训统计的简单分析易见，大多数四言句式的校训可以拆解为二言句式，如"厚德博学，求是创新"可转换为"厚德，博学，求是，创新"。将44所学校的校训均转换为二言句式，并进行词频统计，确定高频词为：博学，出现14次；厚德，出现8次；创新，出现8次；明德，出现6次；诚信，出现6次。进一步按照单字对校训进行统计，共使用了97个字，列出出现频次较高的字如表3-4。

---

①　陈桂生：《"校训"研究》，载《宁波大学学报（教育科学版）》，1998年第1期。

②　王彩霞：《二十世纪中国学校校训研究》，华东师范大学博士学位论文，2006年。

③　王刚：《辽宁省23所大学校训内容分析》，载《现代教育管理》，2009年第8期。

表 3-4 财经类院校校训高频字词统计

常用字	次数	关键词
德	20	厚德，明德，峻德，修德
学	18	博学，励学，笃学
求	17	求实，求真，求是
博	15	博学，博文
诚	12	诚信
信	11	诚信
实	10	求实，务实
明	10	明德，明理
新	10	创新
世	9	经世，济世
创	8	创新
行	8	笃行
济	8	济世，济世
厚	8	厚德
笃	7	笃行，笃学

由对高频词和常用字的分析可以发现，财经类大学校训有这样的基本特征：引经论典与现代词平分秋色、相互交融；特别注重德与学，反映了以儒家思想为文化底蕴的"德性文化"，体现了对知识真理的不断追求，同时也体现了"达则兼济天下"的服务社会的思想。与此同时，国内财经类大学校训表述存在同质化现象，没有着眼特色制定校训，能真正反映财经或商道特色的个性化校训依然较少，对"自由""笃行"及"致用"等主题词的关注度也偏低。这迫切需要财经类高校通过对校训的提炼、宣传和践行，实现特色发展、内涵发展及高质量可持续发展。

第三节 大学校训的形式结构

中国大学校训的"意美"，还能兼具"音美"和"形美"。校训不仅具有独特内涵，而且在形式构成上简洁精练，语言表述上卓尔不群，是形式美与内涵美的高度统一。

一、大学校训的句式结构

语言是民族文化、民族思维的重要组成部分和表现形式。各民族、各地域的不同文化背景和民族差异性反映在语言运用上，表现为遣词造句、词语组合、修辞手法等方面的不同，亦即句式的不同。

（一）西方大学校训的句式

西方大学校训不讲究押韵和对仗，形式自由，多采用句子和名词性短语的形式。西方大学校训结构多样化，主要以下列4种结构为主。

1. 名词性平行结构

平行结构即并列结构，由并列连词连接两个或两个以上对等的语言成分组成。这种结构内容直白、简洁，让人印象深刻。如西点军校的校训是"Duty、Honor、Country"（职责、荣誉、国家），麻省理工学院的校训是"Mind and Hand"（理论与实践并重），伊利诺伊大学厄巴纳香槟分校的校训是"Learning and Labor"（实践出真知）。

2. 以介词开头的句子

校训句式常为：in、on、with、by、for、at、about、under、of、to等介词＋名词的形式，翻译为中文校训句式为"为了、对于、通过"等＋名词，阐明在某一特定条件下要达到的目的，从而彰显校训与众不同。如美国布朗大学的校训是"In deo speramus"（我们相信上帝）。

3. 陈述句

陈述句指陈述一个事实或者说话人的看法的句型。如布宜诺斯艾利斯大学校训是"Life requires rigorous refinement，in order to show its dazzling brilliance"（生命需要经过严格的淬炼，才能展现它耀眼的光华）。这种结构也常采用A是B的格式，结构简单，易于记忆。如卡耐基梅隆大学校训是"My heart is in the work"（我心于业），英国牛津大学的校训是"Do minus Illuminatio Mea"（上帝乃知识之神）。

4. 祈使句

祈使句无主语，以"Be型、Let型、Do（动词原形）型"等形式出现，这种结构采用祈使句形式，号召、劝慰人，让人感到亲切，催人上进。如加拿大西安大略大学校训是"Veritas et Utilitas"（追求真理服务人类）；加州大学洛杉矶分校校训是"Fiat lux"（愿知识之光普照大地）。由于所掌握的资料有限，本文选取国外有代表性的大学119所，对其句式进行了统计，如表3-5所示。

表3-5　国外大学校训的句式（119所）

陈述句	介词开头句子	名词性平行结构	祈使句
41	17	27	34

由上表可以看出国外大学校训的句式呈现以下几种特点：其一，句式较为简单和固定，基本包括陈述句、介词开头句子、名词性平行结构和祈使句这四种句式；其二，校训具有相对稳定性，校训句式虽有陈述句、介词开头句子、名词性平行结构、祈使句等变化，但是始终没有出现更多类型与构成形式；其三，国外大学校训特别是西方大学校训植根于西方传统文化，受基督教文化传统的语言习惯、思维方式影响较深。由表3-5可见，国外大学校训中陈述句共41条占34%。祈使句共34条占28%，与十诫等西方宗教经典句式表达如出一辙。

（二）中国大学校训的句式

首先对本文所要用到的"言"和"字"进行说明。这里的"言"用了诗歌里"言"的称谓和意义，而"字"则另有其意。对于比较有规律的校训来说，以标点符号为分隔符，一个分隔符中有几个字即为几言。"字"是校训总共包含几个汉字即为几字。如北京交通大学校训"知行"中间没有符号分格，即为二言二字；中央美术学院校训"尽精微，致广大"逗号前有三个字，即为三言六字；清华大学校训"自强不息，厚德载物"即为四言八字；中国农业大学校训"解民生之多艰，育天下之英才"即为六言十二字。中国传统"大学"之学规、书院院训是中国大学校训产生的原型之一，故中国传统"大学"中一些不规则的校训被称为"学规式"校训。现代大学中那些不规则的校训一律称为"一句话式"校训，如河北传媒学院校训"传媒是社会的良知、人类的道义"、大连职业技术学院校训"用忠诚、知识和能力充实人生"等。

1. 中国传统"大学"校训的句式

从大约公元前21世纪的夏代开始，我国古代进入奴隶社会。青铜器的出现大大推动了生产的发展，农业生产出现剩余，私有制得以确立。据推测，中国最早的文字产生在仰韶文化与商代之间，也就是在夏代，这就为夏代学校的正式形成奠定了基础。《礼记·王制》《明堂位》《孟子·滕文公上》《说文解字》等典籍中都记载了校、序、庠等机构，就是较早的教育场所。周代以后，学校的设置日益完备，形成了从国家到地方、从公办到私立等不同层次不同形式的办学模式。随着学校教育的产生、发展和鼎盛，中国古代公私学校中开始出现用明晰而固定的语言表述的要求师生共同遵守、共同实践的行为准则，这就为中国传统"大学"校训（院训）的出现奠定了基础。本书选取有代表性的中国古代书院22所，收集院训（学规）22条。中国古代书院院训的句式如下表3-6所示。

表 3-6 中国传统"大学"校训的句式（共 22 所）

一言四字	二言四字	二言六字	二言八字	二言十八字	四言八字
3	1	1	2	1	2

四言二十字	七言十四字	十言二十字	十一言二十二字	学规式校训	
1	1	1	1	8	

由上表可见，在中国传统"大学"校训中一言四字共有 3 条占 13％，分别是岳麓书院的"忠、孝、廉、节"、鳌峰书院的"居、敬、穷、理"和东山书院的"公、诚、勤、俭"。二言校训分别为二言四字 1 条，即仙潭书院院训"敬业、乐群"；二言六字 1 条，即象山书院院训"明理、志道、做人"；二言八字校训 2 条，分别为濂山书院院训"格致、立志、慎修、安贫"、宏道书院院训"仰高、恭敬、逊志、省身"；二言十八字校训 1 条，即百泉书院院训"立学、立教、立志、立身、立德、立功、立言、立名、立诚"。四言校训分为四言八字校训 2 条，分别为鹅湖书院院训"为学修身，处事接物"、丽泽书院院训"讲求经旨，明理躬行"；四言二十字校训 1 条，即应天府书院院训"夫善国者，莫先育才，育才之方，莫先劝学，劝学之要，莫尚宗经"。七言十四字校训 1 条，即长阳书院院训"教化行而风俗美，师道立则善人多"。十言二十字校训 1 条，即尊经书院（四川大学前身）院训"立德立言立功士先立志，有猷有为有守学必有师"。十一言二十二字校训 1 条，即东林书院院训"风声雨声读书声声声入耳；家事国事天下事事事关心"。由上述统计可以看出，中国传统"大学"校训句式基本承袭中国古代文学中诗、词、歌、赋、家训、诗训、格言、警句、对联的形制，风格清新，对仗工整押韵，饱含深意，言简意赅，言近旨远。

中国传统"大学"校训虽无校训之名，但已存校训之实体，集中国传统文化精髓，彰显各时代高等教育办学特色，昭示高等教育办学发展指向，引领士志于道的价值观念、和合多元的文化发展思潮，是中国近现代大学校训的先声和取材仿效的样板。

2. 中国近代著名大学校训的句式

依据西方对大学发展脉络的梳理，中国真正意义上的近代大学（1879 年圣约翰学院创立到 1949 年前后）包括国立大学、私立大学与教会大学（从广义上说也是属于私立大学）。著名学者陈平原曾说："中国大学不是'办在中国'而是'长在中国'。"①中国的大学始终伴随着中华民族的兴衰荣辱，一些大学曾经历辉煌，后出于种种原因渐渐退出历史舞台；一些大学历经岁月磨砺和战火洗礼依旧弦歌不辍，一些大学在停办、合并的过程中，其自身的文化印记也消失在历史深处。由于篇幅和掌握资料的限制，本书主要介绍了这三类大学中 51 所具有代表性的院校，其校训句式如下表 3-7 所示。

表 3-7 中国近代著名大学校训的句式（共 54 所）

一言三字	一言四字	二言二字	二言四字	二言六字	二言八字
1	8	1	1	1	8
三言三字	三言九字	四言四字	四言八字	四言十二字	四言二十四字
2	1	8	14	2	1
五言五字	五言十字	六言六字	六言十二字		
1	3	1	1		

由上表可见，中国近代大学校训的句式较之中国传统"大学"校训句式明显丰富了很多。其中一言四字校训 8 条、二言八字校训 8 条、四言四字校训 8 条、四言八字校训 14 条，分别占统计数据之 14%、14%、14% 和 25%。其他有一言三字 1 条、二言二字 1 条、二言四字 1 条、二言六字 1 条、三言三字 2 条、三言九字 1 条、四言十二字 2 条、四言二十四字 1 条、五言五字 1 条、五言十字 3 条、六言六字 1 条、六言十二字 1 条，可谓平分秋色又沿袭传统校训的基本形式。

这一时期，不同类型的大学校训各具特色，国立大学突出一言四字式校训句式，如西北联合大学校训"公、诚、勤、朴"；私立大学突出四言八字式校训句式，如厦门大学校训"自强不息，止于至善"、南开大学校训"允公允能，日新月异"；解放区的大学突出二言八字式校训句式，如中国人民抗日军政大学校训"团结、紧张、严肃、活泼"、陕北公学校训"忠诚、团结、紧张、活泼"、华北联合大学校训"团结、前进、刻苦、坚定"；教会大学则突出中英文混合式校训，如震旦大学校训"Per Auroram ad lucem"（从震旦到光明）、圣约翰大学校训"Light & Truth"（光与真理）。

可以说，中国近代大学校训的句式在继承中国传统"大学"校训基本句式的基础上，整合了日本大学校训的名称、西方大学校训特别是教会大学校训的实体以及当时中国社会经济、政治、文化诸多生态要素与文化因子，从纷繁多样到形制划一，在摸索中不断前进。

---

① 陈平原：《中国大学"双循环"的必要性与可行性》，载《中华读书报》，2021 年 1 月 27 日。

3. 中华人民共和国成立后改革开放前中国大学校训的句式

中华人民共和国成立后，经历 1952 年院系调整以及"文化大革命"时期，一大批学校改制、撤销、合并，这个过程中很多学校的校史资料随之湮没历史，很多中华人民共和国成立前的大学校训无从查找，本书选取这一历史时期有代表性的大学(校训未变更过或变更尚有史实资料可寻的大学)57 所，其校训句式如表 3-8 所示。

表 3-8　中华人民共和国成立后改革开放前中国大学校训的句式(共 57 所)

二言四字	二言六字	二言八字	二言十二字
1	3	36	1
四言四字	四言八字	四言十二字	四言十六字
2	11	1	2

中华人民共和国成立后改革开放前，中国大学的校训较多是立足于解放区大学的传统基础上，批判吸收国民党统治下的大学校训形成的。解放区的大学多以二言八字式校训为主，由上表可以看出二言八字式校训 36 条，占校训句式总数的 63%。四言八字式校训 11 条，占校训句式总数的 19%。二言六字式校训 3 条，四言四字式校训 2 条，四言十六字式校训 2 条，二言四字式校训 1 条，二言十二字式校训 1 条，四言十二字式校训 1 条。这一时期，中国大学历经战火洗礼，在百废待兴的华夏大地上，赓续着文化强国的使命。这一时期，在新建立的一元化政治体制下，大学校训更多倾向于一种政治口号，凝聚人心、统一思想、鼓舞干劲。校训多雷同、重复，二言八字式、四言八字式校训占据大学校训句式的 82%。

4. 改革开放后中国大学校训的句式

本书对中国现代大学校训的句式研究取自中华人民共和国教育部发布的 2017 年全国高等学校名单，截至 2017 年 5 月 31 日，全国高等学校共计 2631 所(含独立学院 265 所)，其校训句式如表 3-9 所示。

表 3-9　改革开放后中国现代大学校训的句式(共 2631 所)

一言三字	一言四字	一言五字	一言十字	二言二字	二言四字
3	33	0	1	11	45
二言六字	二言八字	二言十字	二言十二字	二言十六字	三言六字
78	717	7	4	2	15
三言九字	三言十二字	四言四字	四言八字	四言十二字	四言十六字
3	7	161	1345	9	46

续表

四言二十四字	四言二十字	五言五字	五言十字	五言二十字	六言十二字
1	1	2	12	1	5

六言十八字	六言二十四字	七言十四字	八言十六字	一句话校训	无
1	1	3	1	57	60

由上表可以看出，中国现代大学校训句式较之古代与近代更为丰富。其中，四言八字式校训（1345 条）、二言八字式校训（717 条）、四言四字式校训（161 条）、二言六字式校训（78 条）、一句话式校训（57 条）、四言十六字式校训（46 条）、二言四字式校训（45 条）、一言四字式校训（33条）占主流。其他有三言六字式校训（15 条）、五言十字式校训（12 条）、三言十二字式校训（7 条）、六言十二字式校训（5 条）、一言三字式校训（3条）、三言九字式校训（3 条）、七言十四字式校训（3 条）、五言五字式校训（2 条）、五言二十字式校训（1 条）、六言十八字式校训（1 条）、六言二十四字式校训（1 条）、八言十六字式校训（1 条），校训形式更为多样。

总而言之，西方大学校训多采用句子和名词结构的形式，有着更多的思辨色彩，且自由洒脱，折射出西方人追求自由的理念。中国大学多以动词词组或短语为主，大都言简意赅，言近旨远，对仗整齐，体现出东方人委婉含蓄的性格特征。下面重点分析中国大学校训的句式。

第一，对称句型出现较多。不管是四言八字式还是二言八字式，都是两两相对，整齐对称分布的。即使不是以上两种句型，也是前后相对，整齐划一的，如中国政法大学的"厚德明法 格物致公"，北京邮电大学的"厚德、博学、敬业、乐群"，中山大学的"博学、审问、慎思、明辨、笃行"等。之所以校训句型呈现出这样的特点，是因为这与中国人追求和谐性和对称性，即"重和谐、重均衡"的文化心理和审美意识有很大的关系。如"中国建筑往往都有一条中轴线，建筑按照中轴线对称，包括建筑内部的桌椅摆设、门口的石狮都是必须左右各一，分别相对的。这些是中华民族崇尚对称统一的体现，均匀对称产生和谐，和谐体现为'天人合一'，这就实现了中华民族对人与人、人与自然、人与社会之间的和谐统一，最终产生高于一切的美"①。

第二，二言式和四言式结构出现较多。与句型上的对称相对应，校训在结构上以二言式和四言式居多。二言式如中央财经大学"忠诚、团结、求

---

① 钱丽琼：《我国高校校训句型研究》，载《文学教育（下）》，2013 年第 8 期。

实、创新"；四言式如北京外国语大学"兼容并蓄，博学笃行"。二言式和四言式在校训中的流行是有道理的。从今天的韵律学角度来看，简短的二言是构成韵律词需要的最小音步，部分古籍如东汉赵晔所撰《吴越春秋》中反映原始社会狩猎生活的二言歌谣——《弹歌》，字句简短、语言质朴和节奏明快，保留着较原始的二言诗体之风貌。相较于二言、三言或杂言，四言句式不急不息、舒促得宜，更适于吟咏歌唱，所谓"四言优而婉"是也。例如，相传为虞舜时的《庚歌》《卿云歌》，相传为夏禹时的《涂山歌》、夏桀时的《夏人歌》等，已是以四言句式为主的歌谣。校训中的二言式比四言式更多，四言式也可以转化为二言式，如广西师范大学的校训"尊师、重道、敬业、乐群"是四言式的，也可以看成是二言式的"尊师重道，敬业乐群"。

第三，历史因素的影响颇深。毛泽东主席曾为中国人民抗日军政大学定下"三句话"教育方针和"八个字"校训——"坚定正确的政治方向，艰苦朴素的工作作风，灵活机动的战略战术"和"团结、紧张、严肃、活泼"，深深地融入抗日军政大学的办学实践中。1938年3月和6月以及1939年5月，毛泽东三次重申题词内容，使之成为以后各时期很多院校的教育方针和学校校训。自此，这非同寻常的八个字与抗日军政大学、八路军、新四军一起在我国的抗日救亡的历史中熠熠生辉，至今为广大民众所熟知。可以说，毛主席的"八个字"校训，开创了我国校训四言八字的先例。

二、大学校训的词语组合

校训最主要的特征就是以极简练的形式表现出极丰富的内容。校训的语言是高度简洁凝练的，短短数语就能彰显大学深厚的人文底蕴、时代精神和大学永无止境的精神，体现一贯的办学特色，鼓励一代又一代学生奋发图强，攀登高峰，将个人成长与国家和民族发展紧密联系起来，从而达到引领民族和社会精神发展潮流的目的。因此，校训的语言是从词汇的矿石里提炼出来的纯金。

（一）大学校训用词的统计（见表3-10、表3-11、表3-12、表3-13、表3-14）

表3-10　国外大学校训高频词语统计（119所）

中文词语	真理				自由		光明			
外文词语	Truth	Knowledge	Veritas	Science	Libertas	Freedom	Free	Lux	Light	Lumen
频次	10	9	6	4	3	2	4	4	6	1

续表

中文词语	上帝		国			信念			能力	
外文词语	Lord	God	Patrie	Country	Imperial	Mind	Faith	Hope	Ability	Power
频次	1	3	1	1	1	4	1	1	1	2

表 3-11　中国传统"大学"校训高频字、词统计（22 所）

字	学	行	志	善	德	敬
次数	9	7	7	4	5	4
组合	立学 学文 博学 劝学 为学 守学 中学 学文	行成于思 敦行 笃行 依德之行 躬行 教化行 行有馀	志于道 立志 辨志 志道 逊志	至善 迁善 善国 善人	明明德 据于德 立德 依德	恭敬 敬业 行笃敬 敬
字	诚	正	勤	忠	信	仁
次数	3	3	2	2	2	2
组合	立诚 诚立 诚	诚正 正其义 正其心	业精于勤 勤	忠 言忠信	忠信 谨信	依于仁 识仁体

表 3-12　中国近代著名大学校训高频字、词统计（54 所）

字	诚	学	勤	明	朴	笃	行	忠	求	真	公
次数	16	10	10	8	7	7	5	5	5	4	4
组合	诚朴雄伟 明诚 公诚勤朴 勤恳朴诚 诚正敏毅 忠诚 诚勤勇爱	博学 绝学 学无 止境 求学 学而 不思	公诚勤朴 勤恳朴诚 勤俭敬信 诚勤勇爱 精勤 信义勤爱 诚真勤仁	明辨 明诚 明德 光明	诚朴 雄伟 公诚 勤朴 勤恳 朴诚 朴	笃行 笃实 敦笃 忠信 笃敬 笃志	笃行 知行 力行	忠孝 廉节 忠诚 忠恕 忠信 笃敬 仁智	求是 求学	诚真 勤仁 真理	公诚勤朴 允公允能 公勇勤慎 立身为公

续表

字	诚	学	勤	明	朴	笃	行	忠	求	真	公
组合	诚朴 诚勇 明诚 诚正 诚真勤仁 诚为体 诚爱谦廉	则冈 学术 学以致用	清慎勤和 公勇勤慎	诚勇 诚朴 雄伟				忠勇			
字	勇	仁	德	信	爱	廉					
次数	4	4	3	3	3	2					

表 3-13　中华人民共和国成立后改革开放前大学校训高频字、词(57 所)

字	实	创	奋	新	勤	严	学	进	德
次数	32	24	24	24	22	15	14	9	4
组合	求实 朴实 敦实 踏实 唯实 实事求是	创造 创新	勤奋 奋斗	创新	勤奋 勤学 勤俭	从严 严肃 严谨	为学 勤学 博学 学高为师 笃学 求学 尚学 学高身正 学习 学而不厌	奋进 进取	明德 德才 立德
词语	团结	创新	勤奋	严谨	求是	奋进	拼搏	爱国	忠诚
次数	24	22	18	12	8	5	4	4	3

表 3-14　改革开放后中国大学校训高频字、词统计(2631 所)

字	德	学	行	新	求	笃	厚	强
次数	1248	981	683	542	532	498	498	394
组合	厚德 德才 德 立德 明德 德行	励学 博学 笃学 科学 为学 学习	知行 行为 笃行 德行 践行 力行	日新 鼎新 创新 出新 求新 日新	求是 求实 求真 求新 求索 追求	笃志 笃学 笃行 笃实	厚德 厚积 厚载 厚生 敦厚 积厚	自强 强技 强能 志强 强学 技强

续表

字	德	学	行	新	求	笃	厚	强
组合	崇德 重德 进德 德业 尚德 修德 建德 弘德	勤学 实学 敏学 治学 问学 强学 崇学 乐学 砺学 广学	诚行 善行 行正 敦行 躬行 尚行 敏行 偕行 智行	致新 力新 拓新 尚新 维新	求知 求真 求精			练强 图强 业强 强志 强体 致能
词语	厚德	创新	博学	笃行	求实	自强	勤奋	知行
次数	443	394	366	269	211	185	130	129
字	能	尚	勤	业	志	修	善	立
次数	310	308	281	266	261	195	195	194
组合	尚能 允能 重能 育能 能干 德能 强能 砺能 技能 修能 知能 能动 蕴能 铸能 多能 文能	崇尚 尚能 尚美 尚行 尚德 尚学 尚智 尚技 尚用 尚实 尚新 尚法 尚俭朴 尚武	勤奋 勤学 勤慎 勤苦 勤俭 学勤 勤恳 勤勇 勤仁 勤和 酬勤 勤朴 惟勤 勤勉 勤教 精勤 学勤	敬业 修业 业务 创业 德业 术业 兴业 弘业 精业 乐业 业精 立业 进业 授业	笃志 励志 立志 远志 砺志 明志 尚志 弘志 志远 恒志 有志 扬志 远志	修业 修身 修德 兼修 修能 修己 双修 兼修	善技 善思 善学 善建 至善 善行 善治 求善 至善 乐善 善用 善美 达善 尚善 善思 善研 善医 善成	立德 立场 立身 立志 自立 立校 立警 己立 立品 立人 立艺
词语	求真	求是	崇德	合一	敬业	严谨	立德	团结
次数	110	108	108	108	97	87	80	79

从上述国内外大学校训高频字词统计中可以得出如下结论。

国外大学校训在词性的选择上以名称和动词为主，较少有形容词和副词，语言简洁、精炼，词义明快、朴实。在表 3-10 统计的国外大学校训高频词中，真理类的高频词，如 Truth、Knowledge、Veritas、Science，反映了西方社会的智性思维，对真理、科学、知识的追求与向往；自由类的高频词，如 Libertas、Freedom、Free，彰显了西方社会及西方大学追求自由、自主、独立的自由信念；宗教类的高频词，如 Lux、Light、Lumen、Lord、God，反映了西方社会"重神""尊主""敬上帝"的宗教思想；责任类的高频词，如 Patrie、Country、Imperial、Mind、Faith、Hope、Ability、Power，凸显了国外大学服务社会和造福人类的责任意识。

　　中国传统文言文注重典故、骈骊对仗、音律工整，讲究言文分离、行文简练、内涵深刻，是中国语言文学的民族瑰宝，言简意赅、委婉含蓄、寓意深刻、发人深省，是中国大学校训取词的宝藏。校训词语多有一言、二言繁衍生发出三言、四言、五言、六言、七言等形式，因此，本书统计的高频词以一字、二字词语为核心。从表 3-11、表 3-12、表 3-13、表 3-14 可以看出中国大学校训的用语非常丰富，很好地体现了中国人的思维特征。其中，最突出的特点是大学校训用语的动词性优势。在上述表格中，动词占据了各时期中国大学校训高频字词的榜首，同时，高频词中的名词、形容词等还呈现了动词兼类的使用手法。在表 3-11 中国传统"大学"校训高频字词中，动词如学、行、志三个动词，占据了高频字词统计的半壁江山，另外，高频词中还存在相当数量的名词变动词兼类词如"志"在"立志""逊志"等词中可作名词解为"志气、志向"，还作动词兼类词如"志于道"解为"立志于道"，形容词变动词兼类词如"善""诚"等。动词性短语在中国大学校训取词中占优势，再一次印证了中国哲学把思考的重点放在动词上的思维，关心人类存在的实际性问题，忽视描述性真理和事物的真实状态，凸显了中国哲学的实用性价值。"做""行"无论在哪个时期都是大学教育的主导和核心。

　　（二）大学校训词语的组合形式

　　我国传统文化所追求的修己立身之德、求学行事之道、为人处世之规，已经融为中华民族的共同追求和道德信仰，体现在《周易》《论语》《礼记》《大学》《中庸》等经典著作中。西方传统文化所追求的自由、真理、服务、责任等观念也融合成西方社会所共同接纳与推崇的价值观，集中体现在《圣经》等文学作品中。这些文学作品历史悠久，影响深远，人所共知。校训用语取词于此，既能够增强大学校训的文化底气，又能引发集体共鸣。

（1）经典直引式

直接引用经典作品中的词、句，作为大学校训的词语组合，在中西方大学校训取词中是惯用手法。如清华大学校训"自强不息，厚德载物"语出《易经》中"乾""坤"二卦的卦辞"天行健，君子以自强不息""地势坤，君子以厚德载物"；牛津大学的校训"The Lord Is My Illumination"（上帝乃知识之神），出自《圣经》中赞美诗第 27 篇，强调上帝是知识和真理的源泉。

（2）混合引用式

有的校训对名言、警句、格言等进行缩略、组合、创新、加工，字词有增减但意义不变。如校训用语的"创新"出自《大学》引汤之《盘铭》："苟日新、日日新、又日新"，意为永不止步，勇攀高峰。再如"公诚勤朴"中的"公"，即公正，公平，《礼记·礼运篇》也有"大道之行也，天下为公"；诚，即真心实意，孟子在《孟子·离娄上》中将"诚"定义为自然的规律，追求诚信是做人必备的品质，提出"诚者，天之道也。思诚者，人之道也"；勤，即劳，出力，汉代孔臧《与子琳书》有"取必以渐，勤则得多"，意为学业靠不断积累，勤奋才能收获得更多；朴，本指树皮，亦指未经加工的木材，又有敦厚、质朴之意，陆机《羽扇赋》有"创始者恒朴，而饰终者必妍"。在老子的眼中，"朴"指原始自然质朴的存在，校训中的"朴"，是"朴素"，即质朴无华和简朴。

（3）时代特征式

大学校训彰显了其所在时代最先进的时代精神，大学校训的取词多涵盖时代术语。如在西方，中世纪大学校训中更多彰显宗教色彩如"上主""光明"；柏林大学开创性地将教学与研究相统一后，大学校训取词中多了"真理""知识""科学"等词语；哈佛大学、普林斯顿大学将社会服务纳入大学使命后，大学校训取词中又添加了"服务""国家""荣誉"等词语。在中国，古代传统"大学"时期，校训多取自中国传统文化中的"行、志、敬、勤、忠、诚"等，如岳麓书院的"忠孝廉节"、象山书院的"明理、志道、做人"；19 世纪末 20 世纪初，西方进化论传入中国，大学校训取词中多了"进步、竞争、创造"等时代性词语，如成都高等师范学校（四川大学）的"精韧不怠，日进有功"；再到五四运动"民主与科学"传入中国，"科学""民主""平等"等词成为中国大学校训的核心词，也逐渐形成了中华民族新的民族心理和共识，如津沽大学（天津）的"实事求是"、浙江大学的"求是"；中华人民共和国成立后至改革开放前，受计划经济的影响，中国大学校训取词多为"团结、进步、奉献、严谨、进取"等口号式的词语，如中央戏剧学院的"团结、勤奋、严肃、活泼、创造"、山西农业大学的"严谨、团结、求实、创新"；改革开放后，高校办学活力增强，校训取词的范围和形式也更加灵活多样，很多高校立足学校的特色和历史传统，创造出一些新型词语，如"尚能、铸魂、立德、笃行、崇德"等，如首都经济贸易大学的"崇德尚能，经世济民"、广西警察学院的"德才育人，忠勇铸魂"；也出现了很多一句话式校训，如四川电影电视学院的"未来属于对成功充满渴望的人"，重庆经贸职业学院的"自信与创新使人生更有价值"。

（三）大学校训词语组合分析

分析中外大学校训的词语组合可以看出，国外大学校训语言表达较为直白、奔放、不讲求固定形式，经常看到"Knowledge、Veritas、Libertas、Truth"等词语。申小龙对语言民族精神的区分中认为，希腊民族思维敏捷而细腻，希腊语的形式也就显示出成熟的智力倾向；罗马民族刚健而严肃，罗马语音就难以自由地变化和扩展；印度民族的精神重在对思维范畴的细致区分，梵语中就存在大量精细的科学术语。而传统的汉民族不像西方人那般热情奔放，在主观情感上注重整体和谐，强调"由多归一"的思维方式，往往以温和、中庸的方式使我们在视觉、听觉上讲究对称的美感，以"意合"的方式进行思考和表达，具有综合性、整体性、辩证性、模糊性的特点，体现在大学校训用词的组合上则表现为三个方面。一是含蓄与隐晦。和西方人相比，我们在表意时不直说本意，善于用委婉含蓄的话来烘托暗示。婉曲含蓄蕴藉的特征，正符合汉民族崇尚含蓄内敛的传统文化观念。汉语的含蓄主要体现在汉民族喜爱"咏物"的特点上，如"梅、兰、竹、菊"被称为"四君子"。在校训中，如中国海洋大学校训"海纳百川，取则行远"，用中国古代象征高尚品质的实物来彰显学校性质和人才培养的目标；再如同济大学校训"同舟共济"，是同济大学不忘初心、弘扬家国情怀的生动写照。二是对称和中庸。中庸是中国传统和谐文化中的基本精神，指导人们为人处世不偏激，不保守、持中而立、中道而行。在古代文学作品中，对称的风格也占据着主导地位，如唐代诗歌的对仗齐整，宋朝词曲的上阕下阕，无不体现着形式与结构上的对称，通过运用各种新颖奇特的对仗形式，使诗句鲜活灵动，充满生命活力。回到中国大学校训，我们可以发现这种对仗和工整。如北京航空航天大学校训"德才兼备，知行合一"中的"德才对知行""兼备对合一"；复旦大学校训"博学而笃志，切问而近思"中的"博学对切问""笃志对近思"。三是简洁和明快。在中国大学校训的构词中，多选用广为流传的经典佳句，字字珠玑，是古先贤才华与智慧的结晶。从语法的角度，大多采用名词、形容词等，语言凝练、简洁明了、言简意赅，循循善诱、寓教于理，从而呈现在我们面前的不仅不是眼花缭乱，反而是秩序井然、赏心悦目和简洁精确的表达效果。如湖北大学的校训"日思日睿，笃志笃行"，长江大学的校训"长大长新"，西南政法大学的校训"博学、笃行、厚德、重法"，均没有过多的修饰语言，用简洁凝练、易于诵读且含义丰富的语言表达深刻的文化内涵，充分体现了大学校训沉淀历史底蕴、彰显学校个性的初衷。

三、大学校训的修辞手法

使用修辞手法是为了让语言刻画的情境更为动人心弦。在语言表达中准确恰当地运用各种修辞手法，可使语言生动形象、富有性格化，带来视觉上和情感上的双重审美效果。大学校训常用的修辞手法有以下三种。

（一）比喻与借代并用

比喻就是打比方，两种不同性质的事物，彼此有相似点，把人物或者其他物品比喻成另一种物品。大学校训中的比喻分明喻和隐喻两种，使得校训浅显易懂，化无形为有形。明喻是指本体、喻体分别出现，中间用比喻词"像、似、若、仿佛、犹如、宛如"等连接。如山西水利职业技术学院的校训"上善若水，敦学笃行"，希望全校师生能树立高尚德行，如水般善利万物而不争。哈尔滨医科大学的校训"木直中绳，博学载医"，含义是各种可用的木料经木师测量加工成材，后寓意学生经培养成才。用拉直墨线的木材比喻高超精湛的医术，希望全校师生能练就精湛医术，广学行医。上海交通大学的校训"饮水思源，爱国荣校"，指喝水的时候要记着水是从哪儿来的，比喻人不能忘本。隐喻的基础是事物之间的相似性，用一类事物来理解和体验另一类事物，通过隐喻来寄予办学者的感情和师生共同价值追求。如加拿大多伦多大学的校训"As a Tree through the Ages"（百年树人），通过树木生长的形象隐喻大学培养新人的事业。斯坦福大学的校训"The wind of freedom blows"（让自由之风劲吹），形容学术氛围良好，如春风拂面，让人自由畅想，领悟和研究学术真谛。北京林业大学原校训"养青松正气，法竹梅风骨"，用松、竹、梅等古人感物喻志的象征，来含蓄表达学校的核心价值观和培养目标。

借代，顾名思义，便是借一物来代替另一物出现，也是校训中常用的修辞手法之一。如麻省理工学院的校训"Mind and Hand"（又动脑又动手），理论与实践并重。北京国家会计学院的校训"不做假账"，即诚信为本，操守为重，坚持准则，不做假账。这短短4个字真实、客观、公正、可靠，体现了国家会计学院的办学理念和育人方略。

当然，很多大学的校训并不使用单一的修辞手法，比喻与借代并用也是常见的校训表达方式。如青海大学的校训"志比昆仑，学竞江河"，昆仑、江河一方面是以地理事物昆仑山脉、长江黄河发源地借代青海，另一方面是用巍峨的昆仑山和奔腾不息的江河比喻远大的志向和广博的学问，激励学子立志高远、学贯古今。哥伦比亚大学的校训"In thy light shall we see light"（借汝之光 得见光明），典出《旧约·诗篇》："Quoniam apud te fons vitae in lumine tuo videbimus lumen."（拉丁文）英译为："For with thee is the fountain of life, and in thy light we shall see light."中文为：因你就是那生命之源；借着你的光，我们得见光明。以"光"指代大学，又将真理、知识、智慧等比喻为"光明"，给予学生追求真理、寻找光明的决心和勇气。

（二）对偶与嵌字交叉

对偶是富有中国作风与中国气派的修辞格式，使用对偶的历史渊源已久，最早出现于殷商甲骨的"对贞"，与中国传统的审美观不可分割。对偶美来源于客观事物在自然界的对称，心理学的"联想作用"和美学的"对比"。对偶也是中国大学校训中使用最多的修辞手法。所谓对偶就是将字数相等、结构相同或相似、意义相关联的一组短语或短句，两两对称地组织在一起，以获得表达形式上的对称效果的一种辞格，目的是求得上下句型的整齐、结构的匀称、音韵的和谐，看起来醒目，说起来上口，听起来悦耳，从而能给人以对称美和音律美。对偶按照格式分为宽对和严对，大学校训中一般宽对占多数，宽式对偶是宽松的、不严格的对偶，只需字数、结构相同，词性相对即可，不讲究平仄。如东北林业大学的校训"学参天地，德合自然"，学对德，参对合，天地对自然。首都医科大学的校训是"扶伤济世，敬德修业"，"扶伤"对"敬德"，"济世"对"修业"。

嵌字也叫嵌名，指把客观事物的名称（人名、地名、物名等）有意识地巧妙嵌入对联中特定的位置，使对联顺理成章，意义通达。这种辞格的主要修辞功能之一是变换语势、增强语感。一部分大学校训使用了对联中嵌字的修辞手法，如海南大学的校训"海纳百川，大道致远"，句首暗嵌了海南大学校名"海大"；四川大学的校训"海纳百川，有容乃大"句尾暗嵌了四川大学校名"川大"。

对偶和嵌字交叉使用是中国大学校训的特色。如北京师范大学的校训"学为人师，行为世范"，概括了该校百余年来始终坚守的育人宗旨，并在措辞上巧妙地把"师范"二字镶嵌其中；而且"学为"与"行为"相对，"人师"与"世范"相对，深具对偶特点。重庆文理学院的校训"进德修业，博文达理"，将"文"字和"理"字嵌入校训的下句中，让人们一看就知道该校是文理贯通、科学与人文并重，自由、博爱与艺术追求协调发展的综合性学校；"进德"对"博文"，"修业"对"达理"，"进德修业"是过程，"博文达理"是结果，完美呈现了学校办学、教师治学、学生求学的基本目标与价值理想。辽宁石油化工大学的校训"问学穿石，修身诚化"，将校名中"石化"二字拆开分别嵌入校训的上下句中，体现了学校的专业性质，也暗含了校名；中国计量大学的校训"精思国计，细量民生"，校训将"计量"二字分别嵌于其中，既暗含了学校的校名，又反映出该校的特色专业，意义深远。北京理工大学的校训"德以明理，学以精工"，将"理工"二字嵌入校训中，既体现以工为主、理工结合的行业特色、区域特色，又彰显出学校的优良传统和严谨学风。这些学校虽有嵌字，但是结构相同、对仗工整、蕴意深远，是对偶与嵌字交叉使用的典型。

（三）排比与反复结合

校训有时为了增强语势、强调内容，表达强烈的情感，增强震撼的效果，实现节奏美，会使用排比的修辞手法，把结构相同、意气并重、语气一致的词组或句子连接起来用，给人以气势畅达、节奏鲜明、情感炽热之感，让人过目难忘。中国大学校训中，如外交学院的校训"站稳立场、掌握政策、熟悉业务、严守纪律"，是周恩来总理在提议创建外交学院时提出的 16 字办学方针，希望他们始终树立国家利益高于一切的观念，经受住来自社会各方面的风险挑战，熟练掌握我国对外政策，坚决维护国家的主权、尊严与利益，为国家做出贡献。河北经贸大学的校训"严谨为师、勤奋为学、诚信为人"，强调做老师、做学问、做人要严谨、勤奋、诚信。国外大学校训中如英国的格拉斯哥大学的校训"The Way，The Truth，The Life"（方法、真理、生命），强调探寻正确的方法与道路，表达了追寻真理具有和生命同等珍贵的意义。曼彻斯特大学的校训"Cognitio，Sapientia，Humanitas"（知识、睿智、人道），用简洁的语言道明了大学人追寻的基本要素，以科学的知识、睿智的头脑，奉行人道的精神，培养新人、传承文化，服务大众。再如美国西点军校的校训"Duty，Honor，Country"（责任、荣誉、国家），将军人保护国家、捍卫国家荣誉的使命表述得淋漓尽致。哈佛大学校训的"Veritas"，激励学生不断捍卫真理。

　　反复是有意让句子或词语重复出现的修辞手法，为了强调某种意思、突出某种情感，加强语气、增加表达感染力，这样也可以增强词句抑扬起伏的节奏感和回环反复的旋律美。在同一联语中，既用叠字又用反复的制联方法称为复叠法，复叠分为连续复叠和间隔复叠，前者中间不插进别的词句而后者中间插进别的词句，两者的共同点就是相同的字、词、句等重复出现。反复在古代书院的院训中就存在，如南京尊经书院的院训"立德立言立功士先立志，有猷有为有守学必有师"的"立、有"的反复。在现行的高校校训中，有单一词反复、双词反复、原词间隔反复和部分反复。如厚德，厚基，厚业(上海第二工业大学)；自立，自律，自强(深圳大学)；创新，创效，创业，创造(昆明冶金高等专科学校)；求是，求实，求新，求精(扬州大学)；有志，有识，有恒，有为(汕头大学)；惟平惟准，近知近仁(山东工商学院)；励学励行，维实维新(浙江师范大学)；立一等品格，求一等学识，成一等事业(云南大学)；允公允能，日新月异(南开大学)；Any person，Any Study(康奈尔大学)等。在这些校训中"厚、自、创、求、维、惟、励、近、仁、允"等字以反复的手法，在意味和音感上或明朗急促，或意味深幽，或节奏舒缓，具有极强的音韵感染力。此外，校训中也运用同音异形词来构筑音韵美，如江苏科技大学的校训"致远至恒，务学悟真"中的"致至、务悟"和中国人民大学的校训"实事求是"中的"实、事、是"。以上校训并非单一运用了反复修辞手法，其中也同时蕴含了排比的修辞方法，如上海立信会计学院的校训"信以立志、信以守身、信以处世、信以待人、毋忘立信、当必有成"，云南大学的校训"立一等品格，求一等学识，成一等事业"等无一不是反复、排比并用，读来让人印象深刻。

　　总而言之，通过分析中外大学校训的形式，可以看出，以大学校训为代表的大学文化无论何时都结胎于民族传统文化。人类的思维作为文化的内在属性，是人类文化发展的基本动力，创新意识推动人类思维和文化的发展，又随着人类的社会实践活动不断发展。思维能力虽是全人类所共有的，但是世界各个民族的思维方式却不相同，所以各民族用自己的思维方式创造和表现出的文化形式也就各有千秋，各自带有本民族的特色。校训作为校园文化中最精华和最悠久的部分，充分体现着一所学校甚至一个地区或国家的大学教育理念中的价值取向。西方大学前身很多为教会学校，其校训带着浓厚的宗教色彩，受神和《圣经》的影响颇深，"主""上帝""宗教"等词语在西方早期的校训中随处可见。但随着时代的进步，西方的人们开始越来越崇尚对"真理""自由"和"知识"的追求，西方校训中"独立""自主""自由""求知""知识""学问""学习""学术"等一些体现西方文化价值观的词语越来越多。在东方，如我国，汉语本身就是审视中华民族精神的一个窗口，从汉语中我们可以看到中华民族的思维能力和性格特征。如儒家传统文化思想历史悠久、内涵丰富、经久不衰。很多学校在制定校训时汲取了儒家优秀传统文化中的精华，借鉴吸收了儒家文化中有关道德伦理的内容，并更加强调内心修养的提升和精神生活的充实。所以，很多学校在校训里用了"德""仁""忠""恕""善""信"等儒家提倡的代表儒家传统文化精神的词语，这些词语出现的频率很高，如"崇德""明德""厚德""明德""弘德""立德""至善""尽善"等多次出现在学校的校训中。

对比中西方的校训，尽管各国校训体现出文化的差异，但无一不是本校立校的灵魂，展示着这个国家和民族的文化属性，是最具传统的、最具先进的，更是经得起打磨推敲的，是对全民族进行精神引领的文化先锋。

总之，大学校训作为一个文化概念而存在，历经近千年的发展，其内在结构和所蕴含的语义精髓体现出了稳定性与发展性共存的特点。厘清大学校训的结构维度，对于进一步认识大学校训、了解大学发展历程和各民族文化有较为深远的影响，知其然更知其所以然，发挥其更清晰明确、坚定有力的铸魂与育人作用。

第四章　大学校训功能维度：
彰显铸魂与育人的作用

根据《辞海》的解释，功能一是指事功和能力；二是指功效和作用。综合来看，功能是指有机体或物质系统内部所固有的功效与作用。在哲学上，功能与结构构成了一对范畴，在这对范畴中，功能是一事物作用于他物的能力，即与外部环境发生关系时所产生的外部效应。推进以文化人、以文育人、以文培元，充分彰显大学校训的铸魂与育人功能，是新时代创新与发展大学校训的内在要求。通过探讨大学校训的文化功能、思政功能、教化功能，有助于将立德树人的育人目标落到实处，抓出实效，从而进一步提升高校思想政治工作的质量。

第一节　大学校训的文化功能

所谓文化功能是指文化在社会和人的存在和发展中的作用。它是文化价值本身的实现，反映了主体文化需要与客体满足主体文化需要的关系。大学校训的文化功能是指大学校训在对中华优秀传统文化的传承与创新、对当代社会文化的引领与辐射、对外来多样文化和合与再生中，可以促进大学师生对大学校训的体验、感受、认同、接受、践行，从而实现文化的传承与创新作用。

一、对中华优秀传统文化的传承与创新

习近平总书记在 2023 年 6 月 2 日文化传承发展座谈会上讲话指出："中华文明具有突出的连续性。中华文明是世界上唯一绵延不断且以国家形态发展至今的伟大文明。"要将马克思主义同中华优秀传统文化相结合。"马克思主义和中华优秀传统文化来源不同，但彼此存在高度的契合性。比如，天下为公、讲信修睦的社会追求与共产主义、社会主义的理想信念相通，民为邦本、为政以德的治理思想与人民至上的政治观念相融，革故鼎新、自强不息的担当与共产党人的革命精神相合。……正是在这个意义上，我们才说中国共产党既是马克思主义的坚定信仰者和践行者，

又是中华优秀传统文化的忠实继承者和弘扬者。"

（一）传统文化与文化传统

传统文化的全称大概是传统的文化（Traditional culture），落脚在文化，对应于当代文化和外来文化。其内容为历代存在过的种种物质的、制度的和精神的文化实体和文化意识。例如说民族服饰、生活习俗、古典诗文、忠孝观念之类，也就是通常所谓的文化遗产。传统文化产生于过去，带有过去时代的烙印；传统文化创成于本民族祖先，带有自己民族的色彩。文化的时代性和民族性，在传统文化身上表现得最为鲜明。各传统文化在其各自发生的当时，都起过积极作用，及至事过境迁，它们或者与时俱进，演化出新的内容与形式。文化传统的全称大概是文化的传统（Cultural tradition），落脚在传统。文化传统与传统文化不同，它不具有形的实体，不可抚摸，仿佛无所在，但它却无所不在，既在一切原传统文化之中，也在一切现实文化之中，而且还在你我的灵魂之中。如套用一下古老的说法，可以说，文化传统是形而上的道，传统文化是形而下的器，道在器中，器不离道。文化传统是不死的民族魂，它产生于民族的历代生活，成长于民族的重复实践，形成为民族的集体意识和集体无意识。简单说来，文化传统就是民族精神。①

总之，传统文化与文化传统既有区别又有联系。其区别在于传统文化是过去的已经完成的那些东西，文化传统是受昔日文化影响，存在于当前文化之中的传统，其联系在于传统文化是文化传统的"形"，文化传统是传统文化的"魂"。一个民族要想生存和发展，必须拥有自己深厚的文化底蕴和高度的文化自信。在中华文化发展的整个进程中，传统文化与文化传统犹如鸟之两翼、车之二轮，相互影响、相互作用和相互促进。

（二）大学校训对传统文化的传承与创新

大学是维护和发扬民族文化的大本营，与传统文化具有共同特征。传统文化是根，大学校训是从它的土壤中生长出来的树，没有对传统文化的继承，大学校训就是无源之水、无本之木。

1. 大学校训充实了中国古代典籍宝库

组成校训的字、词、句多来源于中华传统经典文化，如《周易》《论语》《中庸》《大学》等，蕴含着伟大的传统文化经典的智慧，内涵深刻，意味深长。校训通常取材于传统经典，一则具有深厚文化底蕴，二则凸显

---

① 冯建国编选：《庞朴学术思想文选》，上海古籍出版社 2013 年版，第 291－292 页。引用时有改动。

了典籍警句的劝诫功能。从校训所使用的文字来看，有些校训直接取自传统文化经典，如"厚德载物""止于至善""博学而笃志，切问而近思"都是直接从某一部经典中遴选；有些校训则是古代经典语句与思想的化用与融合，如厦门大学校训"自强不息，止于至善"，上半句取材于《易经》，下半句语出《大学》，南开大学校训中"允公允能"的句式仿自《诗经·鲁颂·泮水》的"允文允武"，而其中精髓的"公""能"二字则出自《礼记·礼运》中"天下为公，选贤与能"；有些大学校训表述独特，语句经历了反复锤炼，却也割不断传统经典文化的脉络渊源，如 2006 年上海理工大学百年校庆，回顾历史，展望未来，定下了"信义勤爱，思学志远"的八字校训，体现了《易经》乾、坤两卦的"厚德载物"和"自强不息"的精神。可见，大学校训多选用能代表中国传统文化特点的词语，且大多引经据典，源出古语，蕴含着传统文化中价值观念、人生理想、处世态度等的精髓。

2. 大学校训传承与创新了中国古代典籍文言句式

从格式上来看，大学校训虽偏重对仗工整或押韵的对偶句，且多为四字箴言和八字箴言，也不乏一个词语、一句话等相对灵活的句子格式，但各校在制定过程中共识仍是言简意赅、对仗押韵。句式上，有一言分为二字、四字，二言分为四字、八字，三言分为六字，四言分为八字，五言分为十字等诸多形式。例如，浙江大学的校训"求是创新"属于"一言四字"；南开大学的校训"允公允能，日新月异"是传统的"二言八字"，也是最广泛使用的格式；中山大学的校训"博学、审问、慎思、明辨、笃行"是"五言十字"。尽管句式各有千秋，但大学校训深受中国诗词歌赋影响，整体格式上多简约对称，富有强烈的感召力，恰如其分地展示出文约事丰的语言特征，凸显出义深词洁的文学修养。

3. 大学校训传承与创新了中国传统文化的和合圆融思想

从内容上看，大学校训在生成生长过程中，不是一成不变的，而是不断糅合一切先进的文化因子和每个时代大学人的精神气质形成的，这种自我更新的机制正是中国传统文化的独特气质。古人云，"万物并育而不相害，道并行而不相悖"。一方面，大学校训传承与创新中华人民共和国传统文化的和合圆融思想体现在大学校训对传统文化进行贴合与价值转换的过程中，以极其非凡的气度、宽广的胸怀，包容和接纳具有差异性的事物，不断丰富和充实自己；另一方面，受当时历史和时代背景影响，涉及政治、思想、阶级、文化、国际背景等各方面因素，一代一代师生对于校训的理解及实践被打上深刻的时代烙印，大学校训也紧跟着时代步伐，承认不同，尊重不同，回应着不同时期的时代要求，赋予其新的时代特征和时代内容，使得蕴含在校训中的传统文化有了与时俱进的新解读。因此，大学校训与传统文化又和而不同，是传统文化的传承和创新的结合体。

（三）大学校训对文化传统的传承与发展

文化传统是"'稳定的，恒久单一的，是中国人几千年前传承至今的最主要的心理习惯、思维定式'，是人们心灵深处，与政治、经济、外来文化关系较为间接的价值观念、思维方式"①。大学校训撷中华传统文化之精华的同时，凝大学历史与文化之精髓，接续古代圣贤"以文化人"的教化之道，并经过历代大学人共同孕育而形成，于无声中潜移默化地触及灵魂而历久弥新。

1. 传承与发展了以天下为己任的爱国情怀

爱国主义精神自古以来就流淌在中华民族血脉之中，是中华民族历经风雨沧桑而屹立不倒的强大精神动力。从古代的太学，到近代的书院和大学，中国知识分子一向以天下为己任。近代西学渐入，中国现代意义上的大学在落后挨打的困境中被动而生，但从其诞生之日起就铭刻着"国家重于社会、重于个人"的伦理政治烙印，激荡于大学文化中的永恒主题就是救国家于危亡之际的爱国主义精神。因此，近代诞生的中国大学，一开始便高举爱国主义旗帜，其办学的初衷自然而然指向强国，近代诞生的大学由此肩负着振兴中华的历史重任。进入 20 世纪，五四运动是体现中国知识分子爱国情怀的高峰。得知中国代表在巴黎和会上为维护国家主权的正当要求被帝国主义的强权政治干涉时，北大爱国学生揭竿而起，举行示威游行，火烧赵家楼，爱国运动的烽火由此席卷全国。抗战时期，由于日寇的入侵，中国高校开启了"文军长征"的光辉历程，在民族生死存亡的关头，西南联合大学"筚路蓝缕、弦歌不辍"，西安交通大学等高校的"西迁精神"为国家培养了大批栋梁之材，保住了中国的学脉，为抗战胜利后各大学的恢复奠定了重要基础。在科技不断取得进步的今天，以天下为己任的爱国情怀的内涵已然由救亡图存升华至实现中华民族伟大复兴，众多大学提出"建设世界一流大学"的目标，印证了当代中国大学人不甘落后、立志跻身世界一流的爱国情怀。这种爱国情怀赋予了中国大学校训与时俱进的新内涵，以"爱国"为核心词的大学校训，如西安邮电大学的校训"爱国、求是、奋进"、天津科技大学的校训"尚德尚学尚行，爱国爱校爱人"、重庆大学的校训"耐劳苦，尚俭朴，勤

---

① 茹丽燕：《传统文化与文化传统》，载《山西高等学校社会科学学报》，2016 年第 3 期。

学业，爱国家"等都体现了大学校训以天下为己任的爱国情怀，激励着大学人在与民族同向同行的进程中担道义、立精神、扛大旗、干事业。

2. 传承与发展了坚持实事求是的真理创新精神

大学的重要功能之一是科学研究，是在传授现有科学知识及成果的基础上进行发展与创新，是在培养人才的过程中进行科学研究。探索真知、追求真理是大学自强不息、锐意进取和科学创新的强大精神动力。因此，大学人对于真理的捍卫、探索创新真理过程中对求是准则的坚持是任何力量都无法动摇的。曾任北京大学校长的马寅初，早年曾留学美国，获博士学位。学成归国后，拒绝军阀、政客拉拢，毅然到北京大学任经济学教授。1958年，马寅初经过多年研究而成的经典力作《新人口论》问世，他主张有效控制人口增长，对当时"人多是好事"的观点提出疑问。但其质疑并未获得当时社会的理解，相反得到了无休止的批判，还导致马寅初的发言权被剥夺。然而，他从未向谬误屈服，以沉默抗争。马寅初先生探索真知、坚持真理的精神影响着一代代知识分子，这种精神由此成为中国大学长期办学过程中积累起来的宝贵财富。"求是""求实""求真""创新"等词无论在哪个时期都是大学校训中的高频词。如北洋大学的校训"实事求是"、齐鲁大学的校训"尔将释真理，真理必释尔"、燕京大学的校训"因真理，得自由，以服务"、浙江大学的校训"求是创新"、湖南大学的校训"实事求是，敢为人先"、武汉大学的校训"自强、弘毅、求是、拓新"、同济大学的校训"同舟共济"等都体现了大学校训坚持求是的真理创新精神，鞭策着"求是人"不断奋勇前进，为实现中华民族伟大复兴、促进人类文明进步作出卓越贡献。

3. 传承与发展了尊师重道的优良传统

尊师重道，是中华民族传统美德的重要典范，起源于我国儒家文化。在古代，尊师的观念里往往还带着"尊道"这一观念。道是孔子讲的"朝闻道，夕死可矣"的道，是终极的真理和最高的人生价值追求。因此，古代尊师的概念和尊道的行为常联系在一起，如《礼记》的《学记篇》中就有"师严而后道尊"，即老师受到尊敬，然后他所传授的学问道理才受尊崇。韩愈在《师说》中诠释老师的作用为"传道授业解惑"，亦即老师的使命是传授道理、教授学业、解释疑难问题的。古代将尊师与尊道相提并论的情况在今天的大学也随处可见，对于大学老师，特别是那些成果卓著、享有盛名、德才兼备的，在现今大学也通常备受学生尊敬。当今社会正处于转型期，"变"构成了这一时期的基本特征，但是，像"尊师重道"等诸多体现中华民族行为规范及智慧结晶的传统观念生命力仍然旺盛。坚持尊师重道的办学理念，传承中华优秀传统文化，仍是我国大学精神文化建设的一项重要内容。尊师重道的传统在师范类高校校训中体现较为明显，如南京晓庄学院的校训"教学做合一"、山西师范大学的校训"学高为师，身正为范"、西南师范大学的校训"学高身正，行笃思远"、曲阜师范大学的校训"学而不厌，诲人不倦"、忻州师范学院的校训"厚学启智，修德树人"、集宁师范学院的校训"求实创新，为人师表"等都体现了大学校训尊师重道的优良传统，引领大学生尊重教育、尊敬老师，在全社会形成尊师重教的良好风气。

4. 传承与发展了直面社会的批判精神

当代美国学者亨廷顿曾写道："大学是天生的反对派，它在社会舞台上的出现，本身就意味着潜在的革命作用，这种作用不会因为它所服务的对象有所改变。"[①]大学是一个时代的知识和智力良心或道德心，肩负着无限的发展真理的责任，从大学起源角度看，社会批判是与大学相伴而生的，是大学形成之初即具有的本质属性，到了近代和现代，这种批判功能更是渗透到社会的各个层面。鲁迅当年在总结北大精神时说："第一，北大是常为新的，改进的运动的先锋，要使中国向着好的，往上的道路走。……第二，北大是常与黑暗势力抗战的，即使只有自己。"[②]北京大学曾是这方面的典范，"五四"时期，它明确提出了"重新估定价值"这样一个指导思想。然而，随着社会的发展进步、人民生活质量的提高，批判精神逐渐弱化。一些大学的文化演变成"适者生存"的理念，一些教师的学术责任成了一种忍受，一些教师发表学术论文是为了满足学校绩效考核评估的要求。"作为一种质询工具，批判性思维是必不可少的，批判性思维在教育中是一股解放的力量。"[③]培养学生批判性思维是高等教育的要求，也是信息时代和知识经济时代的需要，如今，社会批判精神的内涵也随着时代的发展而变化，如北京印刷学院的校训"守正出新，笃志敏行"，"守正"，意为恪守正道，胸怀正气，行事正当；"出新"，意为旧的事物得到新的发展，弃旧图新；"笃志"，意为立志不变，坚守志向；"敏行"，意为勉力修身，办事敏捷。"守正出新，笃志敏行"的八字校训，是集体智慧的结晶，表达精练，寓意深远，体现了党和国家对印刷出版传媒高等教育及人才培养的要求。

① ［美］塞缪尔·P·亨廷顿：《变化社会中的政治秩序》，王冠华、刘为等译，生活·读书·新知三联书店 1989 年版，第 265 页。引用时有改动。
② 鲁迅：《"我观北大"》，载《北大学生会周刊（创刊号）》，1925 年 12 月 17 日。
③ ［美］法乔恩：《批判性思维》，李亦敏译，中国人民大学出版社 2013 年版，第 7 页。

二、对当代社会文化的引领与辐射

社会文化是基层广大群众在生产和生活实际中共同创造和享用的各种文化现象和文化活动的总和，它是人类社会发展到一定阶段的产物，它包括人类社会的一切行为活动方式、行为状态和社会事物，如富有个性的地方形象文化、丰富多样的历史文化资源和群众文化活动等。大学存在并发展于社会文化之中，是与大众文化或者其他社会文化既有联系又有区别的一种独具特色的亚文化。在人类社会发展的历史长河中，大学变革的动力多来自经济社会发展的需求，外部压力的驱动，从传授知识、培养绅士，到发现新知、发明新技术，再到运用技术、服务社会，每一次变革都经历了历史的积淀和应验，都使大学与社会的结合更加紧密，大学不再像以往那样被动地"适应社会"，而应当主动适应社会的需要，对社会作出更加直接的贡献。同时，大学的每一次成功变革都催生新的社会文化，引领社会朝着更好的方向发展。大学文化与社会文化始终处于双向互动之中。双方融通的方式与平台亦多种多样。平行、博弈、合作共同构成两者在多元文化冲突下协同发展的基本状态。大学校训是文化精神与教育理念的综合表达，既体现了一所大学的精神与理念，又能够根据社会发展更新观念，做到与时俱进，受社会文化影响又具有自身独特个性，对社会先进文化和先进思想的引领和推动作用是毋庸置疑的。

（一）大学校训对社会文化的引领作用

大学的发展历史，是一部对真理不断探索与追求的历史，也正是对真理的不断探索与追求，激发了大学文化对社会文化批判和引领的动力，彰显了大学的职能与责任。大学文化研究知名学者王冀生认为，育人为本、科学为根、文化为魂是三位一体的大学哲学观。育人为本是大学存在的第一要义，科学为根是大学存在的价值基础，文化为魂是大学赖以存在的精神支柱。"哈佛大学前校长萨默斯说，他卸任财政部长，担任哈佛校长时，一位刚进哈佛、一直对经济感兴趣的新生对他说：'我一直在跟踪你发表的数据，发现你的数据有错误。'一个新生可以对校长说'你错了'。这就是哈佛的文化：'吾爱吾师，吾更爱真理'。"[1]在这种大学文化的滋养下生成的大学校训更是继承和弘扬了对社会文化的批判和超越精神，例如华盛顿大学的校训是"Strength Through Truth"，卡迪夫大学的

---

① 杨福家：《大学的使命与文化内涵》，载《学习时报》，2007 年 9 月 4 日。

校训是"Gwirionedd，Undod a Chytgord，英译为"Truth，Unity and Concord"。这些校训都包含"Truth"，追求真理，是治学最基本的目标，也是每一位求学者追求的崇高理想。在中国，新文化运动同样可以被视为大学引领社会发展的典型案例。新文化运动期间，北大师生高举"科学"与"民主"两面大旗，出版了《新青年》等影响广泛的理论刊物，影响了中国近代文化的历史走向，有力地促进人们思想认识的觉醒和社会文明的进步。与社会文化相比，大学文化中的经典精神要素更能推动对社会文化中先进因子的找寻，引领社会的价值取向和文化诉求，像灯塔一般引导并启迪着中国社会朝着更好的方向发展。

（二）大学校训对社会文化的提炼作用

莫斯科大学校长萨多夫尼认为，"大学像一个筛子，一台特殊的机器，用它分辨麦子与粗糠最为合适，它向生命注入生机，它是社会的引路人"。大学校训在传承社会文化的同时，以反省、反思的视角去探讨社会文化，对其所处的环境进行鉴别、选择、消化和创新，引起文化原质发生裂变，通过传承优秀民族文化，吸收外国文化精华，促进社会文化的更新和发展。从古代大学到现代大学，"科学"和"人文"都是大学校训的两个关键词。崇尚学术、追求真理、健全人格、造福人类永远是大学校训中的核心要素，寻真、求善成为支撑大学这类特殊文化殿堂存在和发展的关键，大学校训以其自身独特的作用不断推动人们对社会先进文化的价值追求。"湖南高校对区域文化精神的发掘和运用，代表性的如湖南大学校训'实事求是、敢为人先'，中南大学校训'知行合一、经世致用'，独具特色的湖湘文化的精神内涵被学校发掘利用，既吸收继承了本区域的优秀思想文化资源，又标识了大学鲜明的文化个性，蕴含了'只有民族的，才是世界的'这一深远寓意。"[①]总之，校训是一条无形的文化纽带，一端联结着大学师生员工，另一端面向社会，广纳四海，与时俱进，吸附人类所创文明中一切有益的元素，发挥着社会文化的引领者、诠释者、辐射源的作用。

（三）大学校训对社会文化的辐射作用

大学不同于一般的社会组织，它以探索未知世界、追求真理、传播知识为目的，担负着引导社会价值、规范人们行为、促进人类社会文明进步等使命，有着崇高的追求，是社会的"良心"，更是国家和社会的思想库和智慧园。在这种特殊的社会组织中所产生的大学文化，本身就较

① 韩亮：《论中国大学校训的品位之维》，载《高教探索》，2015年第11期。

少有行政化、功利化、庸俗化、同质化等凡夫俗气，而是带有一种超俗的特质，表现为对真理、自由、理想、高尚、责任不懈追求的意识和境界。作为一种高层次有活力的文化形态，大学文化能通过先进深刻的思想与科技文化活动、高雅的文化生活及人才输出等方式，对整个社会文化发展产生示范、引导和改造作用，使自己的力量源源不断地辐射或渗入社会机体的各个领域，形成一种对外渗透，最终成为不断推进社会发展的动力源泉。

大学文化对城市文化具有重要的辐射引领作用。大学的先进思想理念、大学培养的高级人才以及大学产出的科技成果，深刻影响着城市的文化品位和价值取向，塑造着城市的文化形象，提升着城市的核心竞争力。如"兼容并蓄，开放包容"是北京大学的文化传统。在这种文化的影响下，北京在皇城文化的根基上，培育出开放、包容、现代的时代文化。东北大学"自强不息，知行合一"的校训精神，催生出"三好街""东软"等城市品牌和文化现象，对沈阳的创新文化产生了重要影响。在"让自由之风劲吹"校训的滋养和培育下，斯坦福大学不仅源源不断地向硅谷输出各类人才，同时也把大学良好的学风和学术传统带到了硅谷，孕育了硅谷鼎盛的研究和探索风气，形成了著名的"硅谷文化"。

中外历史发展进程告诉人们，大学文化对先进文化和先进思想的引领和推动作用是毋庸置疑的，其定位和功能决定了它将始终处于社会先进文化改革和发展的最前沿，进行文化思想的创新，为社会文化发展提供精神动力，这也正是大学历久弥新的真正原因所在。大学校训作为大学精神文化的重要组成部分，在适应社会和服务社会的过程中不断创造和培育着具有时代特征的新型文化。这种新型文化正越来越直接服务于社会，并在满足社会需求的过程中引领社会文化的发展。

三、对外来多元文化的和合与再生

何为多元文化？费孝通先生曾言："各美其美，美人之美，美美与共，天下大同。"多数学者认为这是对"多元文化"最简短、最贴切的表述。中国文化在漫长历史进程中不断自我整合，对不同文明所孕育的文化进行借鉴和吸收，从而得以发展壮大。大学作为研究高深学问、培养专门人才的圣殿，自其诞生之日起就被赋予了文化启蒙、创新、传承和引领的作用，对世界多元文化容纳、批判、整合、吸收、积淀、认同的过程即是大学文化对多元文化之和合。

（一）大学校训对外来文化理念之和合与再生

19 世纪末，严复翻译《天演论》，将进化论引入中国，使中国思想界发生了一场大的转变。随着西方科学和实证主义传入中国，国人逐渐认识到西方文明的先进性。思想界广泛接纳了"进步""竞争""创造"等观念，主张追求真理、崇尚创新、尊重实践、弘扬理性，为"求真"教育理想的出现奠定了思想基础。新文化运动以来，以胡适、陈独秀、李大钊、鲁迅等为代表的先进知识分子高举"德先生"与"赛先生"的旗帜，促进了当时人们思想的解放，使落后的、腐朽的旧式传统思想逐渐转向科学的、民主的新式思想观念。校训内容中因此开始出现了"求真""求实"等词语。随着马克思主义基本原理同中国具体实际相结合，不断推动马克思主义中国化，马克思主义中国化的最新理论成果不断被中国大众所认识、接受和认同。在中国共产党领导的抗日根据地内，毛泽东主席亲笔为抗大制定"团结、紧张、严肃、活泼"的校训，大家从四面八方汇聚在宝塔山下、延水河畔，唱着革命的歌曲，学习抗日救国的真理。在抗大校训的引导下，根据地一批学校纷纷制定各自的校训。如陕北公学的校训为"忠诚、团结、紧张、活泼"，华北大学的校训为"忠诚、团结、朴实、虚心"，都是理论联系实际的很好体现。

改革开放后，文化多元化的格局促进了高等教育的全方位发展，使得人们的意识形态出现了前所未有的变动。校训作为学校教育的手段之一，一方面要强调崇尚人文、注重理性、自由独立、追求卓越，华中科技大学涂又光教授念兹在兹的是文明的自觉，他亲手调制"泡菜汤"，形象地说明了一所大学的特质文化对人的濡染作用；另一方面在极力彰显上述特性的同时，呵护人的自然天性，营造尊重学生、关心学生、爱护学生、有利于他们身心健康成长的人文环境。20 世纪 90 年代，在邓小平南方谈话精神的鼓舞下，我国开始由计划经济体制向社会主义市场经济体制转轨。进一步扩大高等学校办学自主权被提上日程，中国进入了持续创新自主办学制度的阶段。学校办学要办出特色，首要的前提是要追求特色，彰显特质，相应地体现学校办学宗旨和大学人共同价值追求的校训也要不拘一格。这样，反映了学校特有价值取向、呈现了大学品格的校训大量出现，且形式和内容都呈现出开放、包容、融合、创新的特点。一些现代化的词语成为校训的来源，如天津医科大学的校训"求真至善"、国防科技大学的校训"厚德博学，强军兴国"、华东理工大学的校训"勤奋求实，励志明德"。可见，中国大学校训融合了中华民族几千年来形成的博大精深的优秀传统文化，吸收了世界各国优秀文化成果，继承和创新了我们党带领人民在伟大斗争中孕育的革命文化和社会主义先进文化，并逐步形成了具有中国特色、中国风格、中国气派的校训文化。

（二）大学校训对教会大学实体之和合与再生

中国现代大学不是简单地移植西方大学模式，而是中国教育传统与西方现代大学制度在对话、抗争、融合过程中形成的新式中国大学。这一和合过程体现在教会大学校训的中国化过程中。在帝国主义入侵和一系列不平等条约的庇护下，西方传教士通过兴办学校来传播基督教教义。对于教会大学应该辩证地来看待：一方面，中国教会大学是西方国家对中国进行文化渗透、文化殖民的桥梁和中介。统计资料显示，"到 20 世纪 20 年代，教会学校已经成为一个覆盖初等教育、高等教育以及多种专门教育的、独立的教育系统，不受中国教育部门管辖，也无须向中国政府注册立案"。另一方面，中国教会大学也是中国近代大学的萌芽，是中国高等教育在近代化过程中模仿和学习西方大学的本土原型。不同于传统的中国教育机构，教会大学兼具中西方教育特色，在一定程度上冲击了中国传统教育，在近代中国早期高等教育管理模式现代化、人才培养及中西文化交流方面发挥了独特的作用。

1919 年，德本康夫人创办的金陵女子大学，明确以"Abundant Life"为校训。借此，中国近代高等教育开始走上了缓慢的发展之路，教会大学也逐步完成了本土化过程。这一时期，中国大地上的教会大学不但有英文校训，而且出现了中文校训。如东吴大学的"养天地正气，法古今完人"校训，金陵女子大学的"厚生"校训，齐鲁大学的"尔将释真理，真理必释尔"校训，沪江大学的"信、义、勤、爱"校训，福建协和大学的"博爱、牺牲、服务"校训，华西协和大学的"亲爱精诚"校训，华南女子大学的"受当施"校训等。教会大学校训演变之路足以表明：一是大学为文化的和合提供了适宜的土壤，二是西方大学进入中国亦需要完成文化转型与实体本土化才能被中国社会、中国民众所接纳。

（三）大学校训对现今国内外大学间文化之和合与再生

2001 年，中国加入 WTO（世界贸易组织）后，对外承诺开放教育市场，中国的大学迎来了和国外大学平等交流的新机遇，中国大学的国际化步伐明显加快。自 2003 年颁布《中华人民共和国中外合作办学条例》后，2005 年 8 月，教育部批准筹建西交利物浦大学，2006 年，学校正式成立。西交利物浦大学（Xi'an Jiaotong—Liverpool University）是由西安交通大学和英国利物浦大学合作创立的新型国际大学，拥有中华人民共和国学士学位和英国利物浦大学学位获准授予权。作为一所新型国际大学，西交利物浦（国际）大学的校训"博学明道，笃行任事"（拉丁文：Aethera ac ucem petimus；英文：Light and Wings）充分体现了中外大学文化间的和合。英国利物浦大学的校训是"These days of peace foster learning"，意思是通过深刻的学习和博览，可以明白道理，同时，西浦使人拥有崇高的精神理念与人生追求，能不断地激励每一个学生；而西安交通大学校训则为"精勤求学、敦笃励志、果毅力行、忠恕任事"，原校训侧重指导学生"如何做人"，新校训又增添了"如何做事"的内容，以务实的态度做事。

西浦校训传承了利物浦大学校训中"知识照亮道路"的意境，借鉴了西安交通大学"精勤求学、敦笃励志、果毅力行、忠恕任事"的精神，既汲取《论语·雍也》中"君子博学于文，约之以礼"、《礼记·中庸》中"博学之，审问之，慎思之，明辨之，笃行之"等中国传统文化因素，又强调"知行合一""勇于担当"，提倡大胆求是、从当下点滴做起的恒心与魄力。

第二节　大学校训的思政功能

大学校训的思政功能指大学校训对大学人内在思想政治品德的形成和外在整个社会生活，包括道德、思想、政治所能发挥的积极影响。校训作为开展高校思想政治工作的一种方式和手段，有着独特的优势，对于落实立德树人根本任务、弘扬爱国主义教育传统、践行社会主义核心价值观、推进思政课程与课程思政的协同育人，进一步增强思想政治工作的针对性和实效性，帮助当代青年大学生树立正确的学习态度及人生信仰具有重要的时代意义及价值。

一、落实立德树人根本任务

高等教育发展水平是一个国家发展水平和发展潜力的重要标志，其中，立德树人承载着为实现中华民族伟大复兴提供坚强有力人才支撑的历史重任。党的十八大明确提出要"把立德树人作为教育的根本任务"，党的十九届五中全会从党和国家事业发展全局的高度强调"落实立德树人根本任务"。党的二十大报告从全面建成社会主义现代化强国、实现第二个百年奋斗目标的高度强调"全面贯彻党的教育方针，落实立德树人根本任务"。立德树人工作是一个复杂的社会系统工程，要落实立德树人这一根本任务，就需要激活中国特色社会主义高校最深沉的文化力量。正如习近平总书记在全国教育大会上指出："要把立德树人融入思想道德教育、文化知识教育、社会实践教育各环节。"习近平总书记高度重视大学及大学文化建设在立德树人方面发挥的作用。2020年，习近平总书记在致哈尔滨工业大学建校 100 周年的贺信中指出，"希望哈尔滨工业大学在新的起点上，坚持社会主义办学方向，紧扣立德树人根本任务，在教书育人、科研攻关等工作中，不断改革创新、奋发作为、追求卓越"。2021年，习近平总书记致信祝贺厦门大学建校 100 周年时，指出"希望厦门大学全面贯彻党的教育方针，切实落实立德树人根本任务，为党育人、为国育才，与时俱进建设世界一流大学"。2022 年，习近平总书记到中国人民大学考察调研时，对中国人民大学的未来发展提出殷切希望，强调要"落实立德树人根本任务，传承红色基因，扎根中国大地办大学，走出一条建设中国特色、世界一流大学的新路"。浇花浇根，育人育心。立德树人的本质是育人，强调对人德性的培育和关注，这就使得教育回归到人本身。在实现中华民族伟大复兴的历史进程中，文化的力量和文化的作用逐渐凸显，随着中国国际地位的提升，国人的文化自信也随之增强。"以文化人""以德育人"成为新时代高等教育一直需要追求的方向。以文化人在立德树人教育实践中，主要致力于将每个个体培养成为具有强大的心智、健全的人格、美好的心灵、高度的社会责任感的新时代公民，使社会主义建设者和接班人能够始终秉持"斯文在兹"的文化自觉和"弦歌不辍"的文化担当。

高校要实现立德树人的目标，鼓励大学生主动投身中华民族伟大复兴的历史伟业，真正做到以德育人、以文化人，重要的一环就是在"文化育人"的正确通道上开辟一条融贯古今、汇通中外的生命化育之路。校园文化是在长期实践中形成的具有动态性、传承性、时代性的文化系统，从根本上看，建设优良校风，用校训励志，丰富校园文化生活，就是为了营造有利于学生修德立身的良好氛围。校训作为引领大学文化的重要一环，在无形中滋润着大学生的心灵，使学生在不知不觉中受到浩然正气的文化熏陶，进而让先进文化进入头脑、占据心灵。中国大学校训根植儒家文化，注重道德培养，受传统儒家文化和教育体制的影响。中国传统文化以"教化于人"为目标，是一种"修为文化"，是一种求善的德性文化。所谓"学问"都是从属于或落脚于如何安身立命、治国平天下的道德基点上，而非对于客观世界的追问和探求，校训也以"人的发展"为本心，旨在主德、求善、至诚、秉公。纵览中国一流大学校训，以德、诚、朴、忠、善等为代表的儒家德性价值取向不在少数，如清华大学、北京大学、厦门大学、南京大学、中国政法大学等。实现立德树人既是高校设立校训的初衷，也是大力倡导宣传思想政治教育的重要目的。如华中师范大学的校训是"求实创新，立德树人"，体现了华师的办学传统和文化的积淀，代表着人才培养的教育理念，也是面向社会的精神标志，在追求立德树人的境界上，履行育人功能的义务。又如凯里学院校训是"立德树人，自强奋进"，体现的是要求师生树立良好品德，增强使命感和自信心，自立自强，奋发有为，在发展的道路上阔步前进。2011 年 12 月 5 日，《长江商报》访谈武汉大学原校长刘道玉，他认为完全支持恢复"国立武汉大学"时期（1928—1950 年）校徽、校训和校歌的倡议，并称这种恢复是大学精神的回归。他特别推崇其中的"诚"字。"'诚'字入校训可以说是武大的特质，国内少有。新中国成立前武大学生在社会上最好的口碑是诚实朴素、勤奋刻苦，这说明当时的校训给武大学生树立了很好的理念。"刘道玉认为，当前学术腐败、论文抄袭的现象严重，"诚"字有"一字值万金"的价值。

新时代加强大学校训建设，不仅是落实立德树人根本任务的应有之义，同时也是加快推进"双一流"建设，实现教育现代化、建成世界一流大学的必由之路。自古以来"训育"主要是指道德方面的熏陶，本质是一种道德规范和行为准则，但立德所树之"人"更应是向真、向善、向爱之人，为此，校训需要围绕教育的目的和价值取向，对学校教育文化中的人进行哲学反思，这也是新时代落实立德树人任务的应有之义。大学校训的建设更应尊重以下三点。一是广泛参与、形成共识。可以在全校师生的参与下进行民主的推选，以师生的意见为参考，倾听学生的心声，这样的校训才能深刻弥久。二是完善德育课程体系，融入思政教学。通过发掘校训中的人文精神、传统文化、家国情怀等，在由"思政课堂"到"课堂思政"转型的过程中，实现思政教育的终极目的。三是强化文化导向，重视第二课堂引领。深入开展校训的学思践悟活动，以达到学以立基、思以明义、践以体察、悟以铸魂的目的。

二、弘扬爱国主义的教育传统

校训是一所大学对其治学传统和育人文化的高度凝练和集中展示，蕴含优秀文化传统，体现了大学源远流长的文化底蕴和独特鲜明的精神气质，为培育和践行爱国主义教育提供了生动载体。正如习近平总书记所说，要"发挥校园文化熏陶作用，挖掘校史校风校训校歌的爱国主义教育功能"①。传承和弘扬大学校训文化，就是使校训文化中蕴含的优秀文化传统成为涵养高校爱国主义教育的重要源泉，增进高校师生的国家认同，厚植文化底蕴，弘扬家国情怀，激发高校师生的历史使命与责任

---

① 蓝晓霞：《有的放矢：加强青少年爱国主义教育》，载《人民日报》，2020 年 9 月 18 日。

担当。

校训根植于学校悠久的历史和办学传统，不仅是学校历史中无数个细小的文化积淀，更是师生精神风貌的凝练体现，具备德育的功能和条件，是一种重要的爱国主义教育题材。比如，我国古代湖南长沙岳麓书院的院训是"忠孝廉节"，"忠"字居于首位，体现心忧天下的爱国情怀；江苏无锡东林书院的院训是"风声雨声读书声，声声入耳；家事国事天下事，事事关心"，既体现了书院读书为本的特征，又显示了关心国家大事的社会责任感。特别是中国共产党构建的近现代中国大学校训，它是中国传统教育理念和社会现实融合的产物，是在教育强国、实业救国、救亡图存的期盼中诞生的，以其理性的信仰之光、坚定的民族自信、深沉的爱国之情，启迪了新时代的爱国主义教育。1936 年 6 月，中国人民抗日军事政治大学用红布把"团结、紧张、严肃、活泼"校训放大，剪了贴在校门口，并用黑体字印在抗大的校旗上，对树立和提振中国人民打败日本帝国主义侵略的信心发挥了不可替代的作用。1943 年毛泽东为中共中央党校题写"实事求是"校训，为争取抗战胜利和实现中国光明前途起到理论指导作用。2003 年 9 月，中国科学技术大学将校训提炼为"红专并进，理实交融"，中科大是为"两弹一星"事业而创办的大学，从诞生之日起就肩负着科教报国的使命，坚持为党和国家培养高级专门人才。正是有冯友兰、朱自清、罗常培、罗庸、闻一多等人的爱国情愫，直接投入西南联大爱国活动的具体实践，"刚毅坚卓"四个字的校训才能够凝聚联大人为抗日而办好学的强烈爱国力量，树立起联大人办好学、抗好日的必胜信心。西安邮电大学的校训是"爱国、求是、奋进"，虽然只有六个字但是凝聚了几代西邮人的心血。2014 年，曾任该校校长的卢建军说，"爱国，是西邮人从建校就开始的遵旨。西安邮电大学的发展和国家的发展命运联系在一起，就是要让我们要有为国奉献、矢志不渝的追求"。可以说，所有这些近现代大学校训都贯穿、洋溢着师生群体浓烈的爱国主义情怀和革命精神，鼓舞着师生对民族历史文化的自信心。上海交通大学党委宣传部部长胡昊表示，"爱国荣校，这四个字带给我们的是沉甸甸的分量。交大 110 多年的历程中，无数校友用他们的一生诠释着这四个字。蔡锷打响了反袁的第一枪，茅以升建起了中国人自己的第一座大桥，钱学森冲破重重阻力回国开辟了'两弹一星'历史新纪元。他一生以国家为重，公而忘私，以科学为重，不计得失，研学至深，成就斐然。这就是交大人对'爱国荣校'最高境界的人生诠释"①。

2019 年，中共中央政治局会议指出："弘扬爱国主义精神，必须把爱国主义教育作为永恒主题。要把爱国主义教育贯穿国民教育和精神文明建设全过程。"②坚持大学校训与爱国主义教育协同育人，有利于提高青年大学生的爱国情、报国志，增强其使命感和责任感，敦促其在学校生活中不断增长知识和才能，培养健康向上的生活情趣与审美情趣，积极参加劳动实践，提高运用自己的知识和才干服务国家、奉献社会的各方面能力，最终实现个人的自由全面发展。将大学校训融入爱国主义有助于学生突破目光仅局限在学校狭小空间中的阻碍，站在中国与世界的高度看问题、办事情。大学校园作为一个小型的社会空间，生活在这个空间中的人们只有秉持着"天下为公"的精神，从爱校园、爱智慧做起，坚持为实现中华民族伟大复兴中国梦而读书，坚持为促进社会发展而读书，担负起为天下兴亡而读书的重任。校训作为大学精神与民族精神的集中体现，以大学校训为基点，对学生进行爱校与爱国教育，可以帮助大学生认识到社会主义的优越性，增强大学生群体对学校、社会与国家的热爱，正确认识祖国的历史与现实，提升民族自尊心与自信心，激发大学生为社会主义现代化建设服务的动力，自觉抵制不良文化思潮的冲击，最终实现建成文化强国、人才强国的目标。正如，东北大学素来具有优良的爱国主义传统。百年来，东北大学始终高扬爱国主义旗帜，赓续深植血脉的爱国基因，深深烙上了"爱校爱乡爱国爱人类"的家国情怀、忠勇报国的民族大义；始终心怀科技报国的崇高理想，以国家需要作为最高的价值追求；始终秉承教育英才的办学宗旨，培养矢志奉献国家和人民的有用人才。2023 年 9 月 15 日，习近平总书记给东北大学全体师生回信，在东北大学建校 100 周年之际，向全校师生员工、广大校友致以热烈的祝贺和诚挚的问候。内容如下：

习近平给东北大学全体师生的回信

东北大学全体师生：

你们好！来信收悉。东北大学自成立以来，始终以育人兴邦为使命，形成了鲜明办学特色，培养了大批优秀人才，为国家、为民族作出了积极贡献。值此东北大学建校 100 周年之际，谨向全校师生员工、广大校

---

① 引自胡昊：《"交通"为名 "大学"为道》，载《光明日报》，2014 年 8 月 21 日。引用时有改动。

② 习近平：《大力弘扬伟大爱国主义精神为实现中国梦提供精神支柱》，载《人民日报》，2015 年 12 月 31 日。

友致以热烈的祝贺和诚挚的问候！

站在新的起点上，希望东北大学全面贯彻党的教育方针，弘扬爱国主义光荣传统，坚持立德树人，继续改革创新，着眼国家战略需求培养高素质人才，做强优势学科，不断推出高水平科研成果，为推动东北全面振兴、推进中国式现代化作出新的更大贡献。

习近平
2023 年 9 月 15 日

习近平总书记的重要回信对东北大学的评价极具政治高度、历史厚度、文化深度，是对东大百年历史贡献作出的认可，充满着对中国高等教育的殷切嘱托。东北大学的百年历史，是一部与祖国同命运、与东北共荣辱的自强不息的奋斗史，是一部以育人兴邦为使命、以科技报国为己任的知行合一的发展史。躬逢伟大盛世，东大将以中国式现代化全面推进强国建设、民族复兴为己任，以新时代东北全面振兴为重要机遇，新时代新征程将学生的家国情怀、桑梓之情化为实践的动力，将论文写到祖国的大地上。

三、践行社会主义核心价值观

习近平总书记在党的十九大报告中指出，"社会主义核心价值观是当代中国精神的集中体现，凝结着全体人民共同的价值追求。"[①]党的二十大报告进一步强调，要以社会主义核心价值观为引领，满足人民日益增长的精神文化需求。大学校训是赋予大学生命、品格、思想的校园精神文化形态，集中体现了大学师生治学求学的价值追求，反映了社会主流价值观念的核心要求，是社会主义核心价值观教育在高校落细、落小、落实的辐射源，在广大青年学子中入耳、入脑、入心的生动载体。利用大学校训涵养社会主义核心价值观教育，实现两者的有机融合，可以使社会主义核心价值观教育在高校的培育和践行更加生动具体，更加富有针对性和实效性。

在价值维度上，社会主义核心价值观教育为国家民族、社会集体、公民个人三个层面确立了准则，蕴含着立德树人的价值根据和价值标准。一所大学的校训，往往凝聚着这所大学的"育人纲""精神气"。可以说，代表着高

---

①　习近平：《决胜全面建成小康社会，夺取新时代中国特色社会主义伟大胜利——在中国共产党第十九次全国代表大会上的报告》，载《人民日报》，2017 年 10 月 28 日。

等教育基本精神的校训，传递的价值理念总是与社会主义核心价值观高度契合。如上海交通大学的校训"饮水思源，爱国荣校"，中国政法大学的校训"厚德明法，格物致公"，清华大学的校训"自强不息，厚德载物"，既彰显了大学把国家的昌盛、民族的振兴和个人的幸福紧密联系在一起的价值诉求，又包含了"明大德、守公德、严私德"的自觉要求，这与社会主义核心价值观教育形成内在的契合和效果的共振，共同为大学生核心素养的养成提供更加科学、理性的价值指引。在历史维度上，一方面，社会主义核心价值观教育既立足于时代特征，又借鉴了传统文化，体现了先进文化的时空超越性。如"临患不忘国，忠也"（《左传·昭公元年》）的爱国情操，"天下兴亡，匹夫有责"（《日知录·正始》）的社会责任，"不修其身，虽君子而为小人"（《答李诩第二书》）的个人修养，包含着中华民族最根本的文化基因，同时也是社会主义核心价值观的最好注脚；另一方面，大学校训同样深深地植根于中华优秀传统文化的土壤之中，并力争从古典与现代结合的角度形成自身育人特色。在实践维度上，大学校训是社会主义核心价值观教育在高校教育中直观化和形象化的具体体现，对培育和践行社会主义核心价值观具有极强的针对性、生动的实践力。这种实践力既能把社会主义核心价值观内化为精神追求，又能将其外化为实际行动，从而逐渐在大学乃至全社会形成明大德、守公德、严私德的良好氛围。在上海理工大学党委书记沈炜看来："对大学校训中蕴含精神的解读与丰富，是培育高校青年学子树立社会主义核心价值观的重要抓手。"清华大学党委书记邱勇表示，要进一步探索大学校训与社会主义核心价值观的契合点，加强校史、校情教育，开展丰富多彩的校园文化活动，不断赋予校训精神新的时代元素，让广大师生对校训精神内涵有更加清晰的认识，进而增强大家对社会主义核心价值观的认同感，自觉做社会主义核心价值观的践行者、传播者。

因此，要深入挖掘校训的精神内涵、价值底蕴，把弘扬校训精神与坚持培育和践行社会主义核心价值观相融合，实现社会主义核心价值观教育的日常化、具体化、形象化、生活化，让大学生在生活点滴中践行校训精神，通过校训宣传和实践让社会主义核心价值观教育流淌进学生心田，深深根植于学生脑海，从而破解社会主义核心价值观教育在知行上面临的困境，强化大学生的历史使命感、时代责任感和行动自觉性。

四、推进思政课程与课程思政的协同育人

高等教育以立德树人为根本任务，推进思政课程与课程思政协同育

人是立德树人的重要手段，也是提高高校育人成效的必然要求。教育部印发的《高等学校课程思政建设指导纲要》提出："构建全面覆盖、类型丰富、层次递进、相互支撑的课程思政体系。"校训指引着师生的精神走向，在高等学校课程思政中发挥着不可替代的作用，是大学生的行为规范和实践准则。校训融入课堂教学，区别于思想政治理论课的显性作用，具有隐蔽性、渗透性、间接性的特性。将大学校训与大学思政课程与课程思政的教学实践紧密结合，注重发掘各类课程的文化育人元素，既回应了习近平总书记提出思政课课程创新的要求，也包括把理论讲"活"、说"活"的内在要求。

以校训为线索，结合"毛泽东思想和中国特色社会主义理论体系概论"的课程内容，既能发挥大学思政课程的思政教育功能，也能以融合式教学、历史场景搭建的形式，还原改革开放的历史、嵌入新时代的进程，最大成效地实现校训滋润师生的心灵、陶冶师生的情操和大学思政课程新时代精神教育、社会主义核心价值观教育的双重功能。以湖北师范大学校训秉承"诚，毅，勤，敏"的精神为例，该校训"完美地契合了'毛泽东思想和中国特色社会主义理论体系概论'。如第五章'邓小平理论'中有关邓小平理论形成历史时期，恰是湖北师范大学前身、华中师范大学黄石分校建校的历史时期，能够以校史、校训为素材，在大学思政课堂中感受改革开放初期百业待兴的热潮"①。

在中国近现代史纲要课中，结合高校爱国主义的优良传统，穿插讲授校史和校训是可行的、有效的。校史人物和故事就是发生在学生们身边的案例，贴近学生，拉近了与学生的距离，学生对其更加信服，具有"本土"化特点的校史校训融入思政课教学能够增强思政课的亲和力，有助于提升教学效果。以浙江大学为例，"浙江大学校训、共同价值观内涵和浙大精神，蕴含着丰富的价值观和方法论，伴随着浙江大学的百年风雨而历久弥新。它凝聚着百年来浙大人为国家富强和民族振兴的不懈追求与崇高理想，传承了中华民族奋斗和振兴的爱国主义历史传统，反映了中国人不屈不挠、生生不息的奋斗精神。从这个意义上讲，浙江大学的百年沧桑，是中华民族从饱受屈辱中崛起的一个缩影；浙江大学的百年成就，体现中华民族实现'科教兴国'的伟大宏愿。将校训文化融入'纲要'课程的授课过程，扩充思想政治教育的内涵和外延，能够对大学生的思想观念产生深刻、持久的影响，可提升思想政治理论教学的感染力和

---

① 张耀天、王佳男：《新时代校训精神解读与大学思政课堂融入式教学探索——以湖北师范大学"概论"教学课堂为例》，载《湖北师范大学学报（哲学社会科学版）》，2020 年第 5 期。

实效性"①。

随着中国特色社会主义进入新时代，对大学生思想道德素质与法律素养的要求比以往更高了。在思想道德修养与法律基础课的教学过程中，因地制宜、因校制宜、因时制宜地有效融入校史校训文化精神，对学生的成长成才具有重要的指导意义。如南昌航空大学秉承着校训"日新自强，知行合一"的人文精神，把校训贯穿于整个课程教学中，在给学生讲第一章《人生的青春之问》和第二章《坚定理想信念》时，以讲故事的形式适时穿插商汤如何每日提醒激励自己、灭夏建商以及王阳明少年及青年时期的人生成长轨迹，激发大学生们对于如何成为一名德才兼备的人产生积极思考；在第三章《弘扬中国精神》与第五章《明大德守公德严私德》的部分讲解中，恰当融入王阳明一生是如何建功立业的以及他所创立的知行合一的心学智慧，让学生听后甘之如饴并崇拜之、向往之、践行之。

参照思政课程，教师同样可以运用校训建设课程思政。对于课堂，醒目的位置主要有两处，即黑板和幻灯片。临近上课，学生的目光便开始聚焦在教师身上，此时教师整理仪态，郑重地写下校训，表达对校训的敬意和重视。这种无声的行动，在一定程度上胜过言语的表达。另外，可以将校训嵌入课件母版，放置在幻灯片醒目的位置，让校训存在于课堂教学的全过程。并且在采用案例分析教学时，有意识地引入校训的思想政治元素，作为课程思政元素的统一出发点和落脚点。

总之，校训文化可以"无障碍"地融入大学所有课堂、课程内容，无论是农、工、理、医，还是文、史、哲、艺，作为一个在校大学生可能对自己专业之外的知识不感兴趣，但必定会以了解自己生活四年的大学的校园文化为荣，校训教育搭乘新时代精神走进大学课堂，既有利于各类课程发挥"课程思政"的作用，也有助于推动"思政课程"与"课程思政"的协同育人，在此过程中，实现大学思想政治教育的终极目的。

第三节　大学校训的教化功能

从人才培养的视角看，大学校训发挥作用的主体和客体都是大学人，校训的突出作用就在于大学人的精神塑造与价值观养成。无论是教育者，还是受教育者，都承载着大学校训文化传承的重要使命。大学校训以其

---

① 尤云弟：《校史校训文化资源融入"中国近现代史纲要"教学中的路径探索——以浙江大学为例》，载《高教学刊》，2021年第2期。

独特的"心理暗示"和"文化无意识"机制渗透于大学精神、校园文化及主体交往实践的过程之中，使受教育者随时随地感受学校所坚持的办学方向和育人原则，并潜移默化、润物无声地按照这种方向和原则指导自己的行为，向着正确的发展方向前进，这便是大学校训的教化功能，也是教育所追求的最高境界——"不教之教"。

一、明确价值引领功能

引领功能是指大学校训能为高校师生的行动确定方向，影响与引领着师生的思维方式、价值判断与行为习惯，起到引领正确政治方向，凝聚各方力量的作用，使之能够按照既定的目标有序前进。大学校训的引领功能主要包括理想信念引领功能、培养目标引领功能、行为准则引领功能等。

(一)理想信念引领功能

理想信念属于同一类精神现象，都是指人的精神支持与精神追求，简言之，理想信念是人们对未来目标的追求和向往，具有方向指引和动力支撑的重要作用，是大学生世界观、人生观、社会价值观教育的核心。党的十九大报告高度重视理想信念，提出"以坚定理想信念宗旨为根基""要把坚定理想信念作为党的思想建设的首要任务"，党的二十大报告进一步强调，要"加强理想信念教育，传承中华文明，促进物的全面丰富和人的全面发展"。大学是人类社会中最具有理想主义气质的一类组织，大学的理想信念使大学人有了奋斗目标，给大学发展提供不竭的动力，优质高端的大学文化激励着先进思想理念的产生，而渗透在大学精神血液里的大学校训，是实现大学理想和价值的无形力量和资源。如"1935年创办的延安抗大是一所意识形态色彩浓厚的政治大学，'为崇高理想而英勇奋斗'的信念促成了人们对于个人利益和世俗生活的自觉超越，有效地唤起了大批革命知识青年"。熊庆来提出，大学的重要，不在于其存在，而在其学术之生命与精神。大学校训是一所大学所持精神高度抽象的价值追求和品格特征，理应化为一种理想、一种信念，激励、号召每个师生坚持不懈地追求理想，坚韧不拔地追求学问。大学校训的理想信念引领功能对师生的教育认识活动和教育实践活动具有明确的指向作用或导向作用，它表现为可以凝聚全体师生的奋进力量，激发他们的奋斗热情。"团结、紧张、严肃、活泼"是毛泽东当年为抗大题写的校训，作为大学精神文化的集中体现，它反映着当时抗大的办学宗旨、指导思想及管理原则。延安时期，在抗大校训的影响下，充满爱国热情的青年群体和华人华侨紧密团结在一起，奔赴革命圣地延安，追求革命真理，坚持不懈传播马克思主义科学理论，以先进模范为镜，向优秀典型看齐。经过持续不断、系统科学的教育，一些学生努力把共产主义确立为人生的远大理想，光荣地加入了中国共产党，成为共产主义战士，带领一代代中国青年奋楫争先，以更加务实奋斗的精神去践行党的初心使命，谱写了一曲曲壮丽的青春之歌。

（二）培养目标引领功能

大学或者广义的高等教育是伴随着人才培养而产生的。无论是孔夫子开创的知行世界之"游学制"，还是柏拉图的以对话和激辩启发智慧的"书院制"，其目的都是探索人才培养之道。大学作为培养人才的学术文化殿堂，其人文精神和文化价值的熏陶与培育是提升大学整体功能的重要组成部分。为此，我们要把人才培养之道落实到大学文化建设的各个层面。探索大学校训的培养目标引领功能，主要聚集于大学的人才培养目标上。"博学"是对学生的一种治学要求。学习是刻苦钻研的过程，现代社会是科学技术迅猛发展的信息社会，瞬息万变的大千世界变化无常，令人目不暇接。个人学习能力总是有限的，只有不断吐故纳新，取人之长、补己之短，做到"博学"才能跟上时代的步伐。如广西民族大学校训"厚德博学，和而不同"，"博学"出自《论语·子张》："子夏曰：博学而笃志，切问而近思，仁在其中矣。"说的是做学问之道。"厚德博学"，是我们每个人追求自身境界提高、丰富充实生命的修养之道，也是大学服务社会、推动社会进步之途。再如国防科技大学校训"厚德博学，强军兴国"，揭示了德与才、理论与实践、强军与兴国的辩证统一，其中，"博学，就是要自觉站在世界军事高科技发展的制高点主动适应中国特色军事变革的要求，瞄准世界科教发展的前沿，改革院校教育，提高教学质量，把受教育者培养成为具有宽广的世界眼光、复合的知识结构、深厚的文化底蕴、旺盛的创新精神和精湛的业务技能的高素质新型军事人才"[1]。这些大学校训不仅突出了行业特色型高校的重要角色地位，而且也道出了对行业人才的高标准要求。

（三）行为准则引领功能

大学行为文化是在大学系统中长期形成的，并通过大学的师生员工在日常工作、学习、生活及各项活动中展示出来的文化形态总和。大学行为文化是最易感受到的、可见的、直观的文化。校训文化可以通过内

---

① 《厚德博学　强军兴国》，载《解放军报》，2003 年 8 月 29 日。

在文化要素的有机结合，让师生获得精神感召力，激发广大师生员工提升自身素质、提高教育教学质量的内在动力，在校训向心力的牵引下不断反思调整自己的行为，最终极限靠近学校和社会的要求，从而促进高校教学中规章制度的完善，提高师生价值判断及价值选择能力。一般来说，有什么样的大学文化，就有什么样的大学行为。学校倡导什么、鼓励什么，师生的注意力就会集中到什么方面，就会主动接受并支持校园文化的行为准则、价值取向和规范体系。这种无形的引导，是一种软约束，营造有约束力的校园氛围，往往比强迫的命令、硬性的规定来得更有效。例如，上海国家会计学院的校训"不做假账"，完美地诠释了会计人才在职业生涯中应当遵循的道德原则和行为规范。云南大学更是把"立一等品格、求一等学识、成一等事业"作为校训，既明确了云南大学的办学目标，又明确地表达了对学生的殷殷期望，从而为学校的长远发展指明了方向，为学校各项事业的发展提供了导向。还有"日本著名的早稻田大学旗帜鲜明地提出了'学问之独立，学问之活用，模范国民之造就'的校训，明确地提出了学校的办学宗旨——培养模范国民。这条校训对于早稻田大学的学科设置、学风建设诸方面都具有重要的导向作用。美国著名的麻省理工学院的校训是'既学会动脑，也学会动手'，明确地指出了培养人才的方式和途径——手脑并用，理论与实践相结合"①。

二、聚焦教书育人

培养什么人，是教育的首要问题，也是立足中国大地，办社会主义大学所面临的核心问题。习近平总书记明确指出，高校立身之本在于立德树人，要把立德树人作为中心环节。大学的根本任务是立德树人，以人为本是大学根本的办学理念之一。为更好实现"培养什么人、怎样培养人、为谁培养人"这一教育的根本问题，习近平总书记着眼于实现中华民族伟大复兴的中国梦，就事关中国教育发展的战略性问题，提出要培养德智体美劳全面发展的社会主义建设者和接班人的要求。"五育"是个体发展的五个维度，任何一育都不是孤立的，从全面发展到全人教育，"五育"并举，高效促进学生全面发展。大学历史悠久，有着深厚的文化底蕴；大学校训也源远流长，寓意深远，播撒人文关怀，关注受教育者德智体美劳全面培养和发展，培育人的德行、提高人的智力、强健人的体魄、提升人的审美境界、激发人的发展潜能，促进学生身心健康、全面

① 徐吉洪：《大学校训的文化特征及其功能》，载《阴山学刊(自然科学版)》，2006年第1期。

发展、成长成才。

（一）大学校训促进受教育者优良品德的养成

德育是关于思想、政治、道德方面的教育，培养对象形成健全的品德素养。从古至今，德育在教育体系中一直发挥着重要作用，在一个人的各种品行之中，德行是第一位的，是最不可缺少的。古人云："太上有立德，其次有立功，其次有立言""百行以德为首""恃德者昌，恃力者亡"。德育就是道德教育，其特殊性质在于通过思想陶冶来教育学生，主要目的就是陶冶受教育者的道德情操，使之成为具有完备品德人格的个体。近年来，习近平总书记先后在北京师范大学师生座谈会、全英孔子学院和孔子课堂年会开幕式、清华大学建校 105 周年贺信中多次强调校训育人的重要性，特别是在 2016 年 12 月，习近平总书记在全国高校思想政治工作会议上指出，"要坚持不懈培育优良校风和学风"①。大学校训看重德性，不论对大学生还是教师而言，都有十足的必要性：大学是青年人人格养成的关键期，德性教育旨在培育人的德性品质，良好的德性铸就成当代青年的道德自我意识和内在心灵秩序，使之形成一种奋斗的、积极的、向上的人生价值观；而教师有良好的德性，也能更好地"身正为范"，自由地、理性地选择合情合理的职业生活，做好教学与学术工作。在进行大学生德育的过程中，大学校训同样也发挥着重要的作用，大学校训以德育的理论为指导，结合德育的理论优势，重视和研究个体的道德需要，对个体世界进行有目的、有意识的影响，提升教师的专业理念和师德修养，从而在学生受教育的过程中使其良好的品德得到培养，更加积极有效地达到高校德育的目标。大学校训深受儒家文化影响，形成了以儒家经典为核心的传统文化，许多大学的校训体现了对理想人格的追求，把"德"放在首位，其注重培养学生的道德修养，有利于社会健康人格的形成和构建。如辽宁大学的校训"明德精学，笃行致强"、河南大学的校训"明德新民，止于至善"、陕西师范大学的校训"厚德积学，励志敦行"等，无不体现了道德品质在教育过程中的重要性。校训所隐含的对师生道德品质上的规训与引领，能促使师生提升自身的道德品质，完善自身的人格魅力，从而在规训师生道德品质的同时能更好引领师生的道德发展。

（二）大学校训助推受教育者智育发展

苏霍姆林斯基认为，智育的目的是发展学生的智力。所谓智育，一

---

① 习近平：《在全国高校思想政治工作会议上的讲话》，载《人民日报》，2016 年 12 月 9 日。

般理解为智力的培育，是以提高受教育者文化水平、专业技能和应用能力为目的而开展的系统性教育活动。在西方教育思想史上，古希腊时期就由注重对自然界本身的研究转变到注重人本身的研究，苏格拉底特别重视关于心智的教育，柏拉图的《理想国》、亚里士多德的《政治学》《尼各马可伦理学》等著述中也详细论述了有关心智教育的问题。中国古代关于人心智发展的教育思想传统，更加重视的是心性修养，《礼记》将"格物致知"作为人之修养成人、"明明德于天下"的基础，我国教育学界一般认为"智育是担负培养学生智慧能力任务的教育"，主要向学生传授科学文化知识，形成学生的技能，培养学生的能力，发展学生的智力。大学从最初创办的时候开始，就被当作知识传播的场所，追求对客观世界规律性的认识被看作大学的基本功能。基于这样的传统，许多大学把知识的实践与应用融入自己的校训中，倡导健康、向上、丰富的校园文化，这对于提高学校的教育质量和学生的学业成绩有着积极作用。如山东大学校训中的"学无止境"、西南交通大学校训中的"精勤求学"、北京师范大学校训中的"学为人师"等，都强调了在大学这样一个学术组织里，知识具有至上的重要性，追求知识是大学共同的理念。又如武汉大学校训为"自强、弘毅、求是、拓新"。"求是"语出《汉书·河间献王刘德传》："河间献王德以孝景前二年立，修学好古，实事求是。"唐颜师古注："务得事实，每求真是也。"强调人们的思想认识和言论必须来源于生活实际，必须具有现实功用，现在常常用以表明，深入实际、了解实际，不夸大，不缩小，根据掌握到的实际情况做好改造现实的工作。武汉大学校训"自强、弘毅、求是、拓新"，继承并发扬了自身坚毅刚强的品质和科学严谨的治学态度以及中华民族任重道远、自强不息的伟大精神，努力探求事物发展的客观规律，鼓舞着所有师生始终保持积极向上的精神状态，博学求知，努力探索规律，追求真理。

（三）大学校训夯实受教育者体育人文素养

体育就是尊重人体生长和发展规律，培养体育品格的教育，德育、智育、美育则是关注真善美的心灵问题。"体育一道，配德育和智育，而德智皆寄于体。无体是无德智也。"没有一个好的体质，教育无从实现。体育是心智的基础，健康的精神寓于健康的身体。所谓体育的人文内涵，就是体育不仅有着深厚的人文底蕴，人文精神，也蕴含着丰富的人文资源，其核心是主动表现体育对人类生存意义及价值的终极关切。"校训是校园文化的精髓，是人文精神的高度凝练，反映了学校办学的宗旨和核心价值观。……体育精神是体育运动的最高产物，也是一种特殊的文化意识和社会意识。大学校训与体育之间有着必然的碰撞和联系。纵观国内诸多大学的校训，其中都包含着特定的体育元素。"①如西北工业大学的校训"公、诚、勇、毅"和西北农林科技大学校训"诚朴勇毅"中的"勇"，北华大学的校训"崇德尚学，自强力行"和国防科技大学的校训"厚德博学，强军兴国"中的"强"。总之，校训是校园文化的精华。校训的人文关怀可以更好地体现在体育教学中，使体育更加有特色。

（四）大学校训引导受教育者追求美的人生

美育是培养学生审美观念和审美能力的教育，只有教育学生拥有"发现美的眼睛"，得到美的滋养，学生才能够拥有更高的审美情趣和精神境界。美育能够促进人追求向善价值，成就人的美好精神生活。李元洛先生对美与形象的关系作了如下论述："意象与美结下的是不解之缘，因为美是有形象的，可以说美的形象性是美的第一特征。"②席勒在提到美育的教化作用时说："要使感性的人成为理性的人，除了首先使他成为审美的人之外，没有其他途径。"③这就是说美育是使自然的人成为理性的人的必由之路，培养大学生的审美力是当前高校美育的一个重要任务。大学校训不仅是简单堆砌的名人名言，也是鞭策师生的警世恒言，更是大学文化与大学精神社会化的艺术展示。每个人都有自己的性格特点及符合其特点的社会角色，人有人设，大学亦有符合其性格的定位，这种大学的形象与校训的审美性是天然的结合。大学的底蕴、大学的建筑、教师与学生的互动等形成大学的氛围，这种氛围感形成的大学形象与校训审美互为衬托。如近年来，西南林业大学紧扣校训构建文化美育基地，建成西林湖、楸木园、樟木园等校园文化景观，创建"校训石""西林精神碑"等校园景观，打造世界茶叶图书馆、古茶树研究中心等文化符号，释读"树木树人、至真至善"的校训和"乐山乐水、无怨无悔"的精神，倡导"快乐工作、健康生活"理念。再如，"南京大学校标的外形是一个盾形，盾形上方中间是一个将'南京大学'四字融合为一体的意象图案，图案两边是两只昂首侧立的狮子，十分威武；盾形下方中间是一棵松树，松树下面是学校创始的年份——1902，松树两边是学校的英文翻译。狮子是百兽之王，雄健权威。松树的意象缘自南京大学校内的那棵六朝古松，表明了该校源远流长的历史。南京大学的校标创造出了一种诚朴而雄伟

①　孟捷、李峰：《校训精神在大学体育教学过程中的渗透——以南开大学为例》，载《体育研究与教育》，2017年第2期。

②　李元洛：《诗美学》，江苏文艺出版社1987年版，第151页。

③　[德]席勒：《美育书简》，徐恒醇译，社会科学文献出版社2016年版，第165页。

的典雅境界，和它'诚朴雄伟、励学敦行'的校训相互映衬，带有非常厚重的历史文化气息，充分展示出南京大学的文化底蕴和精神内涵"①。

（五）大学校训培育受教育者热爱劳动的习性

劳育是能够发挥出教育功能的主体性实践活动，通常可以分为两大类，即体力劳动和脑力劳动。劳动是历史唯物主义的起点范畴，也是人类区别于动物的最本质的特征，马克思主义劳动观强调劳动是人类的本质活动，重视劳动教育在人才和教育中的地位，认为劳动是人民智慧的结晶。孟子说"天将降大任于是人也，必先苦其心志，劳其筋骨"，《朱子家训》开篇就是"黎明即起，洒扫庭除"。新时代大学劳动教育，旨在培养具有较强创新精神与创业能力，能够主动作为、乐于奉献，具有较强实践能力，能够运用科学知识解决实际问题的高级专门人才。通过劳动教育，引导学生积极参与创新创业实践，把传授劳动知识技能与培养劳动习惯相结合，逐步培养他们形成正确的劳动观念和良好的劳动习惯，促进作为"五育"的身体物质基础不断发展。如"中国劳动关系学院于 2019 年 7 月对外发布了'使命'与'愿景'。其中'使命'表述为：'立德守正、崇劳创新'；'愿景'表述为：'到 2029 年建校 80 周年之际，将学校建成劳动关系和工会领域国内一流、国际知名的大学'；'校训'仍沿用此前形成的'刚健创新，和而不同'。此次'使命''愿景'的发布，与'校训'一道彰显了该大学的价值追求——始终坚持正确的政治方向、引导师生树立正确的价值取向，培养创新人才、推进知识创新；凸显了该校作为中华全国总工会直属普通本科院校的独特社会责任——坚持崇尚劳动育英才，研究劳动科学、弘扬劳动精神、推进劳动育人，让'劳动最光荣、劳动最崇高、劳动最伟大、劳动最美丽'在校园和社会蔚然成风"②。

三、指向凝聚激励

凝聚功能是指大学校训的向心作用和内聚作用，能够充分发挥对全校教职员工的约束力，把全体师生员工团结在一起，激发其作为学校成员的使命感、自豪感和归属感，达成对学校理念和目标的一致认可，从而使个体的目标整合为学校的总目标。大学校训是校园文化的核心和灵魂，又是一种精神黏合剂，能够巩固现有师生的团结，对于新加入的师

---

① 罗慧、胡俊俊、廖惊：《高校校史、校训、校标的综合育人功能分析》，载《绵阳师范学院学报》，2012 年第 7 期。

② 刘向兵、刘红梅：《大学"使命""愿景""校训"辨析》，载《大学（研究版）》，2019 年第 12 期。

生起到转化、融合的功能，从各个方面将广大师生团结在一起。一方面，校训从字面上直接对受教育者提出要求。优秀的大学校训本身就是带有导向性、规范性和勉励性的训示、号召和要求，促使全校师生员工受到校园文化所包含的价值观念、理想信念、行为准则、思维方式、校风学风等的熏陶，同心协力朝着共同的办学目标而努力奋进；另一方面，以校训为核心营造的大学文化会对受教育者产生一种潜在的心理压力和动力，客观上达到了凝聚的效果。大学校训一经确立就起着外树形象、内聚人心的作用，它潜移默化地给师生们以传统的熏陶、品位的传递、精神的激励。"校园文化理论认为，大学有序组织起来并运转自如，靠的就是校园文化、校园精神这一核心，它使学校组织整合成为一个强有力的共同体"①，它可以无形地将师生团结在一起，通过不同的活动，以种种微妙的方式沟通师生的思想感情，逐渐融合为师生的信念情操，培养和激发师生的群体意识和团队精神，最终实现学校的发展和师生员工人格的提升。很多大学在制定校训的过程中，通过召开座谈会、书面征求意见、网上投票讨论等方式广泛征集师生员工的意见，使师生员工通过校训方案的创作成为爱校教育活动的传播者、弘扬者与践行者，从而增强师生的文化认同，提升师生对于学校的归属感、自豪感和荣誉感。如东南大学在百年校庆到来之际，经过广泛的讨论，多方征求专家学者的意见，决定恢复"止于至善"的校训。还有相当一部分大学的校训，把国家、民族、社会的利益与学校的追求紧密联系、统一起来，帮助师生员工明确奋斗方向，并进行积极引导和激励，提升办学品质和境界。如西安理工大学以"祖国、荣誉、责任"为校训，就将高度的民族自尊心，强烈的荣辱观、是非观，以及对国家、社会、家庭的高度责任感作为完善人格的基本支撑点。上海交通大学 110 周年华诞时，吴文俊院士曾深情地说过，我人生的每一步都牢记着"饮水思源，爱国荣校"这一校训。由此可见，大学校训凝心聚力的功能对大学的发展十分重要。

激励功能是指大学校训作为一种价值观念和行为规范，可以帮助广大师生内心产生一种积极向上的精神效用，激励着大学人去追求真理、发展知识，从而在全校上下形成不畏艰险、开拓进取、奋发有为的进取精神以及相互鼓励、共同进步的激励机制。"在由知到行的跨越过程中，校训可以激励主体在内心深处形成有利于行为活动朝符合主体预先设想方向发展的思想动机，激发主体的主动性和积极性，充分发挥主体的主

---

① 张恒：《思想政治教育视野中的大学校园文化建设》，载《药学教育》，2011 年第 6 期。

观能动性，极大程度体现校训应有的号召性和鼓动性。在主观因素的刺激下，主客观因素协同发挥作用，促进全体师生以积极向上的态度和饱满的精神状态践行道德行为。"①校训不仅是大学生在大学期间的行动指南，更成为所有大学人一生为之奋斗的目标。校训用言简意赅的词语鞭策莘莘学子学而不厌，这种鞭策不仅仅是对提高学习兴趣、树立学习信心、实现学习目标的一种激励，更是对学生在成长道路上提升文化素养、完善人格品质、强化事业追求的一种激励，使他们在校训的督促下明确奋斗方向，坚定理想信念，实现人生价值。如吉林大学的校训"求实创新，励志图强"，激励学生追求真知，明辨事理，独立思考、不断创新；上海交通大学的校训"饮水思源，爱国荣校"，则激励学生志存高远，担当济世；上海财经大学以"厚德博学，经济匡时"为校训，其内涵的精神不仅起到凝聚人心、鼓舞士气、激励斗志的作用，更激发了整个中华民族的政治责任感和历史使命感，在新征程中不懈奋斗，在新发展中贡献力量。

四、强化约束规范

约束功能是指大学校训对大学师生提出了做人、做事、做学问的准则，通过其倡导的精神品质对师生的思想和行为进行约束，按照社会和学校所期望的方式规范学校师生的观念意识和行为品质。大学校训约束人们的行为，包括硬约束和软约束。硬约束主要是制度约束。制度文化作为规范人们行为的手段，将行为规范用文字予以明确表述，无论是他律还是自律，都带有一定的强制性，对做了违禁之事的人予以处罚。如学分管理制度，学生必须按照人才培养方案修满规定的各类学分，符合必要条件方可毕业，一旦达不到就无法顺利毕业。软约束具有非强制性，它能使信念、价值观等在师生心灵深处形成心理定式，造成一种心理压力，从而弥补硬约束的不足。校训不同于真正意义上的校规和校纪，校训没有建立纪律规定，也没有对教师和学生提出强制性要求，但可以促进教师和学生将校训背后的约束力充实到已有的内心的道德训令中。校训的约束功能在很大程度上促使校训发挥软约束的无声"训示"作用，充满了劝诫和启迪。校训以文字的形式呈现师生的行为要求和道德规范，以无声、无形的形式对校园师生产生潜移默化的约束作用。无形命令一旦形成，就会使每一个大学生都自觉地按照无形的命令的要求进行自我建设，约束自己的言行。即使一些人出于各种原因有一些不健康的思想、

---

① 巫秋芸、吴禹霏：《对高校校训思想政治教育功能发挥的思考》，载《重庆城市管理职业学院学报》，2018 年第 3 期。

言论和行为，他们也会受到这个集体正确舆论的挤压和塑造，这自然会使他们纠正思想、收敛行为，最终走上正确的轨道。因此，对于学校的每一个成员来说，校训不是一种外力，而是一个人的自觉行为。就像"处幽兰之室，久而不闻其香"，自觉自发地将校训所传达的理念内化为自身的价值尺度，并据此来调节、规范自身行为举止。内部约束力越强，外部约束力将自动越弱。从长远来看，校训将成为个人的自觉行为。教师和学生会自觉和本能地约束自己，敦促自己朝着校训所传达的理念前进。正是在校训的影响和约束下，大学生自觉约束自己的行为，践行校训的要求，进入社会后努力学习，愿意成为使社会"大机器"正常运行的"小螺丝钉"，并在此过程中实现人生价值。

　　教育的本体是"人"，其最终目的是实现人的自由全面的发展。虽然"自由全面的发展"是一种理想化状态，但却是教育所应当努力追求的目标。因此，大学校训要突出强调个体的知识增长与进步以及个人的自由发展，同时还要重视个体的责任感和服务意识，要求个体敢于和勇于承担社会责任，要有为国家、为社会乃至为全世界的进步与发展贡献力量的责任感与使命感。如中国医科大学的校训是"仁慈谨慎，博雅汇通"，明确地提出了医护人员应该有的职业道德，医护人员的责任就是保护人民的生命和健康，医护人员要不忘初心牢记使命，为民健康保驾护航，践行仁慈谨慎的人道主义精神和博雅汇通的医学精神。再如北京师范大学的校训"学为人师，行为世范"，这是学校性格和气质的集中体现，树立以身作则、博学多闻、因材施教的师德培育理念，指明了新时代中国教师教育的培养目标。还有连云港职业技术学院通过"德才兼备，知行合一"的校训对学生的思想和行为进行了规范与约束，坚持德技并修、工学结合的育人机制，着力培养兼具工匠精神和职业技能的现代高职学生。

　　习近平总书记曾在全国高校思想政治工作会议中指出，"要更加注重以文化人以文育人，广泛开展文明校园创建，开展形式多样、健康向上、格调高雅的校园文化活动，广泛开展各类社会实践"①。校训已成为校园文化的亮丽名片，也是大学独具特色的"文化名片"，其汇聚了中华优秀传统文化、当代社会文化、外来多元文化，与思想政治教育内容之间相互契合，在立德树人方面发挥着指引作用，对学生文化素质以及品格德行的养成均具有重要的作用和意义。新时代大学校训应保持它作为文化先驱所具有的超越性的精神指引力量，充分发挥铸魂与育人的功能。

---

　　①　习近平：《在全国高校思想政治工作会议上的讲话》，载《人民日报》，2016 年 12 月 9 日。

第五章　大学校训实践维度：
实现铸魂与育人的途径

习近平总书记高度重视实践育人，强调"学到的东西，不能停留在书本上，不能只装在脑袋里，而应该落实到行动上，做到知行合一、以知促行、以行求知"①，校训的作用贵在行动的支撑，贵在大学人的自觉践行。本章聚焦大学校训的实践主客体、实践过程、实践载体三个方面来推进大学校训实践育人工作落实落细，从而为实现大学校训铸魂与育人提供科学依据和行动指南。

第一节　大学校训实践的主客体

大学校训是实践的产物，而人是实践的主体。在教育实践领域，主体与客体是同一个事物，即教育的双主体。提出思想政治教育"双主体"理论的陈秉公教授在其著作《思想政治教育学原理》《主体人类学原理》中提出，在教育教学过程中"教师与学生"都是主体，通过"双主体"互动实现教育教学目的。因此，校训发挥铸魂与育人功能，通过实践校训来实现大学校训铸魂与育人的作用，也应该遵循"双主体"理论，即包括大学校长、大学教师、大学生和大学校友既是教育主体，也是教育的客体。大学人不仅是大学文化的创造者，而且也是大学文化的创造物，是大学文化构建、发展的主要推进主体。大学人的主客体性表现为他们思想和行为既受到大学校训的影响，又在大学校训实践过程中清醒认识自身的主体地位和使命担当，主动传承校训、传播校训和创新发展校训。本章重点探讨依托大学校训实践主体，通过对象化活动，把自身本质力量外化形成独特的大学文化，从而保障大学校训功能的实现。

一、大学校长是大学校训实践的倡导者

大学校长不仅是一所大学的领导者，更是大学校训的倡导者、组织

_____

① 习近平：《在北京大学师生座谈会上的讲话》，《人民日报》，2018年5月3日。

者和实践者，他们的办学思路和理念在一定程度上决定着一所大学的发展方向和办学水平，他们的人格魅力、文化底蕴、社会责任、卓越风范更是关系着一所大学校训发展的质量与品位。

（一）大学校训与大学校长

大学校长是大学校训的形象代表。从一般意义上来说，大学校长是大学精神的化身，是大学文化个性的体现者，须有大的文化格局。"有文化"的含义有三。其一，大学校长必须具有较高的学术造诣。"术业有专攻"，以学者标准来要求自己，而不是以官员自居，让学术归学术，官场归官场。其二，大学校长必须具有高度的文化情怀。"谈笑有鸿儒，往来无白丁"，做到谈吐不俗，举止高雅，行为谦谦。其三，大学校长必须着力追求大学的学术卓越。"独上高楼，望尽天涯路"，大学校长要懂教育、负责任、有魄力，掌握高等教育发展规律，把握国家对高等教育的要求，了解国内外先进的高等教育理念，从而更好地治理学校，促进学校的发展。更进一步，大学校长必须具有深刻的治校理念。大学校长是学校的行政管理者和责任承担者，能否进行有效的决策直接影响着学校能否实现整体发展，这要求大学校长要为大学的使命、目的、方向等做出正确的判断和选择，要有前瞻性的办学思想，善于扛起时代赋予的责任，善于引领、团结学校的每一分力量，带领干群、师生一起去奋斗、去探究、去发现、去创新、去超越。他必须着眼于大学服务社会和自身发展的需要，倡导一种顺应时代潮流、符合大学办学规律、适应本校校情的文化理念，并通过在大学行政权力与学术权力之间设置边界，达到为学术权力张扬服务的目标，使之蔚然成风。

大学校长是大学校训的提倡者。有学者认为："大学校长是大学行政的最高领导人，大学校长对一所大学的创建、运行、革故、鼎新、发展都具有决定性的影响和作用。"[①]还有学者指出："在一定的外部环境下，大学校长角色的定位直接影响到他所在的大学事业发展的成败。回顾历史发展的长河，我们可以看到，中外著名大学的发展无不与一个或几个著名的大学校长联系起来。哈佛大学与艾略特、柏林大学与洪堡、中山大学与孙中山、北京大学与蔡元培、清华大学与梅贻琦、厦门大学与陈嘉庚等。"[②]哈佛大学的成功，得益于一批大学校长。俗话说："火车跑得

[①]　陈立志、张锐：《论高校内部"治理结构"的完善与优化》，载《攀枝花学院学报》，2012年第2期。

[②]　黄丽芳、龙佳：《试论大学校长的角色演变及其定位》，载《韶关学院学报》，2010年第1期。

快，全凭车头带。"大学校长作为高校的掌舵人，在美国高等教育发展的各个时期，都扮演着非常重要的角色。如乔丹（David Jordan）之于斯坦福大学、怀特（White）之于康奈尔大学、吉尔曼（Daniel Gilman）之于约翰·霍普金斯大学、塔潘（Henry Tappan）之于密歇根大学、赫钦斯（Hutchins）之于芝加哥大学，这些大学校长在美国大学的发展过程中发挥着至关重要的引领作用，某种程度上奠定了美国现代真正意义大学的基础。杜威曾这样评价蔡元培："拿世界各国的大学校长来比较，牛津、剑桥、巴黎、柏林、哈佛、哥伦比亚等等，这些校长中，在某些学科上有卓越贡献的，不乏其人；但是以一个校长身份，而能领导那所大学对一个民族、一个时代，起到转折作用的，除蔡元培外，恐怕找不到第二个。"①中外著名大学在它们发展和崛起的过程中，常常伴随着一位或数位著名的校长。历史证明，一流的大学必有一流的校长，一流的校长必然有其独特的教育思想。史有彪炳，蔡元培这位"学界泰斗、人世楷模"，以他所提出的"循思想自由原则，取兼容并包主义"的先进办学理念，改变了旧北大官僚衙门般的管理体制，将北大从沉闷守旧的文化气息中解放出来，改造成为一所真正具有现代意义的大学。多年来，他身体力行，积极致力于北大教育理念的宣传教育，成功地将北大的办学传统和文化特色传承下来。

大学校长是大学校训的杰出践行者。在一定意义上，一个好校长就是一所好学校，一流的大学校长即是一流的大学本身。一流的大学校长既要有战略，也要有战术，创造一切有利于"思想"产生的环境和氛围，凝聚集体力量、发挥集体智慧，极力推行其教育变革社会的抱负和信仰。当一所大学拥有了卓越的大学校长，就能在实践中实施路径和技术层面的具体操作，创造一种推动高水平大学科学发展的大学制度，又在理论创新的基础上不断指导和推进其发展，历经岁月风雨，总能淬炼深化。经过全校师生长期营造、积淀而成的文化气息和精神氛围，会滋养和陶冶大学本身。纵观世界大学发展的历史，无不透射出大学校长教育思想的引领。在世界高等教育发展史上，只有那些能使大学跟上社会的发展而保持生机与活力，并使其走上独特的发展之路的校长，才有能力使他所在的学校成为著名大学，而且他自身也能成为使人终身铭记的著名校长。如中国科学技术大学的校训"红专并进，理实交融"就源于首任校长郭沫若作词的校歌和他在 1959 年开学典礼上题为《勤奋学习，红专并进》

---

① 高平叔：《北京大学的蔡元培时代》，载《北京大学学报（哲学社会科学版）》，1998 年第 2 期。

的致辞。郭沫若先生倡导"勤奋学习，理实交融，红专并进"的优良校风，而后逐渐提炼和概括形成了"红专并进，理实交融"的中国科学技术大学校训。校训既彰显了中国科学技术大学红色大学的属性，又突出了其以前沿科学和高新技术为主的鲜明特点。"红专并进"代表学校始终坚持社会主义办学方向，坚持科教报国、追求卓越的初心使命，为党和国家事业发展培养担当民族复兴大任的时代新人；"理实交融"代表学校坚持科技报国，追求卓越的初心使命，坚持科学与技术紧密结合，坚持在学中干、干中学，学以致用，不断探求真理的价值追求。这八个字将为人、为师之要，治学、治教之道，尽含其中。在以校训"红专并进，理实交融"为灵魂的大学精神感染下，中国科学技术大学以其独有的魅力构成了中国大学史上一道亮丽的风景线。

（二）大学校长实践大学校训的路径分析

我国著名教育家陶行知先生说："校长是一个学校的灵魂，要想评论一个学校，先要评论它的校长。"[①]在学校管理中，校长在学校管理中的地位和作用可以使其从学校管理的各个层面影响学校的教学、科研和行政管理工作。以推进大学校训实践的顶层规划、具体落实和日常实践为抓手是大学校长（领导者）实践大学校训的基本路径。

（1）推动形成大学校训实践工作新格局。大学校长要从坚定文化自信、坚持和发展中国特色社会主义文化，实现中华民族伟大复兴的高度，切实把大学校训实践工作摆在重要位置，加强宏观指导和顶层设计，提高组织化程度，把大学校训实践工作纳入学校整体发展规划，整合各类资源，调动各方力量，形成党委统一领导、党政群协同推进、各实践主体共同发力的大学校训实践工作新格局和集体研究阐发、教育普及、保护传承、创新发展、传播交流协同推进的新体系。

（2）科学构建大学校训实践新体系。大学校长要围绕立德树人根本任务，按照一体化、分学段、有序推进的原则，把大学校训实践全方位融入三全育人各环节；构建大学校训研究与实践课程和教材体系，开设大学校训文化研究与实践文化必修课，在哲学社会科学及相关学科专业和课程中增加大学校训文化相关内容；丰富拓展以大学校训研究与实践为核心内容的校园文化建设，实施经典诵读工程、传统校训解读工程，开设大学校训文化公开课，举办大学校训教育研究优秀成果展示活动。

（3）强化落实大学校训实践新保障。大学校长要推动大学校训实践相

---

① 《陶行知文集》，江苏人民出版社 1981 年版，第 106 页。

关扶持政策的制定与实施，注重政策实施的系统性、协同性、操作性，激发大学校训各实践主体的能动性与创造力，打造一批底蕴深厚、涵育人心的优秀项目；要加大专项资金支持力度，统筹整合相关资金，支持大学校训研究与实践重点项目的立项与实施；发挥榜样示范带动作用，选树一批得住、叫得响、传得开的大学校训实践先进个人和先进集体，为大学校训实践提供可复制、可参考的先进案例；完善大学校训实践的激励表彰制度，对在大学校训实践中作出突出贡献的个人和集体进行表彰奖励。

进入新时代，中国大学普遍重视大学文化方面的研究。2019 年人民网在陕西西安举办的大学校长论坛，其中东北大学副校长孙雷教授以"高等教育现代化的难题与破解之道"为主题，阐述中国的教育现代化需要用中国特色的大学文化引领。一是中国的教育现代化，应该是中国现代大学五大功能的现代化，即人才培养、科学研究、服务社会、文化引领、高等教育的国际化合作五个功能逐渐递进发展。中国高等教育的现代化需要这五个功能同时现代化。二是中国的教育现代化，特别需要大学文化的传承与创新。高等教育要想有长足的发展，离不开大学文化的不断丰富和滋养，尤其离不开具有相对稳定性的大学校训的熏陶作用。三是中国的高等教育现代化，特别需要大学和本地实际、地域、中国特色以及这个时代赋予人才的需求紧密联系之后进行不断创新。

总之，大学校长在凝练构建特色校训时必须做到：以特色校训承载高度的社会责任感和强烈的历史使命感；用特色校训传承厚重的文化学养和宏大的精神追求；以特色校训推动一以贯之的办学理念与文化传承。大学文化的迷人之处在于它永远处于变动不居的发展中，不同的时代，不同的大学人对大学校训等大学文化进行与时俱进的阐释，赋予了大学文化不息的生命力，而准确、与时俱进地阐释校训内涵也是实践大学校训的前提。大学校长作为大学校训实践的引领者，要立足民族与高校传统，关照时代精神，对校训内涵进行时代解读，灌注新的时代精神和要求；要针对校外具有广泛社会意义的文化议题，以个人的勇气和信念发表意见，从而体现对社会公共利益的关照以及精神的引领。唯有这样，学习者才能够以增加知识的储备为目的、在系统性基础之上进行创造性工作，整个社会也才能够踏入和谐发展的良性循环大道。

（三）着力提升大学校长的大学校训实践能力

大学校长是一所高校文化航线的领航者，其治校理念决定着大学校训及其特色的兴衰存废，其人格操守直接关联着大学校训的精神风骨，其专业修养可以改变大学校训的学术质地，除此之外，大学校长的个性趣味还影响着大学文化的构成与品位。因此，大学校长要强化自身文化身份认同，强化自身修养，做一个集多重角色于一身的立体的校训先行者。

1. 强化文化身份认同

关于大学校长的身份定位，历来是学术界讨论的热点。克拉克·科尔认为："大学校长应该有四种角色：一是作为调解人，他要解决各种矛盾和纠纷；二是作为发起人，他要推动学校的各项工作；三是作为斗士，他要为自由和质量战斗；四是作为形象的创造者，他要为大学创造一个良好的社会形象。斯坦福大学荣誉校长卡斯珀尔把美国大学校长扮演的角色概括为九种：庞大机构的领导人、特殊的首席执行官、大学理事会成员、募捐人、教育家、学者、公众人物、社会工作者、娱乐伙伴。我国学者王洪才认为大学校长应该扮演好四种基本角色：一是学术利益的代言人，二是国家教育政策的执行人，三是教师的楷模，四是社会利益的主动反映者。"[①]无论如何定位，大学校长的职责之一仍然是文化管理。作为大学个性文化，大学校训的发展主要依托以教育教学能力水平的发展为主体的教师文化和以人文精神和科学精神的融合为核心的学生文化；作为大学文化个性的引领者，大学校长的作用主要在于对这两大文化方向的引领和管理上，这是以大学校训为代表的大学个性文化的内涵所在，也是人类高等教育重视大学的原因所在。因此，大学校长也要把注意力放在服务于以大学校训为代表的大学文化个性的发展上，这也是这一身份的职责所在。

2. 培养理性哲学素养

这里的哲学素养是指大学校长要执着于"对智慧和理性的热爱"。这种哲学素养对大学校长来说是一种核心素养，是人解决复杂问题和适应不可预测情境的高级能力和人性能力，这些能力包括语言运用、信息素养、自我理解、反思能力、创新精神、实践能力、合作参与、社会责任和国际理解等方面，也包括分析与综合、抽象与概括、发现问题和解决问题等多种思维能力。拥有这样的哲学素养就能使大学校长在大学校训实践过程中理清并准确地回答：什么是真？什么是善？什么是德？什么是理性？什么是智慧？什么是大学校训所传达的真正理性的思考？什么

---

① 王瑶琪：《功能·领导力·角色定位：现代大学与大学校长》，载《北京教育（高教）》，2019年第10期。

是校训倡导应该追求的？什么是应该避免的？进而就能确立和坚守大学校训的发展哲学，将一个相对不变的、恒定的、一代又一代追求的校训文化作为大学发展的永恒基调。

3. 秉持大历史观研究方法

党的十八大以来，习近平总书记多次谈到"大历史观"。所谓"大历史观"，简言之，意味着大学校长要秉持一种整体化的文明思维与历史意识，将考察对象置于纵深历史长河与广阔空间背景，善于从宏观历史进程、时代发展大潮、全球风云变幻中分析演变机理、探究历史规律，考察和阐释事物的发展进程。回顾总结一个多世纪来我国近现代大学发展、变革的文化脉络可以看到，大学作为一种文化组织，是在特定历史时期的背景下产生的，与文化的时代变迁和历史文明的阶段性发展有着深刻的联系，是守望和变迁的结合。在与社会文明的协调发展、矛盾运动的辩证过程中，大学突破时空的限制，在保持普遍共性的基础上又以民族文化的样态进行了多元的演变和发展，在继承本民族的优秀文化基础上，积极吸收借鉴外来文化的合理因素，在长期办学实践中催生出独特的大学精神和大学功能。文化的流动性，文明的融合性，决定了任何一所大学校训的积淀与传承都是历经数千年历史积淀而形成的永恒价值。世界上不同文明类型的中外大学都对以大学校训为代表的大学文化传统有所贡献，互为补充，共同构成一个整体。"非新无以为进，非旧无以为守"，大学校长要在大学校训实践中形成大历史观，深入研究本民族传统文化、世界各民族传统文化和高等教育文化，守望大学精神传统的同时要"与时俱进"，注入时代精神的元素。

4. 积累文化协调能力

大学校训的实践主体——"大学人"是由若干跨专业与跨学科的师生组成的。学科、专业、课程等的不同塑造了师生不同的知识观、专业观、认知观。可以说，大学人不一样的价值观，是其背后的文化差异所致。因此，在大学校训实践过程中，大学校长要认真对待和考量不同学术主体的文化差异性，理解不同学科背景的学术主体，怀着开放、包容的态度来理解每一个学术共同体，协调不同文化主体在校训实践中想法、感受、习惯上的差异性，吸收多样化的文化思想，针对不同文化主体的文化接受和认同程度来进行大学校训实践的设计与安排。

二、大学教师是校训实践的引导者

1931年12月2日，梅贻琦在清华大学的就职演讲中说："所谓大学者，非谓有大楼之谓也，有大师之谓也。"大学教师长期学习、工作、生活在大学校园，对大学的了解更深、感情更浓厚，他们认同所属大学的文化并能够理性分析大学的历史、现状及未来发展趋势，是大学校训文化的传播者与引导者。作为大学校训实践的主体，大学教师要承担好育人责任，守好一段渠，种好责任田，不断增强大学校训实践的有效性和实效性。

（一）大学教师与大学校训实践的关系

1. 大学校训是高尚师德内涵的浓缩

自古以来，中华民族就有尊师重教、崇智尚学的优良传统，尊师重教是中华民族的传统美德，甚至有"一日为师，终身为父"的说法。国运兴衰，系于教育，而教育的兴衰，则系于教师。"师者，人之模范也"，若要育人，先要律己。教师的职业特性，决定了合格的老师必须首先在"修身立德"上率先垂范。在当代社会，师德是基于特定职业活动和场域、具有道德意蕴的一套规范。师德教育是师范教育的灵魂，许多师范类院校的校训大都演绎着师德的深刻内涵，一般都勉励师生要有"师"者之心，仁爱之德，学识和品德并重，以不断提高自己的师德水平。南京晓庄学院的"教学做合一"校训，倡导一种"教人求真"的教风和"学做真人"的学风，其目标是要追求真理做真人，要做知行统一的人，真正地实现"人生为一大事来，做一大事去"。另外，大学校训还是优秀教风的风向标，教风指的是一个学校的教师在教学精神、教学态度和教学方法等方面所表现出来的爱好或习惯，教风是基础和前提，是良好学风的根基和导向，教师严谨治学的品格以及务实认真、锲而不舍、坚韧不拔等人格特质，有利于营造优良的校风、学风和班风。

2. 大学教师是大学校训实践的中坚力量

大学校训是大学精神的灵魂，必须有人时时刻刻坚定地守护和捍卫。显然，大学教师应当是大学校训最坚定的守护者、承担者、践行者。一所大学的办学水平、办学质量，取决于大学教师的水准、学术水平、科研能力及回馈社会的效益等，而良好大学文化的传承和发展同样需要大学教师思想观念、价值取向和行为方式等潜移默化的影响。不同的大学文化会形成不同的价值观，不同的文化价值观会使人们选择不同的文化，从而使师生选择不同的认知体系和道路。大学教师作为一个职业群体，长久供职于一所大学，对自己所在大学的办学理念、办学特色、学校精神、发展历史等有深刻的感受和体悟，对本校的校训有深刻的理解。"可以说，大学文化就是教师发展的土壤，影响着教师发展的基础和动力，并具有强大的渗透性、持续性和稳定性"①，根植在教师内心的大学文化，其价值观导向影响着教师发展的方向。从大学教师的身份来看，教师是学生与学校之间的桥梁和纽带，良好的师生关系就像一个纽带，把教师和学生紧紧地联系在一起，这就决定了大学教师不仅是校训的传递者，更是大学生践行校训的引路人。优秀教师不仅是学生增长知识的导师，也是人类思想文化的传播者，以及各种人才的培养者，而且他们能以德育人、以才育人、以情激情、以行导行，让自身行动成为校训的最好阐释，引领大学校训实践。

（二）大学教师实践大学校训的路径分析

教师队伍是大学课堂教学、科学研究、社会服务、文化传承创新及国际交流与合作的主要群体，是大学发展的核心力量。大学校训的形成和作用的发挥，需要大学教师的全心投入，大学校训的践行离不开全体教师的积极参与和身体力行。

1. 在三种文化实践中践行大学校训

党的十八大以来，高校思想政治工作呈现持续深化推进的发展态势，党和国家不断改进和加强高校思想政治工作，习近平总书记强调："要坚持把立德树人作为中心环节，把思想政治工作贯穿教育教学全过程，实现全程育人、全方位育人。"大学教师作为学生日常思想政治教育的主要实施者，要将大学校训渗透贯穿教育教学、学术科研和日常生活全过程，在文化实践中形成校训实践合力。首先，要在教育教学中践行大学校训。大学教师要将大学校训自觉贯穿于自己的教育教学工作中，积极参与大学历史文化的挖掘与大学校训的凝练，深刻理解大学校训的内涵，既要在自己的教育教学工作中积极向学生宣传大学校训，又要结合自己的切身体会主动向学生讲解大学校训，更要在自己的教育教学实践中体现大学校训，增强学生对大学校训的理解和认同。其次，要在学术科研中践行大学校训。大学教师要将大学校训自觉贯穿于自己的学术科研工作中，既要在深入研究的基础上发文解读大学校训，又要在学术交流活动中传播大学校训，更要在科学研究实践中践行大学校训，增强大学校训的感染力。最后，要在日常生活中践行大学校训。大学教师要将大学校训自觉贯穿于日常生活与社会服务中，既要在人与人的日常交往中传播大学校训，又要在为社会服务的具体实践中展现大学校训，增强大学校训的影响力，促进大学校训更远距离、更广范围的传播。

---

① 姜美萍：《以大学文化建设助推高校教师发展》，载《高等教育研究》，2013 年第 8 期。

2. 充分发挥两大主体教师群的主导作用

高校德育教师与专业课教师作为大学校训实践的两支主要队伍，两者的协同育人对大学校训的传播与实践发挥着关键作用。一方面，要充分发挥德育教师的主导作用。高校德育教师是道德的培养者、精神的引导者，肩负着培养大学生思想道德素质的重任，通过专业的德育方法，对学生进行道德引领，引导指向学生的道德品格成长，追求个人智力、情感、品德和体质的全面发展。德育课中对校训的传授自不待言，可以将校训与"马克思主义基本原理概论""毛泽东思想和中国特色社会主义理论体系概论"等有关课程的讲授结合起来。中国许多百年高校本身就拥有众多的思想教育资源，如上海交通大学的校史馆于 2003 年被选入上海市爱国主义教育基地，后入全国博物馆名录，除此之外，交大还拥有钱学森图书馆、董浩云航运博物馆等文博场馆，这些都是德育的生动教材。教师可以从中挖掘课程所蕴含的思想政治教育元素和所承载的思政教育功能，把文化的生命力嵌入思想政治教育中，使两者有机结合，促进校训德育功能的发挥。另一方面，要转变教师观念走专业化道路。要改变传统育人模式的关注点，不断提升自己的专业思想、知识和理论，要充分发挥德智体美及其整体教育结构的协同育人作用，运用全学科思维和情景化呈现保证学生的参与度，从而达到预期的目的。要鼓励和动员专业课教师在专业课程讲授过程中创造性地融入校训教育内容，如历史课可讲授校训的历史发展，了解中华优秀传统文化，增强学生的民族认同感，丰富自己的见识；政治课可以把中国大学校训放在国际视域里来考察，通过横向比较中国大学校训和国外大学校训进一步认识自己；文学课可讲授校训的传统渊源，培养学生传统文化素养，增强对民族文化的自豪感和自信心；美育课程中，可从美的角度讲授校训的美感，提高学生审美水平、培养审美能力，陶冶高尚情操、塑造美好心灵。

（三）着力提升大学教师的大学校训实践能力

大学教师不仅要具备一定的知识，更要具有人文关怀；不仅要追求真理，更要担当社会责任，努力强化自身作为知识分子和文化实践主体的文化自觉。

1. 知性文化自觉

教师是一种专业性比较强的特殊职业，教师职业与教师身份的专业性决定了教师权力是一种专业性权力，作为一名教师必须认同教师的专业性和独特性，注重自身的专业化发展，有效地传授基础知识、技能，并使其转化为学生的教养。大学教师作为大学校训实践的主体，其价值在于传授学生专业知识和道德精神，这不仅为学生奠定了安身立命的基础，也影响和塑造了他们的思想灵魂。因此，大学教师不仅要博览群书，学以致用，熟悉艺术和科学，还应该能够将深厚的专业知识与校训实践相结合，将校训精神传播到高等教育的各个单位，成为学生学习和健康成长的向导。

2. 德性文化自觉

从本体来看，"在心为德，施之为行"，无论是师德"本心"的载体——教师，还是"施之为行"的对象——学生，其指向都是人，立德在人，树人更在人。"经师易遇，人师难遭"（袁宏《后汉纪·灵帝纪》），"道之所存，师之所存"（韩愈《师说》）。教师必须是有道德的人，必须自觉履行教师的职业道德规范。大学教师文化育人不仅表现在获取扎实的学识、较高的学术造诣方面为学生作表率，更重要的是不断提升自身的职业道德素养，坚持以德立身、以德施教、立德垂范。诚如梅贻琦先生所言："学校犹水也，师生犹鱼也，其行动犹游泳也。大鱼前导，小鱼尾随，是从游也，从游既久，其濡染观摩之效，自不求而至，不为而成。"这就是榜样示范的作用，即大学教师在认清角色定位和提升职业素养的同时，扮演着学生善良德行的哺育者角色，用自身丰富的学识、流畅的语言、广博的修养、高尚的情操、得体的举止、勤勉的态度爱护学生、感染学生、引导学生、打动学生，做学生为学、为事、为人的示范。

3. 心态文化自觉

所谓心态文化，是指人们的社会心理和社会意识形态，包括在尊与卑、荣与辱、是与非、褒与贬等方面表现出来的文化心理倾向，是文化的核心或精华。在校训实践过程中，大学教师要以高贵的品质、豁达的思想、脱俗的行为涵养高尚的人格魅力，在教书育人的文化实践中无声撼动大学生的心灵，促进大学生的品性养成；在教育教学实践中，以超越自我、追求卓越、实现人生价值等为标准和努力方向推动形成良好的教风，扎实推进大学校训实践。

三、大学生是校训实践的重要主体

大学生接受良好的高等教育，有着深厚的文化功底与敏锐的创新意识，是担当文化传承创新使命的主体，能够使大学文化薪火相传、历久弥新。大学生作为大学文化的主体，不仅是校训的受教育者，也是校训建设的参与者、传播者和践行者。

（一）大学生与大学校训实践的关系

1. 大学校训是大学生的行动指南

大学校训是大学生的行动指南，对大学生的各项行为发挥着引领、导向功能。所谓行为导向即按照道德、教育法律法规的准则和要求，在行动上对人和事物作出正确的引导。大学校训对大学生行为的导向功能体现在：不断对自己的思想品质进行自我锻炼和自我改造，增强集体荣誉感和工作责任心，坚持实事求是的原则；养成良好的心理品德，增强正确评价自我、正确认识现实、正视逆境的能力以及对社会的适应能力；培养良好的学习品德，形成合理的知识结构，提高学习能力；追求生命的价值和人自身的完美，发展人性及完善人格等方面。"成立于 1477 年的图宾根大学的校训为'Attempto'（我敢做）。这句话可以让人产生许多联想，可以理解为作为学生要在科学上敢于尝试一切，也可认为学生想做什么就可以做什么。这一校训吸引了大批年轻人，在拥有 8 万左右人口的图宾根市，每 4 人中就有 1 人是大学生。或许是'我敢做'校训的激励，图宾根大学培育出了众多大家，如'天上的立法者'开普勒、德国哲学集大成者黑格尔、德国最伟大的诗人荷尔德林、浪漫主义诗人乌兰德、艺术童话大家豪夫、客观唯心主义哲学家谢林、与中国文化颇有渊源的黑塞以及我国著名外交家乔冠华，都曾在该大学就读。"①

2. 大学生是大学校训实践的主体

大学文化的建构、大学精神的铸造，归根到底要落脚到每一个老师和每一个同学身上来。

在大学校训实践中，大学生不仅是一种对象性存在，也是一种主体性存在，对大学校训实践发挥着主体性作用。主体意识的强弱从某种程度上决定着主体对自身发展的自知、自控、自主的程度。在校园这个组织里，学生一直是这个组织的血与肉，校园灵魂的建设也是由这些不断更新的"血与肉"在教师的指导下共同创造的。如东北大学学生自编自导自演的第一部校史话剧《离离原上草》，以抗日战争为时代背景，以东北大学建校、迁校、复校为时间轴，通过东北大学最早一批学子的人生轨迹，还原了近代中国的历史风貌，将"自强不息，知行合一"的校训精神彰显得淋漓尽致，这是大学生以自己的方式主动参与大学校训实践的最好例证。作为大学校训实践的主体力量，大学生能够用自己的行动激荡传统开启新风，从而使大学校训不断获得新鲜的血液而生机勃勃。大学生作为校训实践主体还体现在

① 柴野：《不雷同的校训》，载《视野》，2021 年第 9 期。

整个国家和民族文化层面上，在建设人类命运共同体的过程中，大学生能够以世界的眼光、全球的视野和兼容并蓄的态度吸纳世界优秀文化，在大学校训实践中促进民族文化的传承创新和人类文明的交流互鉴。

（二）大学生实践大学校训的路径分析

大学生是大学的主体，也是思维最活跃、可塑性最强、对大学情感最深的群体，是大学发展的希望和未来，大学校训的践行离不开大学生的主动融入和自觉实践。因此，调动学生的自主性和能动性，鼓励学生对校训的自我理解、自我解读，尊重学生的个人感受和独特见解，直接影响到校训功能的发挥。

1. 主动参与，制定校训

发挥校训的育人作用，必须师生亲身参与制定校训，反复征集师生意见，满足师生员工的知情权，采用集思广益的方式，通过全校师生的民主参议，让文化与管理集中师生的智慧，从而制定出体现学校特色、与时代精神高度契合的校训。北京理工大学原校训为"团结、勤奋、求实、创新"。2010年8月26日，为了迎接70周年校庆，北京理工大学党委在广泛征求全校师生员工和校友意见的基础上，确定了学校的新校训——"德以明理，学以精工"。这一校训既是建校70年来几代师生员工秉承着"矢志教育报国"的理想、实践着"勇担强国使命"的初心的真实写照，展现了学校70年来的历史积淀和办学特质，又是新的历史时期全校师生员工开拓进取、再创辉煌的新起点。

2. 积极了解，内化校训

大学校训是反映大学历史传统、特征面貌的一种精神文化资源，是在长期的教育传承中逐步形成和发展起来的。第一，大学生要在学习过程中深刻理解大学校训的内涵和实质，主动了解大学校训形成的历史过程，用心感悟大学校训内涵之崇高，共同品味校训精神价值之温度，感念校训精神传承之美好，进而在学习实践中自觉践行大学校训。第二，大学生要了解和喜欢校训，对自己学校的校训有认同感和归属感，使校训扎根于心灵深处。

3. 努力传播，践行校训

大学生要在校园生活中按照大学校训的要求，展现出大学生的精神风范，无论是与人交往还是参加活动，要时时以校训精神提醒自己，处处以校训精神要求自己，把校训升华为自身的一种修养，外化为自觉行为准则，对大学校训进行认识、感受、体悟、解读和内化，自觉成为大学校训的学习者、宣传者、实践者。同时，大学生要在以后的工作中主动传播和弘扬校训精神，不仅要用自己的实际行动潜移默化地影响周围的人，还要让校训精神的种子在社会上播撒，让更多的人知道、理解和认同大学校训。

（三）着力提升大学生的大学校训实践能力

1. 守公德，提升人格修养

社会公德是社会公共生活的道德准则，指一定社会的人们为维护社会正常生活所共同遵守的行为准则。社会公德约束每一个人的行为，并指向某行为的每个主体，是为大多数社会成员所公认的最简单、最起码的公共生活准则。2019年10月，中共中央、国务院印发了《新时代公民道德建设实施纲要》，把新时代公民道德建设提升到实现中华民族伟大复兴中国梦的高度去认识去谋划去布局，推动我国精神文明建设再上新高度。建设社会主义和谐社会其中重要一环便是大力培养大学生的社会公德。大学生是新时代公民道德建设的关键主体，是社会建设和发展的主力军，有责任在践行社会公德中起引领作用，在道德方面对自己提出更高的要求，做到遵纪守法、爱护环境、节约资源、诚信待人，以较好的公德进行社会活动，给别人做出表率，以实际行动带动、影响他人，促进社会的文明与和谐。在具体的社会实践中，青年学生要将校训中蕴含的人生哲理、价值取向付诸实践，从现在做起，从小事做起，以大学人的身份要求自我，培养公德意识，养成良好的文明习惯，做文明和谐校园建设的倡导者和建设者。

2. 深探究，理解校训丰富内涵

校训对本校的创建历史或文化背景有所反映，包含着较多的信息。从校训功能发挥的主体和对象而言，管理者、教师、学生、校友等应铭记校训、践行校训，将校训所产生的力量内化成为伴随一生的精神财富。目前，虽然每所大学都有各自的校训，但宣传力度不够，还有部分教师、学生未探究其深刻含义，存在校训和学校、教师、学生分离的状态。我们必须改变这种现状，通过各种途径，对校训文化进行更加深入的挖掘与解析，督促师生学习校训内涵，通过学习校训、领悟校训，内化校训精神，使校训理念的精髓深入到每位师生员工的心灵，使大家自觉地投入到校训的实践当中去。通过持续有效的宣传教育活动，做到校训校风文化人人学、人人知、人人懂，学校价值观念和育人理念、学校的各项规章制度才能得到有效贯彻和执行。

3. 勤实践，不断提升综合素养

实践是检验真理的唯一标准，实践出真知。创新创业训练教育是目前高校培养学生创新创业能力的重要手段，大学生要在专业技能上，在创新、创优、创业的精神培养上，在培育专创融合人才的理念下，践行校训的思想实质，发挥校训的育人功能。一方面，大学生要积极参加校内实践活动，如军政训练、社会调查、生产劳动、志愿服务等，在参与实践活动的过程中挖掘校训的价值内涵和文化底蕴，进而使校训深入人心，做到认同校训的价值理念并内化为自身行为指南；另一方面，大学生要积极参加校外社会实践。通过积极参加课外实践基地、社会调研、专业实践、志愿服务等方式深入社会，认识国情，既能清晰找准自身定位、发挥自身优势，努力弥补自身存在的不足，也能在学习校训的过程中提升自我效能感，进而提升校训教育质量，更好地将校训精神、核心价值观传递至社会。

四、大学校友是校训实践的长期参与者

"校友"是学校的名片，是大学人才培养成果的最直接体现，也是大学文化在社会的延伸和拓展。校友资源是校友自身作为人才资源的价值，以及校友所拥有的资金和物资，作为学校与社会之间重要的沟通资源、信息资源和形象资源的总和。总体来看，"校友的成就是母校社会声望的主要资源，校友的高尚品德和先进事迹是母校重要的育人资源，校友的捐资捐赠是母校发展的财力资源，校友的工作经历和创业经验是母校教育教学改革的智力资源，校友的人脉关系和社会影响是母校开展各种活动的公共资源，校友的评价和赞誉也是弘扬母校优良传统和办学理念，进一步打造母校品牌的舆论资源"[①]。因此，校训文化的传承与推广也要充分借助和利用校友这一重要载体。

（一）大学校友与大学校训实践的关系

大学校训作为大学精神文化的外化，对于校友具有潜移默化和持久深远的影响。当校训作为一种精神力量潜入个体之中，个体会将精神与实践相结合，并付诸实践即"知行合一"。

1. 大学校训是大学校友永恒的文化指引

"校友"一词的英语单词为"Alumni"，源于拉丁语"Alumnus"，其原

意为哺育婴幼儿。"母校"的英文是"Alma Mater"，意思是"生育养育的母亲"。现常用来形容"母校"是人们对自己曾经毕业或肄业的学校的一种称谓，怀有感激之情。从词源上看，校友作为大学人才培养的成果，"校友"与"母校"这两个词有着密切联系。校友文化是一种以学缘关系为基础的共同体文化，指的是校友与学校、校友与校友、校友与社会之间所产生的物质、文化、人才等方面的交流，以情感维系、价值认同、沟通交流、服务回馈为价值追求的精神现象。"校友文化，宛如一种特殊的气味，萦绕在校园里，似乎隐身不见，细细观察却又真切地在你身边……"大学文化是校友文化培育和发展的土壤，校友文化是大学文化生生不息与枝繁叶茂的体现。好的大学校训，对于大学生来说是一种价值领航与行为指南，对校友来说则是永恒的精神图腾，其内涵历久弥新。世界著名大学排名指标中，有一项是"校友捐赠比例和数量"，清华大学的捐款校友占校友总数的比例在2009年年底达到25%，与美国排名第25位左右的大学相当，在国内高校遥遥领先。而这一伟大成就的取得正是得益于清华大学校友会在"自强不息，厚德载物"校训指引下，形成了"爱国奉献、爱校感恩、爱友互助"的校友文化。由此可见，大学校训是大学校友永恒的文化指引。

2. 校友是发扬校训精神的重要力量

校友作为学校所创造的"产品"，是大学使命与功能的社会延续和伸展，在弘扬母校办学宗旨、办学理念、打造母校品牌等方面都具有不可替代的重要作用，是一所大学的大学精神和办学理念的实践者和传承者。校友在校学习期间，不仅能够拓宽认知面，同时获取专业的前沿状况，还在学习过程中受到了大学精神和大学文化的熏陶，母校认同正是对大学独特价值、生活方式、文化气质的体悟、反思、模仿、内化。这不仅使他们具备了优良的专业能力，还具有了优良的做人准则，即对从业者的道德需要，这有助于他们在激烈的社会竞争中脱颖而出，促进校友意识的传承和校友精神的发扬。广大校友广泛分布在各条战线、各行各业、各个地区，就像学校散布在社会上的一张张信息网，构成一个庞大的信息系统。他们最了解社会和企业对科技、产业、教育的发展需求信息，拥有潜在的人才资源价值和财物、技术、品牌、文化等资源，是学校重要的社会信息资源。校友捐赠指标是世界一流大学彰显其综合实力、教育教学质量、社会影响的重大标志。例如耶鲁、哈佛、斯坦福等大学，每年校友的捐款数量惊人，哈佛大学接受捐赠基金2020年为419亿美元，超过了100个国家所拥有的财富。重庆大学诞生于风雨飘摇的年代，学校以"耐劳苦，尚俭朴，勤学业，爱国家"十二字为校训，培养了一大批为国家富强、民族复兴、人民幸福贡献力量的杰出校友。如前往重庆武隆大山深处当村官，带领乡亲们实现脱贫致富，从而获得"中国扶贫开发人物"称号的罗雪娟，在海地维和时牺牲、为祖国赢得了荣誉的中国第七支驻海地维和警队队长赵化宇，他们都用自己普通的、却又可歌可泣的事迹，表达着对国家、对民族、对人民的深厚感情，终其一生践行着"耐劳苦，尚俭朴，勤学业，爱国家"的校训。

（二）着力提升大学校友的大学校训实践能力

校友是校训的主要传播者、弘扬者和践行者，在弘扬校训精髓、宣传传播校训精神中扮演着独特的角色。"校友在各自岗位上所取得的成绩是学校赢得社会声誉的重要体现，彰显了学校品牌；校友的奋斗经历和成长之路不仅代表他们自己的能力以及母校的成功培养，更激励着在校学生奋发向上的信心斗志，是对在校学生进行思想教育、专业教育和素质教育的宝贵资源；校友对母校的寄语和期待，促进学校寻求更加科学合理的教育教学模式，使母校在办学过程中形成独具特色的育人文化；校友积极促进学校与社会的联系与合作，增强了学校为社会服务的功能，是学校寻求可持续发展的必由之路。"[①]因此，在内化校训的过程中要充分发挥校友的能动作用。

（1）植入文化基因，增强校友文化吸引力。在培育和建设校友文化的实践过程中，建设具有本校特色的校友文化，有利于推动学校事业更好发展。将"校训""校史""校歌""校徽""校风""校规"等转化为文化元素，将精心设计、寓意深刻的校友身份标志，有机融入各学院门厅、走廊、楼梯等处陈设的校友文化墙、校友风采录中，珍藏定格历届校友青春年华，编织校友的精神纽带，更是让校友情谊在每一圈年轮中增长，这不仅是校友认同的精神文化，是联系校友文化的精神纽带，更是一种共融共通的意识追求，有助于强化广大校友的身份认同、心理归属。

（2）提升服务层次，激发校友文化源动力。通过学术、交流、合作、联谊等活动为校友提供获取新知、拓展资源、共建合作、互助发展的机会。在办好校庆日、校友毕业周年纪念日等活动的同时，力所能及地为校友返校的住宿安排、活动场所、接送车辆等工作做好服务。在参观学校、集体合影、恩师预约、相聚晚宴、短途旅行等环节，为校友提供"一

---

　　①　戚音：《校园文化视角下的校友资源共享研究——以宁波职业技术学院"名片工程"构建为例》，载《齐齐哈尔大学学报（哲学社会科学版）》，2010 年第 3 期。

站式"服务，积极为校友与校友、校友与母校合作发展搭建平台，增强校友与母校齐心协力为祖国作贡献的责任感，做好校友工作的自觉性和主动性，激励校友对大学精神传承与创新的参与度和荣誉感。

(3)搭建互动平台，强化校友文化广泛认同。结合校友和校训特色，收集、整理一批校友工作、创业优秀事例，编撰成教材、案例、事迹等用于校史校庆、就业创业教育、校园文化文宣传等方面；设立校友奖助学金，捐赠图书、仪器和硬件设施等捐助在校生，创造校友回馈母校和社会的平台，助力学子成长成才；定期邀请学校的知名校友为学生们进行讲座，促进校友与学校之间的交流联系，在讲座过程中，渗透校训文化，如在"港珠澳大桥建设中的河海校友"系列报道中，就有从小受家庭影响，立志为国家水利、港口航道作贡献的校友故事。

第二节　大学校训实践的过程

马克思说过"一个行动胜过一打纲领"，毛泽东强调"实事求是，力戒空谈"，习近平总书记告诫"空谈误国，实干兴邦"。一则优秀的校训不能仅仅满足于文辞优美，振奋人心，更要追求其对实践主体的化成效果。作为大学文化的子系统，大学校训实践过程的设置既要符合大学文化实践的基本规律，又要体现和突出校训文化实践的特殊性与差异性，更要将实践主体的个性化、差异化需求作为首要因素进行考量。本书在总结多年大学文化研究经验的基础上，将大学校训实践的过程设置为大学校训的广泛传播、大学校训的持续教育、大学校训的不断优化三个层层递进的闭环式结构体系。

一、大学校训的广泛传播

传播是人的天性亦是文化的本性，一部人类发展史就是一部多元文明共生并进的历史。文化传播随人类社会的产生而产生，又随着人类社会的发展而发展，没有文化传播，便没有人类文明。作为大学文化的子系统，大学校训的传播是完成大学文化流动的重要环节，流动的大学人是大学校训传播的承载者。在传播的过程中，一代代大学人用自己的想象、情感和行动不断地读懂校训、传播校训，从而完成了大学校训的生生不息、念念常新。

（一）大学校训传播的内在价值

大学校训肩负着传播大学精神和大学文化的重要责任，不仅对高校发展影响深远，还对民族传统文化的传承与创新、时代精神的表达与彰显以及世界文明的交流与互鉴具有重要意义。

1. 推动高等教育的内涵式发展

党的十九大报告提出，要"加快一流大学和一流学科建设，实现高等教育内涵式发展"。党的二十大报告再次强调，要"加强基础学科、新兴学科、交叉学科建设，加快建设中国特色、世界一流的大学和优势学科"。实现高等教育内涵式发展是建设教育强国的关键方面，也是党中央、国务院为中国高等教育发展明确的方向，赋予的新使命。大学校训文化是以学校为载体所形成的特殊文化形式，是渗透到每一所大学的办学宗旨、管理制度、学科建设、师生活动等各个方面的一种文化符号，是一所大学最具特色的文化名片。校训在形式上是学校文化的主体，处于大学文化的最高层，并逐步演变为代表大学整体价值追求的主体精神。大学校训文化能够潜移默化地发挥不可替代的"正能量"作用，它能把大学人与学校自觉、主动地紧密联系在一起，将其价值取向、行为准则自觉引向学校确定的目标上，实现对学生文化思想熏陶和道德情感培养，最终实现大学的教育目的。因此，系统地发掘、拓展大学校训的内涵与外延，进一步增强对校训文化的理解与认同，是大学文化多样性发展、大学自身文化本质诉求及在继承的基础上，通过文化创新实现文化超越的需要，也是立足育人需求，辐射历届师生精神世界的过程，能够进一步把握住大学文化建设以及文化价值观塑造的方向、进一步提升大学文化底蕴和内涵、推动高等教育的内涵式发展，使其在引领学校高质量发展中发挥无穷力量。

2. 民族文化的彰显与时代精神的培育

从本质上说，大学校训文化属于大学精神文化范畴，集中体现了学校的办学理念和治校精神，突出了学校的历史传统和文化积淀，折射出一所大学的文化话语、文化品位和文化根脉。它不仅是一种文化现象，是人们智慧和创造力的产物，同时是一种历史现象，是在长期的历史发展过程中形成的，更是一种被社会认可的价值判断，内含着社会心理和意识形态，是民族精神、时代精神、教育使命和校训文化价值目标的指向。纵观中外大学发展史，校舍可以变迁，师生可以流动，设备可以增减，始终不变的是学校最为深沉的文化根基，那就是大学校训。作为民族文化的子系统，大学校训的建构、优化与传播，必须立足于本民族的传统文化，传播和彰显民族文化中最核心、最先进、最精华的文化内涵。大学校训传播能够培育和弘扬时代精神。作为一种社会意识，大学校训要随着社会存在的变化而不断地发展变化。大学校训作为一种稳定的、深沉的文化积淀，并不意味着固定不变。相反，大学校训之所以能够成为大学人永恒的价值表述与文化表达，恰恰是因为它在传播过程中能够不断地跟随时代的变化，丰富新的时代阐释、注入新的时代元素、培育和弘扬新的时代精神。

3. 促进世界文明交流互鉴

促进文明交流互鉴是当代大学的使命担当。大学承担和承载着世界文明交流互鉴的思想传播、文化研究、共识表达、内涵建构以及实践行动的时代使命。大学文化理论及实践诸多重要议题，更是持续推进教育领域改革、持续加强质量文化建设，深化人文交流互鉴，推动人类文明进步以及不同文明体互鉴中不可或缺的重要领域。古今中外大学校训传播中的关于追求知识、服务社会、坚守真理、人文化成等共性价值追求的倡导，将为世界文明交流互鉴提供共同的文化主张与价值共识，与此同时，各大学校训传播中所蕴含的独特的文化品位、文化主张又为世界文明交流互鉴融入了多样性元素。可以说，作为一张独特的文化名片，大学校训的传播极大地促进了世界文明交流互鉴，实现了高等教育与世界的深度对接。

(二)大学校训传播的内涵与特性

大学校训的传播是双向的、多层次的。对内而言，大学校训传播的过程就是大学校训与每一位大学人的双向文化交流互动的过程。校训文化不断地滋养、浸润、引导大学人文化气质的提升，而大学人则依靠自身的学识养成、知识结构等不断地丰富大学校训的文化内涵与时代阐释，最终形成一校独特的校训文化和具有独特文化气质的大学人，引领社会文化发展，推动人类文明繁荣。

1. 大学校训传播的内涵

传播是人的天性也是文化的本性。人类文化是一个不断流动、演化着的生命过程，它一旦产生就有一种向外"扩张"和"传递"的冲动。大学校训传播是指通过大学校训信息的传递、接受与反馈，来加强校训文化的知晓度和覆盖面，以达到彼此共享、互动、共识的社会行为、活动和过程，从而提升整个大学文化的内涵和层次。从学理的角度看，大学校训传播关涉大学校训建构和优化及其运行规律、传播效应、辐射影响等范畴体系，涉及大学校训的传播要素与内容、传播主体与受众、传播载体与途径等领域。从应用的角度看，大学校训传播是通过一定的传统大众媒介和微传播，在大学发展变迁过程中开展大学校训实践，为满足高等教育价值诉求、凝聚大学人精神文化需求、增加社会精神文化财富、引领新时代文化建设而提供的一种重要方法和途径。

(1)大学校训传播的要素与内容

大学校训总是依托于一定的传播要素，采用一定的形式，形成一定的传播内容，向接受者进行信息传递和交流，发挥其文化育人功能。作为大学文化建设的核心内容，大学校训的传播要依赖或依托于大学文化建设的相关要素与内容。

物质文化传播。学校物质文化是学校文化的空间物质形态，是学校精神文化的物质载体。

大学校训传播可以选择宣传栏、橱窗、电子显示屏、校园广播等一系列传统宣传模式，并将其与网站、视频、微信公众号、户外电子显示屏、室内外广告栏等现代化自媒体宣传模式相结合；还应该充分发挥党团组织和学生会、研究生会和有关学生社团等宣传力量的独特优势，推进校训优秀传统的宣传。另外，校训传播往往依托于校园空间，通过自然环境和人文环境的景观化处理，把校训内容物化为校园景观，如以楼、栏、窗、廊、墙、石、亭为载体，设置各种标语牌，使校园在满足大学人感官愉悦的同时，把校训巧妙地列入校园景点之中，以具体的形象表达思想，传达感情。不少学校以校训作为道路的名称，时刻勉励广大师生牢记为学、为事、为人的规范，引导学生树立为国家富强、民族复兴而奋发成才的远大理想。如厦门大学围绕"自强不息，止于至善"的校训设计了一系列有特色的学校建筑、教育教学设施、文化设施及校园景观等基础设施，建设体现校训精神的山水园林校园，嘉庚楼群正是校训精神的良好体现。

精神文化传播。优美、安全的校园环境是一种无声的文化，生动地体现着一所学校的文化品位和精神追求。大学校训往往通过校园精神文化建设给师生创造一个有形而庄重的心理"磁场"，发挥其"润物细无声"的作用，并形成相对的定式，左右人的行动。校训教育作为高校思想政治教育的重要内容，其实施应围绕校训精神开展，使之成为有滋有味、有声有色，让学生真心喜爱、终身受益的校园文化活动，如通过学术论坛、生活讲座、文艺交流、故事创作等活动开展校训文化教育，并有机结合志愿服务、社会实践、公益活动等平台和载体，让受教育者在活动中深化对校训的理解和认同。充分利用入学、毕业、校庆日等重要的时间节点，通过校庆纪念、新生入学教育、开学典礼、毕业典礼等环节，将校训写入获奖证书、奖章、徽标、印章、纪念章、录取通知书、毕业证、纪念册、学生证上，尽可能多地让校训出现，使校训对学生真正有启发，而又避免严肃的说教，设计让学生一进校就记住学校的校训。

制度文化传播。大学校训既是大学的价值观，又是办学的理念，同样需要制度的建立与落实加以保障。校园制度文化作为校园文化的内在机制，包括学校的办学理念、方针、规章制度、工作规范等，是学校内化、经常化了的程序、规矩、依据和准则，也是校园文化建设的保障系统。要将校训外化为基本规则、固化为办学制度，完善体现校训要求的校规校纪、教师手册、学生守则等行为准则，使校训成为师生日常工作生活的基本遵循，促进大学生对校训精神由外在强制性规约逐步向内在行为驱动力转变。

（2）大学校训传播的主体与受众

大学校训传播主体包括大学的领导者、管理者、师生员工、校友等，他们是大学校训的缔造者和培育者，也是大学校训的传播者。大学校训传播的主体与受众的角色是互动的。要充分调动传播主体的积极性与主动性，"在校内，教职员工要采集、编码和传播有吸引力、有教育意义的文化内容，发掘大学文化的理念、价值、实践和模式等，最大限度地激发学生、社会公众和网民接收大学文化的内容和动机；在校外，大学要注意文化讯息的共享性，这是实现大学文化传播的首要条件，只有文化内容易于被理解和认同，传播者和受传者才会主动去传播和反馈、才会满足各自需求，实现传播目的和传播效果"[①]。

（3）大学校训传播的媒介与载体

媒介是指传递大规模信息的中介，是文字、声音、图形和图像、动画和视频等的总称，一般又称大众媒介。大学校训传播的媒介即大学校训传播的阵地和载体。从广义上来讲是指大学校园里所有可以传承、弘扬和发展大学校训的载体、场所、设备及会议，同时涵盖第一课堂和第二课堂；从狭义上来讲是指大学校园传播媒介，主要包括报纸、杂志、说明书、挂历等印刷媒体，电视、广播、电动广告牌、电话等电子媒体，以及以网络传媒为代表的新型媒体和由文化传播技术和网络媒介工具所形成的融媒体。媒体融合是异质媒体之间的跨界整合，属于媒体再造的高级阶段。在大学校训的校园传播媒介建设中，在做强做大传统媒体、新媒体的同时要持续发力促进融媒体建设，要充分利用融媒体在现实社会和网络社会中的协同效应，不能仅仅局限于传统媒体和新兴媒体在形

---

① 武超群、刘潇：《融媒体时代大学文化传播模式及传播力探究》，载《北京教育（高教）》，2019年第3期。

式上的简单叠加。各种校园传播媒介要立足特色、互为借鉴、相互融合，利用多载体的传播过程，构建纸面载体、网络载体、移动终端载体融为一体的立体化大学校训传播平台。

2. 大学校训传播的特性

文化传播具有社会性、目的性、创造性、互动性和永恒性的特点。作为大学文化、社会文化的子系统，大学校训传播在立足一般性规律的同时还具有自身独特的多元性、系统性、开放性、客观性等特性。

（1）多元性

大学校训传播的多元性是指大学校训传播层次多元、内容丰富、方式多样。按照传播范围的不同，大学校训的传播可分为内部传播和外部传播两个层次。大学校训内部传播的主要面向对象是大学人，通过将校训文化传播深入校园文化生活的每一个角落，实现大学校训的导向、协调、凝聚、规范等功能，强化大学人对大学校训的认同、内化和践行。大学校训外部传播的对象是校园以外社会环境中其他的单位和个人，主要包括各级行政机关、各级教育行政部门、各类学校及其他教育机构、企事业单位、社会团体及公民等。大学通过校训文化传播，让最具有评价力的社会公众来充分认识自己的文化，并塑造兼具文明度、知名度和美誉度于一体的良好公共形象和外部环境，引领社会文化的发展与进步。按照大学校训传播方向的不同，大学校训的传播可分为横向传播和纵向传播两个层次，大学校训的横向传播主要指各大学间的校训文化交流与互动，大学校训的纵向传播主要指校内不同时期大学校训的传承、借鉴、发展与创新。按照大学校训传播的类型不同，大学校训传播可分为校内传播、大众传播和网络传播等，大学校训在传播时，尤其要善于借助校园网、学校官方微博和微信，以及二级单位的网站、微博和微信等为依托的网络传播，扩大大学校训传承创新的辐射力和向心力，以最接地气的方式培养学生的文化自信。

（2）系统性

大学校训传播中，主体、客体、信息、途径或媒介以及反馈组成了一个较为完整、有序的传播系统。大学校训传播是一个有机整体，而整体失去其某一组成部分也难成为完整的形态而发挥作用，对其任何一个组成部分的研究都不应孤立进行，而是要在整个系统中加以观察和研究。大学校训传播系统不是简单的要素堆积和混合，而是由这些相互关联、相互作用的要素组成的有机整体。因此，在大学校训传播系统的构建过程中，要从系统论的角度出发，协调处理好整体与部分之间的辩证关系。

（3）开放性

大学文化是社会文化的重要组成部分，它依存于社会文化之中，又反过来为社会文化注入营养，二者互动交流，相互作用。文化传承与创新作为大学的一项重要职能，决定了其掌握前人积累的文化成果，扬弃旧义、创立新知，并传播到社会、延续至后代，因此，大学校训传播也必然融入社会文化传承之中。实践表明，大学文化的发展与民族文化乃至人类优秀文化的发展都是息息相关的。大学校训遵循各民族文化一律平等的原则，在其文化传播中肩负着保护和弘扬本民族文化的重要使命，只有在民族平等的基础上，才能做到世界各国人民相互尊重、和平共处，共同促进世界文化的繁荣，同时，只有面向世界、博采众长，加强不同形式文化之间的交流合作，学习、吸收和借鉴各民族优秀文化成果，才能不断推动文化自身的创新。大学校训传播系统的开放性要求大学校训传播除了要做好大学校训与社会文化的交融、引领外，也要尊重大学内部包含的各个组织之间的文化传播。

（4）客观性

大学文化是大学人特有的活动和存在方式，是一种客观存在，具有自身的客观性和规律性，故而大学校训的传播要遵循客观规律，在潜移默化中发展和演化。事实上，文化传播常常是人与人、人与群体、群体与群体之间的社会文化信息的交流与互动过程，就文化接受主体来说，对传播来的文化的接受也是一个有选择的过程，而不是全无筛选的全盘接受。当两种文化发生碰撞的时候，相冲突部分的潜在价值往往被忽视，不相冲突的互补部分容易被重视。对于校训的接受不是盲目的，一个文化体系在其演变中总是要排斥那些不利于自身体系稳定的文化，吸收那些自身文化能够容纳的新内容。实际上，大学校训传播常常以组合的方式出现，形成更多的交互与传播模式。认清大学校训传播的客观性，是大学人价值判断、价值选择和价值认同的自然结果，要尊重大学人作为主体在价值认同过程中的心理发展规律。

（三）提升大学校训传播力的着力点

从系统论的视角来看，大学校训传播是大学校训信息从校园到现实社会、从校园网络到网络社会、从师生到校友和公众、从国内到国外的流动过程。做好大学校训传播应抓好以下两个着力点。

1. 提升大学校训传播主体的传播素养与实践能力

文化传播是由人这一主体来呈现和完成的，流动的大学人是大学校训传播的永恒载体，强化大学校训传播主体素养要做好以下三个方面。

（1）丰富传播手段，拓展大学校训的传播渠道

对一所大学而言，校训文化的影响力不仅取决于具有独特魅力的文化内容和文化品牌，而且也取决于先进的传播渠道和强大的传播能力，因此，既要充分利用以教师和学生为主体的大学校园传播媒介，又要充分发挥大众传播媒介的作用，实现大学校训的有效传播。在网络环境下，传播主体要充分利用先进的信息技术，借助多样化的传播工具，拓展"信息技术＋大学校训"的传播渠道，建设网络媒体生态（如媒体业态、内容语态、传播时态等），打造独具特色、专业化的全媒体平台，构建文化育人、网络育人的长效机制，实现互联互通、共建共享的多元化传播。在大学校训实践过程中，综合运用新媒体，不仅是吸引青年学生的关键手段，也是高校文化育人工作主动与社会趋势相衔接、积极走在舆论与传播前线的表现。在人人都是自媒体的时代，弘扬、践行校训精神，高校更要坚持导向为魂、移动为先、内容为王、创新为要，在体制机制、政策措施、流程管理等方面加快媒体融合发展、提升舆论引导力的步伐，建立融合传播矩阵，打造融合产品，在依托融媒体建设、践行校训精神上下足功夫。

（2）明确传播目标，丰富大学校训的特色内容

由于大学校训具有多样性和共享性的特点，传播主体需研究不同文化群体或不同地域、族群、宗教、性别文化的差异以及媒介接受习惯、媒介使用习惯等。据此，系统需要分析受众的各项指标差异，适应受众的口味，满足受众的需求，运用算法推送等各种现代科技手段定制精准化、个性化、差异化的文化内容和合适的传播渠道，有针对性、目的性地传播，满足不同受众多样化的文化需求。只有分清自己的主要受众，牢牢把握主要受众的传播偏好，才能完美地把信息传播出去，并使受众的思想和行为按照传播者的意图发生相应的改变，才能使其主动了解和认识大学校训，甚至是选择性地接受和认同，以实现校训文化"文化育人"的目标。具体而言就是要注重受众的体验，满足多样化、个性化需求，把校训传播的对象、校训文化浸润的主体放在中心，提供他们想看、想听的东西。坚持内容为王，讲道理最好的方式就是讲故事。比如，"2019 年 3 月以来，一场名为'青春，为祖国歌唱'的网络拉歌活动在全国多所高校唱响，青年学子献歌中华人民共和国 70 华诞，展示新时代青年与祖国共奋进的爱国情和报国志。从民族特色到行业先锋，从碧波蓝天到绿水青山，从原创 RAP 到民歌改编，从鼓乐演奏到美声演绎……除了有深情演唱，更有戏曲、朗诵、舞蹈、独白、快板、手语、情景话剧

等多种表现方式，高校师生们用丰富多彩的演绎方式释放着青春的热情和创造力。"①这场轰轰烈烈的网络拉歌活动，给学校师生的爱国情找到了一个宣泄的出口，其本身就是高校文化建设、校训精神弘扬的一部分，是一堂生动的思想政治教育课。网络拉歌活动吸引学生在网上、线下两个平台大量转发、传播，这种创新让爱国爱校教育、爱国精神培育、校训精神传承走出课堂，走上网络，将理论与实践鲜活地结合在一起。

（3）创新传播理念，发掘大学校训的传播策略

在网络时代，传播主体需要创新校训传播理念，以"文化传播、民间话语、学术话语"为本位，以更加开放的心态和更加开放的姿态，将校训文化建设的内容融入学生专业学习的各个方面，渗透到学校管理、教学组织、科研活动的各个环节，在潜移默化中实现传播者的主观意图和最佳的传播效果。"构筑大学生思想政治教育的文化高地，还要增强网络的主控权，大力发展我国大学的网络文化。"②首先，要准确把握融媒体时代大学校训文化传播的规律，通过互动 H5（第五代超文本标记语言）、小程序、小游戏、VR（虚拟现实技术）等方式鼓励用户关注与使用，扩大一级传播范围；通过微信、微博等平台自觉加入传播队伍，推动网民的自觉分享、二次扩散传播，提高校训文化传播的效率和效果。其次，要充分发挥高校资源优势，积极研发和创作大学校训网络文化产品，推出融语音、视频、图文、微动漫、情景再现为一体的系列讲座与课程，打造校训文化建设工作精品项目，探索建立"多形式加工、多终端适配、多形态传播"的大学校训网络文化产品供给体系，扩大活动的覆盖面和影响力，认真做好推荐作品的审核把关，不断增强大学校训网络文化作品的吸引力和竞争力，持续巩固壮大主流舆论，为大学校训的弘扬和内化提供良好的生态环境。最后，要灵活利用"四微"（微信、微博、微电影、微视频）等新型宣传平台，加大可视化产品的供给，以图、文、音、视相结合的形式，有效调动受众的感受力与想象力，这种无形的调适和引导，要比硬性的说教和规定更容易被大学生所接受，也更加有效。如上海海事大学围绕校训撰写了《上海海事大学"忠信笃敬"校训与社会主义核心价值观》等一系列文章，在微信、校报上宣传校训，弘扬中华优秀传统文化；"锲而不舍，止于至善"是重庆第二师范学院的校训，利用微电影、微博、微信等新媒体，传达其不懈探索、追求至善境界的校训精神，已

---

① 刘博超：《多所高校网络拉歌唱响爱国强音》，载《光明日报》，2019 年 6 月 9 日。

② 骆郁廷、魏强：《文化发展视域下的大学生思想政治教育》，载《思想理论教育》，2012年第 5 期。

成为该校一大特色。

2. 制定科学统一的大学校训传播方案

大学校训传播作为系统工程，要进一步加强其传播的规范化、科学化，制定科学统一的传播方案，做到规范管理、全面推进。要坚持"内内融合"，整合校内媒体资源，实现传统媒体与新媒体和谐共生，形成一个由单向传播变成多向传播，由平面传播变成立体传播的媒体场；还要坚持"内外融合"，促进校内外媒体融合联动，搭建互惠共赢的传播平台，构建起校训文化传播的立体体系，提升大学校训传播的实效性。

（1）整合校内资源，加强大学校训校内传播

大学校训是一所大学文化精神的表达，要使之发挥应有的作用，就必须通过各种手段，加强校训传播力度与广度。首先，要发挥舆论阵地的导向作用。利用校内外报纸、广播、电视、校园网、宣传窗口、校刊、简报等舆论阵地，有组织、有步骤地开展广泛的普及宣传。同时，也可以邀请大学知名学者以讲座、报告等形式介绍校训的生成过程，深入解读校训。其次，要加强校训的视觉宣传。在校园宣传方面，校训的内容应具体化到大学整体规划设计中，如将校训内容做成雕塑景观直接展现在入口显眼处，也可以将校训附着在石碑、栏杆、校门、校园平面图、广告牌、路线图、招牌、宿舍门牌、校园招牌、绿地固定标识、一卡通等标识上，积极发挥师生的自主性，极大调动全校师生参与大学文化建设和推广中去。再次，要将校训宣传融入学校的管理服务当中去。在管理服务中加强对大学校训的宣传，整合学校相关人力、政策、信息资源，促进学校各职能部门、广大教职员工进一步增强管理育人、教书育人、以身立教的自觉性、主动性，通过对众多关系的协调、服务、整合与制度化，使大学校训所体现的育人理念、育人思想更加具有可操作性、便捷性。最后，要加强校风、教风和学风建设，形成良好的校园文化氛围。校风是学校教学氛围和人文氛围的结晶，是教风和学风的融合，也是校训精神得以传承的有效载体。营造良好的校风，一方面，要加强教风建设，教风是培养学生、提高教书育人质量的一个重要因素，是教学队伍在治教、素养、理念等方面的集中体现。教风决定了"教师怎么教"，决定了人才培养供给一侧的质量。在加强教风建设中必须加强教师队伍建设，建设优秀的教师文化，在教师中大力倡导科学精神和人文精神，真正发挥教师在文化育人方面的主体作用。另一方面，要加强学术研究，鼓励具有原创性的思维和成果。要提高学术道德，培养学生对科学的崇尚精神。教师要增强人文精神，引导学生提高人文素养，用高尚的师德

引领学风，将新时期优良学风落实到求学、教学和治学全过程，坚持不懈地发扬优良学风，为世界一流大学建设提供坚强保障。

（2）构建传播立体矩阵，强化大学校训外部传播

增强大学校训的外部传播力度，提高校训的社会知名度和影响力，是提升大学的社会声誉和文化软实力的必要手段。在学校外部的宣传中，通过对大学校训产生过程的历史回溯，发掘大学校训的精神文化内涵，让更多的人进一步了解大学校训背后的文化故事，体味其文化内涵，以达到大学校训内涵的社会辐射作用。开展好专业实习活动和以社区服务、志愿服务西部为主要内容的社会服务活动，以促进大学生的健康社会化，强化大学校训的传播；要广泛开展仪式教育活动，提高大学生的思想素质和人文素质，通过举行新生开学、毕业典礼等仪式，强化学生的专业理论知识教育和职业道德教育，培育更多具有家国情怀和社会责任感的高层次人才；同时，应当突出强调我国高校在时代进步的潮流中，更多地承担社会文化构建和公共文化服务的职能，特别是担负优秀文化传承、核心价值引领、文化基因耕种、文明成果传播的使命，使大学文化传播成为中国高校"双一流"建设的重要内涵和自觉选择。

（3）重视质量评估，促进大学校训传播持续性发展

质量文化是高等教育内涵式发展的价值核心，大学校训传播更要重视质量评估，保证传播时间的普遍性、范围的广泛性、受众的多样性，做到深入人心、潜移默化。首先，要加强噪声研究，客观评价大学校训传播的效果。要通过分析反馈实效，增强大学校训的传播效果。由于网络传播是以全球海量信息为背景、以海量参与者为对象，参与者在接收信息的同时，可以在线对所获信息进行即时反馈与评价，从而交互式地表达自己的观念、意愿与情感，大学校训的传播会产生一些不同的"噪声"。这些不良的"噪声"通过各种渠道源源不断地向大学生等群体散布、传播，既包括恶意的造谣诽谤、商业诋毁等信息垃圾，也包括"假新闻"和庸俗、粗劣的有害信息。这些"噪声"极易形成杀伤力巨大的"负面舆论场"，造成正常信息无法有效覆盖或被曲解的现象。想要从海量的数据与观点中，区分科学的信号和虚假无用信息即"数据噪声"中的不同类型，从而进行精准应对，就需要提升网络媒介素养和数据敏感性、数据掌握分析运用能力、数据安全意识等，增强对文化差异的敏感性和鉴赏能力，使大学生能够对文化信息和文化现象保持高度敏感性并能主动辨识。其次，分析和评估传播效果，找出差距和不足，主动调整传播策略，构建新的传播模式和传播策略，减少传播策略不当造成的文化误读和传播障

碍，从而更好地指导大学校训的生产控制和传播实践。运用大数据分析方法，构建大学校训传播评价模型，分析提炼大学校训传播的一般规律和个性特质，为大学校训传播提供建设性建议。最后，要形成较为全面的大学校训传播基因库，加强对国内外大学校训传播各类数据指标的长期跟踪和收集，保存各大学在不同历史时期的大学校训传播的各项指标数据，为研究大学传播的历史演进提供有力支撑。

二、大学校训的持续教育

大学人对大学校训的主体意识和文化自觉是自觉践行校训精神的基础，而大学校训教育是校训文化的重要组成部分与表现方式，也是大学人认同校训、内化校训的基础。大学校训教育是大学校训实践内容闭环式结构体系中的中间环节。大学校训的内外受众通过第一阶段的大学校训传播对大学校训有了初步的认知和了解，并在此基础上接受立体、系统、多层次的校训教育，进一步深化对大学校训的认知与内化。

（一）构建"三全育人"的校训教育工作格局

中共中央、国务院印发的《关于加强和改进新形势下高校思想政治工作的意见》明确指出，构建全员育人、全程育人、全方位育人的思想政治工作体系，倡导把思想政治教育贯穿人才培养全过程和各环节。校训文化渗透到高校育人的整个环节中，是立足教育高质量发展新阶段、深化"三全育人"改革、落实高校立德树人教育根本任务的题中应有之义。"三全育人"视域下校训文化融入高校思想政治教育工作既要打造德育一体化格局，打通第一和第二课堂，打破学段壁垒；又要在校内外多种场域及空间范围内都开展育人活动，打破狭隘的不同部门不同业务意识壁垒，提高团队协作意识，实现资源贡献和价值共享，在全校范围内甚至校外、网络空间都形成良好育人氛围；更要充分利用课内课外、线上线下、校内校外等各种育人载体，与主题教育、党团建设、校园文化活动、社会实践活动等途径相结合，推动育人的空间延伸、资源互动、功能重构，将大学校训育人功能的"势能"转化为"动能"。

1. 从育人时间角度：突破固有教育时限观，实现长期效应

打破第一课堂、第二课堂各个育人体系模块的时间樊篱，注重课堂教学、课外教学、校外教学的有机结合，构建以"人格塑造、知识学习、能力培养"为"核心三要素"，贯穿高校培养教育的全过程。坚持从人才成长规律出发，以学生不同学习阶段成长需求和个性特质为基础，采取与之相适应的教学方式，突出教学重点，强化校训文化德育元素同其他育

人途径的融合程度和呈现力度。"在大一阶段，学生刚结束高度紧张的高三生活，对于新阶段、新环境的学习和生活充满了期待。……例如，举办入学教育宣讲会、开展理想信念教育和入党教育、学风建设和学习经验交流会，学生会和社团宣传等。在大二、大三阶段，可以开展'四史'教育、传统文化教育。如组织观看红色教育影片，到爱国主义教育基地或革命老区参观学习，并组织开展丰富的社会实践活动。到了大四毕业阶段，要致力于学生的就业方向和升学压力等问题，及时有效地开展就业与升学指导、个性化心理辅导等活动。"[①]大学生的思想变化是一个动态系统，不同年级学生特点不同，面临的问题不同，要根据入学不同阶段大学生的思想特点、不同年级学生的认知方式、反映特点，深挖高校校训文化内涵和德育元素，加强教学的针对性和有效性，积极开发和探索形式多样、灵活多变、生动活泼的教学方式，贴近学生生活实际，关注学生思想动态，把解决思想问题与实际问题相结合，既要做好学生学业就业心态的指导，又要遵循学生身心健康发展规律，注重学生的人格塑造。

2. 从育人要素角度：协调校内育人主体，实现协同效应

建立扁平化的协同机制，构建相应的信息沟通平台，形成"人人有责、人人尽责、人人参与"的学校教育共同体，以满足不断变化的学生德育需求为基础，设立和构建校训文化育人的党政部门紧密协同，各院系、各部门有效实施，教育主体、学生工作者、行政管理者、后勤保障者等积极参与的工作格局，调动各方力量，引入各种资源齐抓共管，并将其与人才培养、科学研究、服务社会、文化传承与创新等职能有机结合，统筹协调各方资源，形成校训文化德育工作协同育人格局。将校训文化融入思想政治教育工作，要更加自觉地坚持和加强党对高校的全面领导，不断加强和改进高校党的建设，以党建引领高等教育高质量发展，构建"纵向全链接、横向全覆盖、全校一盘棋"的协同育人格局；建立由专任教师、思政课教师、专兼职辅导员、管理服务人员等共同组成的"三全导师"工作队伍，主动把校训文化的丰富资源带入思想政治教育工作中。与此同时，抓好同伴育人文化教育水平，发挥学生干部对于校训文化传播的亲和力和认同度，发挥学生骨干的示范引领作用，做到时时、处处、事事均有育人，切实提升校训文化的德育功能。

---

① 张瑞煊：《"三全育人"背景下高校党建与思政教育之融合》，载《中学政治教学参考》，2021 年第 38 期。

3. 从育人空间角度：利用各种教育载体，实现联动效应

充分发挥校训文化的思想政治教育元素作用，要打通育人的线上和线下、校内和校外、课内和课外等特色教育和实践阵地，在分门别类的基础上实现科学统筹，实现要素作用发挥的协调化和最大化，协调一切教育力量，继而产生协同育人效应。

首先，让校训教育走进课堂教学。将校训与专业课教学、通识教育、创新创业教育等有关课程的讲授与实践活动结合起来。例如在《思想道德修养与法律基础》第四章"加强道德修养锤炼道德品质"这一内容的讲解中，可以与校训中的勤于道德修养，提高大学生道德水平相关内容有效结合，还无形中向同学们灌输以德育为先的精神特征，以此加深受教育者对知和德的理解和认识，促使其不断提高思想道德境界，完善自我。或者学校可以不定期开展及组织与校园文化和本校校训相关的专题讲座，讲座可以由校长主持，并于讲座过程中穿插教师和学生的互动环节。

其次，让校训教育走进校园文化活动。要围绕校训或者以校训为主题开展相关系列活动，创新形式、打造特色、塑造品牌、形成传统，发挥大学校训润物无声的教育作用，如上海对外贸易学院在学校 50 周年校庆前夕在全校范围内启动新校训征集活动，历时 3 个月，广大师生围绕学校的办学特色、办学传统与精神文化热烈讨论，提交 267 条候选校训。随后，在专家座谈会、教授座谈会讨论的基础上，学校再次发动师生多次进行讨论，最终根据师生的意见确定了"诚信、宽容、博学、务实"的新校训。如中国石油大学(华东)的"惟真惟实"、北京舞蹈学院的"文舞相融，德艺双馨"等校训就是体现行业特点的佳作。

最后，让校训教育融入社会实践。为学生提供丰富的实践活动参与机会，通过组织学生利用假期深入厂矿企业、农村山区进行社会调查、了解民情，培养大学生服务社会、服务人民的意识；与企业合作建设爱国宣传基地等，传承企业家精神，汲取前进力量；组织参加生产劳动、勤工助学等培养学生热爱劳动、艰苦奋斗、创新创业的奋斗精神等，让学生感悟"爱国""民生""知行合一"等校训精神的真谛。以东北大学为例，100 多年来，东北大学一直秉承着"知行合一"理念，不断探索。目前，学校已在宝钢、鞍钢、首钢、本钢等大中型企业建立了 150 余个长期稳定的校外实习基地。每年积极组织学生参加"理论之光"社会考察、科技文化卫生"三下乡"社会实践、社区服务、志愿者服务等社会实践活动，让学生们走出校园，在社会实践中不断地接受社会文化的指导，在社会实践中受教育，长才干，真正做到让社会实践成为校训教育的实践平台，

让学生们在实践中感悟并用实际行动传承"自强不息，知行合一"的校训精神。

（二）把校史校训教育融入党史学习教育专题中

2021年11月11日，《中共中央关于党的百年奋斗重大成就和历史经验的决议》充分总结了党的百年奋斗重大成就和历史经验，指出："勿忘昨天的苦难辉煌，无愧今天的使命担当，不负明天的伟大梦想，以史为鉴、开创未来，埋头苦干、勇毅前行，为实现第二个百年奋斗目标、实现中华民族伟大复兴的中国梦而不懈奋斗。"2021年正值中国共产党成立百年，一百年来，一所所高校与党共同见证时代变迁。党史是最生动、最有说服力的教科书，党的历史经验是饱含着成败和得失，凝结着鲜血和汗水，并经过时代淘洗和实践检验而沉淀下来的宝贵财富。高校作为为党育人、为国育才的重要阵地，要以习近平总书记关于教育的系列重要论述和重要讲话精神为根本遵循，将校史校训融入党史学习教育之中，结合党史进一步弘扬校史、秉承校训，是高校须久久为功、持之以恒的大事、要事。

1. 提升校史校训融入党史学习教育的高度

在融入方向上，要建立党史学习教育组织领导机制，从全校党史学习教育的总目标、总任务出发，由上至下、由点及面，层层下发、步步落实。充分利用学校管理机制，从学校管理层下达到各组织社团、学院、班级，由此组成的党史、校史专项工作小组，本着对师生负责的态度，根据师生群体的不同特点，坚持育人为本，整合教育资源，对党史与校史校训的融入式学习做好指挥领导、具体安排，确保组织有力、措施有力、落实有力。调动思想政治理论课教师、党政干部和共青团干部等骨干力量，把大学校训与党史学习教育工作有效结合起来，认真学习学校发展历史、发展故事和优秀校友故事，结合党史学习教育的背景，坚定党史自信，把校史校训融入党史学习教育，转化为实现立德树人根本任务的强大动力。

2. 延伸校史校训融入党史学习教育的深度

在融合程度上，要厘清党史与校史校训的内在逻辑关系，做到历史与现实的融合，充分挖掘校史校训的历史故事，解读时代内涵。围绕建党一百周年、校庆，在重要历史时间节点依托大学校训开展系列活动，弘扬主旋律、传递正能量，让师生汲取党史校史校训的精神营养。高校既要发挥好优秀教师的示范引领作用，弘扬高尚师德，形成良好师风，在其他各类课程的讲授过程中，改变传统偏重理论宣教、课堂灌输为主的方式，运用现代教育技术创造性地设计教学内容和党史学习教育的融合点和生长点，同时要积极开发地方党史学习教育资源，使学生们能够走出课堂，鼓励学生将党史、校史校训学习成果与社会实践活动相结合，进一步培育学生的工匠精神、劳动精神。

3. 拓宽校史校训融入党史学习教育的广度

在融入媒介上，做到"线上与线下""在场与在线""无形与有形"的结合，回顾党的光辉历程，体会党领导力量强大的同时，也体会到中国共产党为国家发展而革命抗争的艰辛历程，感悟高校在特殊历史背景下的奋斗征程，从党史校史学习中激发信仰、获得启发、汲取力量，在师生中厚植爱党、爱国、爱校的情怀。充分利用 QQ、微信、学生社团等各类平台，以当代大学生喜闻乐见的传播载体为基础，如微信、QQ、抖音、学习 App（应用程序）、微博、直播平台等，全面拓宽校史校训融入党史学习教育的广度。扎实推进党史校史线下学习，通过多种方式感悟党史、校史，包括党史书籍、党史画册、珍贵党史视频、红色革命基地等，为学生营造良好的学习体验，将学生学习过程中的理性体验与敏锐感受相结合，再现党史上的峥嵘、辉煌与激情，增强校史校训融入党史学习教育的吸引力、感染力、有效性、针对性。

4. 提高校史校训融入党史学习教育的效度

在融入效果上，要将党史、校史校训学习贯穿于高校发展的始终，建立党史学习教育的常态化和长效化，不是一时的要求和任务，更不是一朝一夕的事情，而是一个长期的系统工程，目的是将校史校训融入党史学习教育的成效转化为高校高质量发展的动力。要将党史、校史校训学习贯穿到学生校园生活的全过程，利用开学典礼、毕业典礼等学校重大活动，鼓励高校开展书记、校长上好"开学第一课""最后一节课"等品牌教育活动，将入学教育、离校教育打造成为高校党史校史教育最鲜活、生动的课堂。将党史、校史校训学习贯穿到日常课程教学中，积极挖掘党史资源中蕴含的精神特质、教育价值和育人功能，遴选党史重大事件和关键场景，在重大党史事件、重要历史会议、重要历史人物解读方面下功夫，让党史校史走进教材、走进课堂、走进头脑，在教学中以校史为重要素材讲述党史的光辉历程，打造党史校史教育"金课"，让党史校史育人接地气、有声势、见实效。

三、大学校训的不断优化

中西大学校训在演变历程、思想内容、表达方式上自成一派，别具一格。从跨文化比较的角度取长补短，借鉴西方校训的先发优势，揭示我国大学校训建设中仍存在目标游移、时空断层、形神失调的问题，对于推进跨文化交际和充分借鉴西方大学校训优点，加强我国大学文化建设、实现校训形象的正向传播以及对大学校训进行优化具有重要理论与应用价值。

（一）中西大学校训之对比

英国学者阿什比认为，任何类型的大学都是遗传和环境的产物。所谓遗传就是早期大学自身发展逻辑对后续大学所产生的影响，所谓环境就是外在条件的变化导致大学组织和制度的变迁。世界一流大学校训的产生与文化品位的历史积淀、办学理念的历史凝练和社会职能的历史演变密切相关。大学校训背后隐藏着文化的发展轨迹，是在传统文化根脉上的勃发和彰扬。

1. 演化历程之对比

中国大学校训的起源，如周谷平教授指出的"中西合璧，相得益彰"，是中西方文化交融的产物。也有学者认为中国古代有校训之型，而无校训之名。还有学者认为《周易》《学记》《大学》里的思想是校训就地取材的源头。就"校训"名称而言，我国古代没有出现"校训"单独成词的先例，其字型借用由中国引入日本的汉字形体"校訓"，但沿用汉字字音，字义也来自日本，"校训"二字引入最早是甲午战争后，首先是来自外国人创办教会大学的"MOTTO"，如圣约翰大学、东吴大学。当时具有中国特色的大学校训先有两江师范学堂，后有南洋公学。之后校训经历民国时的"百花齐放"，新中国成立后的批判、动乱和迷失，改革开放后的复苏和自觉阶段，呈现蓬勃之势。就"校训"实体而言，中国的校训堪称"早发内生"。作为一种"训育"，中国早期的一些"君师之训"可能是中国特色校训的渊源。古代偏爱用"学"字统称各类学校，如殷商的学宫、汉代的太学、隋唐的国子监。也就是说即便存在学校设定校训的现象，古代也不会称之为"校训"。书院的出现使得校训承载"训育"的职能，如南宋岳麓书院的"忠孝廉节"。但至清末教会大学的出现，校训才实现名实统一。中国近代教会大学相继制定本校校训后，"Motto"（校训）实体已然显现并推广。

西方学校习惯将校训称为"Motto"，该词起源于意大利，意为文字简明的题词、题句、题序。关于"Motto"的缘起，有人认为是从《圣经》"十诫"的表达中得到启示转化而成，更多人认为源自军校的军事口号。西方真正意义上的大学校训肇始于英国牛津大学和剑桥大学，在此之前有苏格拉底的修辞学院、柏拉图的学园及亚里士多德的哲学学校，这些只能被视为近代大学雏形。还有西方公认最早的博洛尼亚大学也并无明确校训，但其血液中流淌的宗教底蕴影响了牛津和剑桥，也影响了以后诞生的大学和大学校训，如哈佛大学（1636 年）、耶鲁大学（1701 年）、普林斯顿大学（1746 年）等，无不反映出其源自宗教或受宗教支持建立的特性。随着文艺复兴、宗教改革及工业革命的开展，柏林大学的洪堡率先揭开了德国高等教育的新篇章，在此基础上，大学校训的宗教背景被大大淡化，"求真和科研"被纳入大学的气质品格中。到了 20 世纪，赠地运动的兴起，特别是范海斯"威斯康星思想"的实践，使得西方"服务"职能更臻于完善，如普林斯顿大学、西点军校的校训带有浓厚的服务社会和造福人类意识。总之，西方大学校训的制定随时代主题转换和大学职能演变而更替，历经数百年具有相对稳定性，较之中国而言简单许多。

2. 思想内容之对比

从经典来看，中国校训"在儒家经典或其他古籍中撷取名言警句，秉承深厚的文化底蕴，尽显真知灼见"，《论语》《大学》《周易》等对其影响最大；从内容关键词来看，中国校训"善""诚""德""忠""恕""厚""公"等德性精神非常醒目；"于《周易》卦象而言，其主要强调了乾坤合德的精神，其中又以乾健诚朴、刚毅自强、创造创新、引领一流之乾元精神为主导"①。自"校训"名称引入，西方新式学校体制被接纳、采用并完善后，中国校训也汲取西方大学文化精神中有益成分，并与中国传统文化元典相融合，如"追求真理"之科学性思想，校训关键词涉及"求事求是""求是创新""惟真惟实""格物致新"等；"务实开拓"之革新性思想，校训关键词涉及"日新月异""拓新""独树一帜"等；"爱国忧民"之仁爱性思想，校训关键词涉及"允公""匡时""济群""立己达人"等。

受柏拉图理念论、亚里士多德演绎法以及近代笛卡儿直觉理性影响，西方的科学性文化将宇宙论、认识论与道德论相区分，道德让位于真理，对"自由""求知""求真"的追求一直是大学校训的思想内容，如"真理"（Truth）类（"真理使人自由""真理产生力量""坚持真理"等）、"知识"（Knowledge）类（"知识与虔诚""知识架起桥梁""用知识启蒙心灵"等）、"人本"（Humanism）类（"让生活更美好""百年树人""益智厚生"等）。西方文化也是一种"宗教文化"，英国从中世纪起，教育便是教会的附庸，

---

① 翟奎凤：《近代以来中国大学校训与儒家核心价值的传承延续》，载《江苏社会科学》，2018 年第 5 期。

追根溯源，西方的大学校训都浸润着宗教色彩，如"光明"(Light)类（"让光明普照""要有光""我们追随光明""光明与真理"）、"上帝"(Lord)类（"敬畏上帝是智慧的开端""吾主之光普照"）、"智慧"(Wisdom)类（"繁星纵变，智慧永恒""智慧建城""智慧发轫于此"等）。另外，西方大学校训受"实用主义哲学"和西方"个人主义"思想的影响，"服务"类和"个性化"类的校训也屡见不鲜，如"为国家服务，为社会服务""手脑并用"等。

3. 表达形式之对比

中国大学校训从用语特征来看，以动词词组或短语为主，如"知性""博学济世""教学做合一""博学、审问、慎思、明辨、笃行"等。从句法特点来看，采用平行性结构，句法特点比较单一，如"厚德、博学、求实、创新"。从文体格式来看，陈桂生教授对此进行研究，发现最普遍的是"四言八字"，如"爱国、进步、民主、科学"；其次是二言八字，如"自强不息，止于至善"；再次是四言十六字，如西安交大的校训。从修辞手法上来看，对偶是使用最多的修辞手法，如"学汇百川、德济四海""德智兼修，手脑并用"。除此之外，也运用了比喻，如"志比昆仑、学竞江河"；排比，如"严谨为师、勤奋为学、诚信为人"；反复，如"自立，自律，自强"；嵌字，如"海纳百川，有容乃大"。

西方校训通常以单句陈述或名词短语、形容词词组或谚语短句形式出现，如"在上帝的神灵中我们寻求知识""真理与光明""美好的希望"等。在句法结构上主要有四种表现形式，一是"名词＋（介词/连词）＋名词"，如"Truth，Justice and Liberty"；二是"介词＋名词"，如"By Art and Industry"；三是名词＋系动词＋名词"，如"To Learn is to Change"；四是"形容词＋名词"，如"A Creative Constellation"。西方校训文体格式上较为自由洒脱，不讲究工整和对仗，如"让任何人都能在这里学到想学的科目"；修辞手法以比喻较多，如多伦多大学的"像大树一样苗壮成长"。

（二）从大学校训看中西价值取向的特点

中西大学校训是在不同的办学主体、社会背景、文化传统、办学理念背景下，通过格言、名言、警句等语言形式对其历史传统、文化立场、学术精神、治学态度的凝练与抽象，二者自成一派，别具一格，既有高度相似性，尽显同之美，也有价值取向上鲜明不同，成就异之秀。

1. 同之美

（1）民族传承的共源性

作为一种连续性和累积性的社会现象，传承是文化与生俱来的特征。纵观中西大学校训都与自身传统文化有着无法割裂的原初性关联，与其生于斯、长于斯的自然环境、风俗理念、文化教育等息息相关，与其建校传统、办学理念、治学精神等一脉相承。"系统考察中国古代教育史料，就会发现一些学校设定的言简意赅的学训、学戒、学箴、学铭、学则、学规、学约与现代校训的形式和功能大体相似，有的甚至完全符合西语'校训'（MOTTO）词义。"①不少西方大学校训源于拉丁文并受古希腊、古罗马文化影响。如牛津和约翰·霍普金斯大学校训源于《圣经》，悉尼大学"物换星移，心智相同"借用拉丁语警句，还有耶鲁大学、伦敦大学、杜伦大学等的校训都体现神学教育传统。"世界高等教育发展史表明，大学校训不一定照抄照搬民族信仰、社会理想和国家政策，但一定不会背离民族信仰、社会理想和国家政策。"②

（2）道德引领的互通性

古今中外大学都将道德作为大学的首要价值，如赫钦斯认为"大学教育在知识以外，更应重视德性的问题"，大卫·柏卡斯认为"教育不能与道德相脱离"。作为一种道德资源，大学校训强调道德义务、学者修养和精神守护。就中国大学校训而言，对道德的价值诉求表现得尤为突出和明显，45％的"211"大学校训都有对"德"的描述。正如陈寅恪所说，"吾民族所承受文化之内容，为一种人文主义之教育"。从国外高校校训来看，反映人文取向的校训少之又少，他们鲜有直接提及"道德"一说，多以隐喻形式代之，把道德的价值内涵细化到具体层面，分解为诸如责任、爱国、服务等不同方面，以此体现对德性理念的理解，如匹兹堡大学、宾州大学、爱丁堡大学、早稻田大学、成均馆大学等。

（3）目标规范的约束性

中西大学校训通过箴言、格言、德目、训诲等语言形式对全体师生言行进行指导和警示，从而在大学里形成一种"约束性文化"。《教育大辞典》提出，校训是指"学校为树立优良校风而制定的要求师生共同遵守的准则"③；《现代汉语词典》认为，校训是"学校规定的对师生具有指导意义的词语"④；韩延明认为，"校训，是指学校确定的对全体师生员工具有指向和激励意义的高度凝练的词语或名言"⑤；王顶明等人认

① 张久全、孟焱：《汉英"动静"对比视域下的中外大学校训翻译研究——兼译淮南师范学院校训》，载《淮南师范学院学报》，2018年第3期。
② 李云辉：《从大学校训现状论我国大学精神》，载《黑龙江教育（高教研究与评估）》，2010年第11期。
③ 顾明远：《教育大辞典（简编本）》，上海教育出版社1999年版，第510页。
④ 《现代汉语词典》，商务印书馆2012年版，第1437页。
⑤ 韩延明、徐憬芬：《大学校训论析》，人民教育出版社2013年版，第1页。

为，"校训是一所大学对全校师生员工具有导向性、规范性、勉励性的训示、号召与要求"①。这种"约束性文化"作为一种校训独特的作用形式，通过多种方式规约着和守护着全体师生的行为尺度，使其内化于心，外化于行，固化于制。

2. 异之秀

(1)稳定性内外有别，差距明显

中国大学校训与时俱进，不断完善，继承性和创新性突出。我国大多高校校训稳定性不强，随着大学功能的不断拓展和延伸，进行着顺时应势的完善和调整，可能存在过于跟随时代变化、顺应社会潮流、迎合大学领导人意志变换频繁等不足。在中国不足百年校训历史中，保持最初校训的高校寥寥无几。如1949年前的中国处于内忧外患之中，校训大多具有"爱国、民主、团结、自强"等特点；1949年后，校训大多秉持"服务工农、服务生产"的宗旨；改革开放后的校训多倾向于追求知识、崇尚美德、勤奋务实等。另外，这也反映了校训与时俱进、不断完善的特色。如东北大学和中国科技大学，既继承优良办学传统，又赋予新的时代要求。

西方大学校训历史悠久、源远流长，稳定性较强。国外大学校训相对稳定，沿用几百年的校训不胜枚举，展现了国外校训的稳定性、继承性和个性化的特征。众所周知，西方一些著名大学从产生至今已有上千年的历史，很多大学校训经历了曲折的变化，然而一经确立，就不会因为校长的更换、校址的变迁、体制的变更而轻易发生改变。如牛津大学(1168年)和剑桥大学(1209年)确定校训后，历经多个世纪的变迁，一直沿用至今；达茂特斯学院在18世纪确立校训后就没有发生改变；哈佛大学校训虽有变化，也有两百余年的历史。

(2)价值取向求同存异，各具特色

中国大学校训根植儒家文化，注重道德培养。受传统儒家文化和教育体制的影响，中国传统文化以"教化于人"为目标，是一种"修为文化"，是一种求善的德性文化。所谓"学问"都是从属于或落脚于如何安身立命治国平天下的道德基点上，而非对于客观世界的追问和探求，校训也以"人的发展"为本心，旨在主德、求善、至诚、秉公。纵览中国"211"大学校训，以德、诚、朴、忠、善等为代表的儒家德性价值取向不在少数。

---

① 王顶明、董云川：《我国大学校训考辩》，载《长春工业大学学报(高教研究版)》，2007年第2期。

如清华大学、北京大学、厦门大学、南京大学、中国政法大学等。

西方大学校训具有宗教色彩，注重学术自由。西方文化中"重神""尊主""敬上帝"的思想，源头是宗教文化，现代意义上的大学就起源于西方宗教盛行的中世纪，其宗旨主要是培养僧侣和牧师。大学校训在制定过程中充分体现了大学与宗教间的紧密联系，表现出强烈的宗教背景和对上帝的信奉，如牛津大学、哥伦比亚大学、布朗大学等的校训都在一定程度上打上《圣经》的烙印。与重神并重的是西方个人主义思想，突出表现对个人人格、价值、尊严的肯定以及对学术自由的渴望。纽曼在《大学的理念》一书中认为，大学的目的是心智训练、性格修养和理智发展，培养绅士。我国教育家郑晓沧也总结说，"英国的大学理想，在养成Gentlemen，可以牛津大学为代表"。这种自由主义精神和个性化的意识在中国校训文化中比较罕见。

（3）语言表达迥然不同，风格独特

中国大学校训讲求对仗，多用固定词组或短语。从词语结构上，中国大学的校训用语体现着民族文化特色，展现着汉语的"动词思维"特点。这种语言分析体现较强实用理性精神。从语言社会学角度分析，中国大学的校园重视德育工作，注重对学生良好行为习惯的培养，重视主流意识形态对文化前进方向的引领，属于目标式的教育方式。从外在形式上，这些校训风格清晰，大多语言简练、意境深远、意味深长、耐人寻味，采用传统的对偶成联的短语形式，注重韵律美和增强记忆效果。在风格上，讲究对仗工整、精练、对仗，以潜移默化的方式传达着哲思和文化意蕴。

西方大学校训语言自由，遣词造句不拘一格，多采用句子和名词结构，自由洒脱，折射追求自由的理念。"对诸如道德、信仰、真理等价值取向的表达也是从多元学科视角以及生活等细微层面着手表述，令人在轻松的情感体验中感知到深邃的哲理。"[①]由西方的名词性思维方式可知，其体现的"偏静"西方抽象思维与汉语中体现的"偏动"情感思维有所差别，他们比较关注事物的真实状态和理论真理，强调以推理作为一切知识的来源，力图通过科学的观察，全面客观地揭示和描述评价对象的各种特质。他们较多重视学生发展的内在过程，关注学生对于知识的建构和理解，让学生感受和理解知识产生和发展的过程，激发学生独立思考和创新的意识。

---

① 朱海龙、杨韶刚：《中美大学校训中的价值取向研究——以"211"大学和美国排名前百所大学为例》，载《高教探索》，2015年第6期。

（三）大学校训优化的现实审视

基于不同的治学理念、办学精神与学科特色，中西大学校训彰显出大相径庭的起源出处、语言特点、思维方式及价值目标等，本书以校训为镜，结合本国特色，去粗取精，对其进行更深沉的反思和深切的观照。

1. 大学校训铸魂与育人的现实审视

笔者以"校训""育人"为主题词搜索知网上相关文献，发现有紧密相关硕士论文 6 篇，谭雅（2022）对高校校训育人功能的发挥进行了现实考察，结合了文本分析法、案例分析法和访谈分析法，从高校校训育人中的"人"出发，通过对有关心理活动的了解与把握，找出影响我国高校校训育人功能发挥的因素。经过研究发现，我国高校校训育人功能的发挥现状并不理想。首先，校训的育人效果存在个体差异性，人的不同成长经历、不同的价值观都会影响校训育人功能的发挥。其次，育人功能的发挥效果与学校的办学层次有着密切的关系。最后，育人路径的单一性表现也是影响校训育人的重要因素。梁广兰（2021）通过资料收集、问卷调查、实地走访对校训文化育人的实际情况进行研究，通过数据资料分析和总结广西本科高校在校训文化育人过程中存在的主要问题及原因。存在的主要问题有：一是缺少专门针对校训文化育人的顶层设计，二是校训文化进课堂程度不高，三是育人队伍薄弱没有形成合力，四是育人方式方法较为单一且灵活度不高，五是育人载体不足。存在这些问题的原因有学校对校训文化的育人功能重视不够、有的育人主体对校训内涵理解不到位、育人主体利用校训育人的能力参差不齐、未形成统一的考核标准、相关部门联动未做到位五个方面。熊春月（2021）为了清楚了解云南省高校校训文化育人的情况，在大量查阅相关文献资料之后，设计了相关的问卷调查辅助研究。研究发现部分大学生积极性不高、高校校训文化育人内容不丰富、高校校训文化育人尚未形成合力、校训文化育人环境建设薄弱等方面是影响云南省高校校训文化育人难以开展的主要原因。通过梳理当前云南省高校校训文化育人存在的不足与影响因素，提出相应的措施建议，如提升大学生参与校训文化育人活动的积极性、加强校训文化育人环境建设等。邢美喆（2020）为了进一步了解大学校训及其育人功能的发挥现状，发现存在的问题并分析问题产生的原因，采用网络调查问卷的方式对重庆市 10 所不同学科特色大学进行问卷调查，调查发现虽然很多学生都知道校训，但校训育人作用的发挥还是不尽如人意，存在一些问题，并对出现问题的原因从教育主体、教育客体、社会环境、校园文化环境四个方面进行了分析。张亚兰（2016）重点以 2015

年武书连排行榜前 200 所大学校训为观照对象，主要通过收集校训、浏览网站和查阅相关资料，选取部分有代表性的大学进行案例分析。同时对复旦大学、杭州电子科技大学、温州大学、浙江农林大学和浙江水利水电学院五所大学开展实地调查，以分析阐释当下大学校训文化的发展进步和育人中存在的问题，在研究过程中得到如下结论：校训越来越受到大学的重视，但是不等于校训的育人功能已经充分发挥，通过案例分析法和调查问卷可以发现，在校训的管理、宣传和挖掘等方面存在很多问题。这些问题亟须解决，刻不容缓。面对校训育人的现状，文章从校训育人的精神、制度、行为和环境建设四方面提出增强校训育人的路径，希望能够解决校训育人的现状。谢小刚（2006）通过各种方式收集整理了中外多所大学的校训，发现有相当一部分学校特别是名校的校训古朴柔美、意境深邃，具有强烈的震撼力和非常强的文化性和指导性，体现了校训育人这一独特魅力。但是，在调查研究中也发现由于对校训的意义和作用认识不全，宣传不够，我国不少高校至今没有校训，或虽有校训，但不重视其内在价值和作用的实际发挥。普遍存在重复多、特色少等问题，所以其感召力不够，作用也不明显，导致如今大学校训在师生心目中不再神圣，后者对之熟视无睹，甚至冷嘲热讽，随意调侃，校训的庄重性遭受前所未有的挑战。

本书总结了以上学者对大学校训铸魂与育人的调查分析，总结得出当前大学校训铸魂与育人现状，如大学校训的目标游移——定位摇摆不定，大学校训的时空断层——品位平庸偏狭，大学校训的形神失调——内容同质单调。笔者认为大学校训要在优化的基础上，实现新的突破与升华。如赋予校训新的时代内涵和文化元素，强化大学校训的育人功能；注重人本化、人性化关怀，强化大学校训的价值引领功能；汲取国内外优秀传统文化，强化大学校训的文化传承与融通功能；开发"微资源"和"微文化"，强化大学校训的辐射功能等。

2. 我国大学校训铸魂育人中存在的问题

（1）大学校训的目标游移：定位摇摆不定

稳定性是大学校训的重要属性。校训的稳定性反映的是对大学文化的精神建构，是对大学理念的凝练和升华，更是发挥其文化引领、精神维系和价值调节功能的坚实后盾。优秀的校训必定经得起实践和历史的考验，历经百年风霜雪雨、百年大浪淘沙而生命长青。如牛津、剑桥、哈佛等大学，在纷繁的时代洪流中岿然不动，在岁月的流逝中熠熠生光。然而，中国大学校训显然并不深谙稳定之道，"一些大学校训自确立以来便频繁变更，时而高举复古主义的大旗用高深的字眼装饰门楣，时而又随着时代风潮的转向追赶时髦，时而为了迎合校长或其他领导的偏好而朝秦暮楚，时而因校区合并或整体升格而陷入迷茫等"①。虽然大学校训并非固化不变，而是随着学校教育目标、学校教育文化的演变而发生变革，但有些校训完全与学校自身性质和特点不符，或附庸风雅，或简单拼凑，或动辄修改，从而缺乏继承性，难以形成校训传统，亦无法彰显其办学特色。大学校训一味迎合世事变迁的频繁变更，不仅会无形中淡化校友对母校的心理依恋感和文化归属感，同时还会在一定程度上削弱大学自身的社会威信力、影响力、吸引力与感召力。大学校训之变，折射出的是一种社会转型期和高质量发展中的自卑与迷茫，流露出的是对自身办学理念、思路和特色的似是而非。秉承历史，保持特色，是校训应该具有的基本要求。

（2）大学校训的时空断层：品位平庸偏狭

美国教育哲学家布鲁贝克认为，大学理念可以划分为两类：认识论和政治论。有学者认为还存在以道德论为哲学基础的大学理念，而且道德论作为中国特有的文化传统与西方文化是不同的。众所周知，受传统儒家思想的熏陶与浸染，中国传统文化的本质是道德文化，援文化元典入大学校训是我国高校最普遍的做法。"中国大学校训对道德价值的追求内容是多种多样的，既有一般意义上的道德价值追求，也有对社会公共道德的追求，也有对职业道德的追求。"②这虽然在一定程度上符合人类的本质塑造规律，但因为过多强调共性的和谐而忽略了人的个性诉求，制约了精神上的自由驰骋和创新能力。而且，在道德多元化的今天，一些传统的道德理念受到抨击与质疑，也无形中降低了高等教育的育人标准。德智体美劳本是衡量人的综合素质的基本标准，但近代以来，"美"在大学校训中一直处于从属地位，"美"被"德"遮盖，更多强调"心灵美"。同样被忽略的还有劳动教育，校训中提到"全面发展"的也屈指可数。另外，需要指出的是在"社会责任"和"爱国奉献"层面上，中国大学校训多仅限于"四海"与"天下"，没有一个提出要面向世界的，这显然在眼界与格局方面较西方大学校训略逊一筹。尤其是在高等教育国际化的今天，理应建设现代化、民族化、国际化的大学校训文化。

---

① 杨光钦、魏露瑶：《大学校训的生成困境与创新审思》，载《教育理论与实践》，2021年第9期。

② 潘瑛：《论大学校训的道德价值取向》，载《浙江社会科学》，2012年第1期。

（3）大学校训的形神失调：内容同质单调

霍夫斯泰从文化维度界定民族文化，其中"权力距离"是指在某种文化与机构中，其弱势成员对于权力分配不平等的接受程度。大学校训的形成是多种因素长期相互碰撞的结果，虽然没有何学莲博士认为的"把追求道德价值取向的大学校训冠以国家道德主义话语"那么严重，但大学校训却是国家意识同社会流行思潮冲突与融合的结果。大学校训所代表的是一种独特的话语体系和意识形态，具体体现为中国大学校训常引用经典名句，并认为先贤及其言论有不可撼动的地位，在语言形式上呈现出明显的整齐划一、单调呆板等特征，这与西方大学校训极少旁征博引，且不拘一格形成鲜明对比，体现了中国比西方有着更强的权力与等级意识。纵观校训形成的文化历史土壤，无论是中国古代封建专制王权下的"家训""对联""碑刻"等与之类似的规范性模版，还是"文化大革命"期间"千校一面"的大一统局面，抑或改革开放以来"实事求是"流行词的落此窠臼，来自政治权力的干预与桎梏始终如影随形。虽然，大学不是社会政治的真空，社会主义大学更应有它明确的政治立场，但从大学发展的长久之计来看，同质化本身就会弱化和消弭大学校训的功能而使其沦为摆设。

3. 大学校训优化的原则

大学校训是支撑一所高校"立起来"的灵魂和支柱，要实现大学校训的优化，就必须在大学校训文化的传承与发展过程中做到去粗取精、去伪存真、扬弃借鉴。

（1）虚实相生

虚实相生体现为客观内容和主观形式的统一。从哲学上讲，形式是内容的结构和组织方式，内容是事物一切内在要素的总和。但如果过分强调形式，偏离或割裂内容，形式就会成为"形式主义"。校训是高校的"名片"，"名片"讲究独特的构思。如果不能从校本文化资源中加以解读、挖掘和提炼出能充分彰显学校与众不同特质的校训，势必落入空洞、虚化、重复的窠臼，难以树立起大学内容饱满、重点突出的文化形象。因此，应侧重把学校的学术特色融入校训之中，使之与其教育理念融为一体，彰显学术特色和育人理念。如北京师范大学的"学为人师，行为世范"等，既科学把握了教学科研的坐标方位，又使得校训更具辨识度、感染性和传播力。

（2）新旧相通

作为一种承载着"精神引导"和"制度保证"的特殊文化形态，校训文化无论长短，都要反映时代特色、承载时代精神、具有时代新意，发挥一定的思想引领和价值导向功能。如果只是为强调传统而恢复并不适用的老校训，或者不断跟风改掉"口号式"的雷同校训，却又迈入新的"引经据典"的怪圈，势必成为最大的俗套，甚至呈泛滥之势。因此，校训文化的传承、创新、发展和优化，需要以理性、科学的态度进行文化反思、比较和展望，点燃与唤醒中国传统文化的哲学意蕴、民族禀赋和生命沉思等。

（3）能效相应

能效相应体现为功能和效应的统一。效应是指某种动因或原因所产生的一种特定现象。良好效应的发挥依赖于能够满足需求的属性。校训文化要融理想信念、行为规范、价值取向于一体，引导、培育人们的思想观念和行为规范，就必须注重其本身蕴藏的文化价值，发挥引导、激励、熏陶、凝聚的功能。校训的引导功能，其实质就是为高校师生的行动确立方向，使之按既定目标有序前进。高校校训的激励功能是激发成员行为动机的黏合剂，使其产生一种奋发进取的精神效应。校训的凝聚功能能够调动广大师生的积极性、主动性和创造性，齐心协力去提高学校的教育质量。校训的熏陶功能指通过潜移默化、和风细雨的作用力，使师生的精神境界得到提升。校训的各个功能之间独自发挥作用，但是各个功能之间又相互作用，对于学生的成长成才起到巨大的推动作用。

（4）知行相合

知行相合体现为理论和实践的统一。马克思指出："人的思维是否具有客观的真理性，这不是一个理论的问题，而是一个实践的问题。"[①]实践是认识的基本来源，也是检验真理的唯一标准。对校训最佳的传承便是践行校训，校训功效的阐扬要落实到每一位学生的具体行动中，这才能使校训的作用得到发挥。当前在以校训为工具和载体的教育教学过程中，理论研究与实践应用相脱节的问题是普遍存在的，具体表现在教育者"一头热""一肩挑""满堂灌"，而受教育者被动接受、消极参与的情况。校训作为大学的精神和理念，不应该被演化为某种装饰和点缀。只有从实践出发，鼓励广大师生共同参与校训活动和思想政治教育活动，体味建校历程、感受校训文化、领悟校训精神，才能丰富校训内涵，促进认同，凝聚共识。

4. 大学校训优化的路径

大学校训作为办学理念和价值精神的集中体现，不仅关系到大学人

---

① 《马克思恩格斯文集》第 1 卷，人民出版社 2009 年版，第 500 页。

的核心价值观和文化取向，也与党和国家的前途命运息息相关。因此大学校训要在优化的基础上，实现新的突破与升华。

(1)赋予校训新的时代内涵和文化元素，强化大学校训的育人功能

文化的发展是变和不变的统一，是在继承中发展和在发展中继承。一方面，要把握校训内涵的"不变"，立足于中国特色的办学定位。要确立和把握马克思主义的基本精神。坚持马克思主义的立场、观点和方法，运用马克思主义社会科学方法论作为指引，如中国科技大学的"红专并进、理实交融"，体现了党和国家对人才培养的要求和对科学技术的探索和追求。另一方面，要把握校训内涵的"变"，主动适应国家重大战略需求。我们正处于一个大变革、大发展、大融合的时代，校训内涵同样也应随时代的发展在历史的接续奋斗中不断书写时代进步的华章。校训体现时代性，最重要的是诠释校训的内涵，在时代不断向前发展的同时，以全新的视角诠释校训，赋予其新的内涵，使其不仅能够体现出历史感，也可以彰显其时代特质。要运用当代视野去考察、挖掘、解读校训中蕴含的时代价值，使校训精神在办学实践中不断发扬传统，充实内涵，彰显特色，把大学校训的价值内涵和精神气质与社会主义核心价值观相结合，使两者产生情感共振，合作共赢，立足当下，面向未来。"2010年，北京理工大学在建校70周年之际，将校训正式确定为'德以明理，学以精工'。这一校训在继承和尊重学校的红色历史和革命传统中积蓄力量，传承了学校'延安根，军工魂'的红色基因，凸显了学校的学科背景和师生个性，蕴含着学校的历史使命和时代责任。与此同时，'团结、勤奋、求实、创新'被确定为校风，'实事求是，不自以为是'被确定为学风。学校校园文化建设向着系统完备、规范科学的方向迈进。"[①]

(2)注重人本化、人性化关怀，强化大学校训的价值引领功能

校训作为学校文化的重要组成部分，不是孤立存在的，要在校园物质文化、制度文化、精神文化、行为文化方面充分体现出来，目前很多高校重物质文化建设、轻精神文化和制度文化建设，忽视了对校训文化底蕴和人文环境的构建，这导致其育人功能大打折扣甚至黯然失色。校训育人功能的发挥是通过学生、教师和管理者等不同主体间的相互联系、相互作用而动态运作的，而有些学校在制定校训的过程中，往往把校训等同于"校长对于校训的主张"且过于频繁地修改校训，忽视了对支持、传播、引领校训文化的教师及其他学工队伍的培育，从而直接影响到校

---

① 张尔葭：《在高校校训文化中传承并发扬延安精神》，载《中国高等教育》，2020年第19期。

训作用的充分发挥。正如奥尔特加·加塞特在《大学的使命》中所言："具有良好精神状态的一代人能够完成几个世纪来未能实现的目标。"世界一流大学校训始终秉承"立德树人、人才培养"的价值基础，往往通过传递人本化、人文化等情感和理念，进而影响大学师生的思想观念、精神状态、思维方式和话语特征等深层文化的社会心理和行为习惯，最后达到传承优秀传统文化基因，增强国家文化软实力，引领社会思潮，凝聚思想共识的目的。因此，在实现中华民族伟大复兴中国梦的新时代，要深刻反思校园文化的作用对象，让文化为校园人特别是学生所占有，彰显文化建构的人本意蕴，建设具有人本化、人文化、人性化的大学校训文化。例如，"武汉大学每年都会推出'校园文化活动超市'系列项目活动，不同的类型、不同的主题、不同的群体，但是大都围绕着校训'自强弘毅'展开。通过开展各种讲堂、论坛、讲座、文化节、艺术节、主题征文比赛、校史知识竞赛、假期社会实践等校园文化活动，可以营造符合学校校训的文化氛围，使校训于'无声之处'滋润师生的心灵、陶冶师生的情操、规范师生的行为"①。

（3）汲取国内外优秀传统文化，强化大学校训的文化传承与融通功能

文化代表了一个民族的性格，是人格及其生态状况的反映，是人类社会特有的精神标识。现代大学精神一般被认为源起西方，但对中国大学精神层面的影响也可溯及夏商时代公立学校的独立设置。《大学》载："大学之道，在明明德，在亲民，在止于至善。"孟子曰："穷则独善其身，达则兼善天下。"张载云："为天地立心，为生民立命，为往圣继绝学，为万世开太平。"几千年来，"内圣外王"之道一直被儒家奉为修身立命的重要原则，也是理想人格所要达到的精神境界，它的经世致用思想激励着历代文人。在强烈的现世情怀影响下，中国传统文人士大夫都将"修身、齐家、治国、平天下"作为人生理想，倡导"智仁勇"的人格修为。这种以"明德"为起点的教育伦理，以实现"家国之治"为目标的教育理念，以追求"有教无类"为宗旨的教育公平思想，始终蕴含在中华上下五千多年的文明精神之中。每一个民族都有自己的精神，这种精神具有某种核心价值，成为民族向心力的源泉。文化精神是一个民族文化的本质，虽然各民族文化之间存在差异，但从某种意义上而言，大学在"文化精神"上也有某些相同、相通或相融之处。文化精神上的相通是校训文化的联结点和纽带。"从各国的很多校训文化中，都可以找到与中国传统文化相通的

---

① 蒋林娟：《我国高校校训文化建设的实证研究》，载《中共福建省委党校学报》，2018年第2期。

内在精神关联。如，人道观念和实践理性等，这些不仅能够使我们直接了解各国校训文化丰富的思想资源，而且能够从其哲学思维方式的深处洞见与中国优秀传统文化元素相契合的内在关联（文脉、渊源、基因、精髓）。"①因此，深入了解各国校训文化丰富的思想资源和文化内涵，特别是站在哲学思维和民族文化的角度，深层次地探析国内外大学校训文化元素相契合的内在关联，汲取其思想启示和文化营养，对我国校训文化的发展具有重要的启示和借鉴意义。

（4）开发"微资源"和"微文化"，强化大学校训的辐射功能

大学文化的实质是一种特定的群体精神，这种群体精神需要有具体的载体来承担和表现其存在，要么是附着于人们的思想观念、政治立场及价值取向上，要么是物化在一定的物质产品或精神产品上，借助一定的载体或媒介，才能便于人们视听和触摸。新时代的学生是互联网的原住民，这一代人的生活、学习方式已经从"触网"向网络生存转变。因此，大学一定要充分利用新媒体大力宣传和彰扬校训文化，揭示校训文化的价值内涵和精神气象，进一步领略其中的道德资源和文化瑰宝，探寻蕴藏其中的丰富的历史记忆、思想智慧和民族文化，推动大学校训文化的传承和繁荣。一方面，要充分考虑学生心理诉求，依据新时代大学生的思想特点和行为规律做到"入乡随俗"，改变过去高高在上的单向性、灌输式的传播理念，拓宽文化建设传播渠道，只有这样才能有效提升校训育人的时代感和吸引力；另一方面，要灵活运用学习强国、微信公众号、抖音微视频、网络直播、快闪等时尚元素，将校训精神融入网络文化建设。如运用慕课等"互联网＋"教学平台开展通用性与个性化课程教学，在与学生们交流的过程中对校训的来源、内涵、发展等进行详细讲解，使学生领略和探寻蕴藏其中的道德资源和文化瑰宝；也可以在网络上开办学术课堂、学术论坛以及在线答疑等内容，以覆盖面更广、传播速度更快而达到更深意义上的共享。

总之，在闭环式结构体系中，大学校训传播是校训实践的初级阶段，通过漫灌式的校训文化供给使实践主体对大学校训形成初步的了解和认知进而读懂校训；大学校训教育是校训实践的第二阶段，通过滴灌式的校训文化供给对校训实践主体进行专题教育和精准强化，促进实践主体认同校训；大学校训优化与升华是校训实践的第三阶段，在该阶段校训实践主体能够根据前两个阶段的积累，内化校训，不断地丰富、扩展大

---

① 李强：《校训文化的传承与发展》，载《天津师范大学学报（社会科学版）》，2016年第1期。

学校训的时代内涵或对大学校训内容进行优化，同时这也是大学校训实践的高级阶段。在形成新的时代阐释或新的校训内容后，大学校训实践的内容又将进入传播、教育、优化的新循环。可以说大学校训的传播、教育和优化是大学发展中不可分割的文化历程，它们植根于大学办学历程，承载着大学的精神和发展的脉络。

第三节　大学校训实践的载体

大学校训的实践载体是指在大学校训的践行过程中，能够承载和传递校训文化的内容和信息，为大学人所运用，促使校训文化主客体之间相互作用的一种形式或实体。"文化分层理论认为文化中包含着物质技术、组织制度和思想观念三个层面或三种成分，这三种成分流动的速度各不相同，表现出不同步性。一般说来，物质技术层次的文化最容易也最先流动，组织制度层面的文化次之，思想观念层面的文化最后才能流动。"[①]基于上述文化分层理论以及对大学校训实践载体内涵的深刻理解，本书围绕大学校训铸魂与育人的根本目标，从物质载体、活动载体、组织载体和制度载体四个方面分别阐述大学校训实践的载体。

一、大学校训实践的物质载体

物质载体作为大学校训实践载体的表层，是学校校园形象和精神风貌的物质依托，是学校师生员工价值观和精神风貌的具体体现，在教育表达和文化传承方面有着得天独厚的环境优势，是感知、认同、传播、实践大学校训最直接的载体。

（一）大学校训实践的物质载体内涵

大学校训的物质载体是指将承载校训文化的精神的事物进行"物化"，如古香古色的建筑物、校史上文化名人的雕塑、赏心悦目的花草和蓊郁参天的古木，以及教学科研设备、文化设施、档案等有形事物，又可细分为景观载体、建筑载体和符号载体。

1. 景观载体

景观一词刚开始以希伯来文的形式出现，同汉语的"景色、景致、景物"相一致，等同于英语中的"Scenery"，都是视觉美学意义上的概念。校园景观是大学校园最基础的设施，是校园中集自然资源和人文资源、

---

① 顾乃忠：《文化流动的规律性》，载《江苏社会科学》，2003年第5期。

美学个性与文化内涵等要素于一体的空间体系。校园景观是大学校园文化的重要物质载体。富有人文韵味的校园景观寓教于乐，是校园的一种文化潜力体现。任何一所大学都要经过多次规划与建设，进行合理的布局与组合，使之符合生态、社会和经济的要求，最终形成徜徉于树木花草之中，亲近自然的自然景观和以雕塑、园林、广场为主体的人文景观，景观载体具有观赏、文化与生态的综合价值。不仅如此，校园景观还是大学校训强烈诉说的表现载体，对大学校训实践主体有着深深的感染力。国内外许多大学或坐落于依山傍水、山清水秀、人杰地灵之地，或在校园内打造山水园林式的绿色校园，如杰斐逊所称的"学术村"的模式，吸取了此前北美殖民地校园分散独立的布局特征，继续拥抱自然和乡村，并且更加直率地以北美乡村作为校园的范本，使之具有学术理想和实用建造的双重优势。如被誉为"山水中的大学、大学中的山水"的大理大学，藏匿在云南的景点当中，有"最美大学"的美称，让无数游客心驰神往；在优秀的文化景观中，将中华优秀传统文化和大学精神融入校园景观，可以为提高人才培养质量营造良好的氛围和环境。"纳于大麓、藏之名山"是湖南大学校园的总体形态特征，校园自湘江西岸古牌楼口开始，过梅堤及咏归桥，一路往西，经自卑亭、主校区，再历爱晚亭、道中庸亭、极高明亭等，形成一条千年的古文脉。

大学校园里的人文景观也是学校的审美思想、德育意愿和民族感情的重要物质载体。校园历史建筑作为历史文明信息及其载体，承载了不同时代学子的活动，经由这些历史建筑而感染后人，具有重要的纪念价值。同时，校园历史建筑也反映出对美育的宗旨和追求，好的建筑必然给师生带来美的熏陶和享受。如果没有这些历史建筑的存在，缺失记忆的校园空间会显得苍白。清华园内，各类校友纪念物随处可见，一座雕塑、一块型石、一片树林都让公共空间具有了艺术和人文气息，让年轻人在耳濡目染之间受到熏陶。这些雕塑或承载清华厚重的历史和人文精神，或展现清华现代生活的内涵和前进的步伐，犹如一本本形象的史书，记载着历史，默默地讲述着学校的成长过程，传递着校训精神的无声表达。北大红楼后的"五四广场"，见证了五四青年一代的灿烂青春，烛照着中国革命一步步迈向成功。东北大学校园内，在苍松翠柏掩映下，古铜色的"一二·九运动"群雕赫然伫立，它讲述着东北大学师生那段一路抗争、一路求学、一路西行、一路传播文明的艰苦历程，同时也是东北大学"自强不息，知行合一"校训精神的形象解读与历史再现，引导师生厚植家国情怀，传承红色基因，砥砺政治品格。如今，这里已经成为学校对学生进行爱国主义教育的重要基地。

校园的自然景观和人文环境或直观、生动地体现着大学校训，或蕴含、传达着大学校训，是大学校训物质载体的重要组成部分，具有潜在而深厚的育人意蕴。依托大学校训景观载体实践大学校训精神，体现出一所高校的艺术创造力、不同时代的审美趣味和审美追求，不断净化学生品格、培养学生的审美情趣和对美的空间感受能力，全面激发学生创造美的能力。

2. 建筑载体

建筑作为人类劳动最主要的创造物之一，既能供人类栖息和日常休息，又能赋予新的艺术价值和文化价值，体现人的审美情趣和价值取向，它是物质和精神的结合体，也是构成社会文化的一个重要组成部分。建筑载体是大学校训物质载体的重要组成部分，反映了一定时期一个国家、地区或民族的人们在宗教崇拜、信仰伦理、审美取向上的不同追求，蕴含着深刻的文化印记和浓厚的人文精神，对大学校训的实践起到不可忽视的作用。

校园建筑一般通过教学楼、办公楼和行政楼等主要建筑实体或者是景观空间来表现一定的情感、态度和价值追求，这既是一种文化精神的传播和延续，更是对现行大学文化高度抽象的反映，也是对大学校训的承载与体现。东北大学以建筑学馆、机电学馆、冶金学馆、采矿学馆为中心建筑群，现已成为沈阳市文物保护单位。四大学馆都是在 20 世纪 50 年代，由东北大学师生设计建造而成，充分体现了东北大学"自强不息，知行合一"的校训精神，对校园群体建筑文化起着统领的作用。这些设计结合功能需求，为广大师生提供交往与活动的物质空间场所，营建一个校园多元活动的发生器。"河南大学校门于 1936 年建成后，就将校训用柳体金字书写悬挂在大门背面，正中上额横书'止于至善'，左书'明德'，右书'新民'。2002 年，河南大学校友、著名作家周而复题写的校训被镌刻在灵璧石上，矗立于大门通往大礼堂的中轴线南端起点。八字校训耀眼夺目，发人深省，给河南大学学子以光大学术、恢宏文化的启示，使人一入校门便油然而生对学校、对国家、对民族崇高无上的历史责任感。"①

3. 符号载体

文化的典型表征就是文化符号，符号是有意义的标志，文化的创造

---

① 陈宁宁：《河南大学百年建筑折射的大学精神》，载《河南教育（中旬）》，2010 年第 7 期。

和传承是以符号为媒介的。大学在近千年发展的不同时期借助不同的符号载体传承着大学精神。符号载体包括语言、文字、文化产品等。语言符号是人类所创造的符号中最为常用的符号形式，是人类用于交流和传达思想的重要载体，包括言语、方言、录音和音乐等。大学人来自五湖四海，他们有着所属区域和民族的特色语言、特色音乐等，是丰富大学校训实践、拓展大学校训传播面的有效载体。文字体现在大学的年鉴、校史、教材和校院级杂志等方面，它们是学校发展、传承光荣与记忆的基石。文化产品是大学文化的有形载体，纵观国外许多世界一流大学，如哈佛大学、麻省理工大学、牛津大学、剑桥大学等，与大学校训相关的语言开发与音乐创作、文字档案资料的留存和文化产品的开发使用都是大学校训实践的生动案例。特别是校园文创产品，很多高校师生使用的大量学习用品等都带有校训、校徽等标志性元素符号，深受本校师生与校友甚至游客的喜爱，在校师生可以从校园文化产品的使用中认知校训，获得对校训理念的深度认同。校园文创产品是校园品牌文化传播的媒介，它凝聚了一所学校的文化底蕴，其作用是传达本校的文化特色，如广东外语外贸大学在2019年的中秋节，将校徽和校训印在月饼上，不仅美化了月饼的外形，促进了传统节日与校园文化的融合，而且使受众在使用中体会到与产品的情感连接，将学校独有的人文情怀传达给受众，使之收获感动。"东大文创"是传播东北大学办学百年文化的重要符号载体，如东大定制毛笔套装，毛笔笔身刻有东大校训"自强不息，知行合一"，这是无数东大校友铭刻于心间的情怀和初心。

（二）大学校训与物质载体的互相建构

大学校训实践与物质载体建设之间具有相互建构的关系。大学校训为物质载体建设提供指引，而物质载体建设作为大学校训实践的载体，又为大学校训的传播与实践开辟渠道，将无形的大学校训精神转化为可知可感的有形的物质实体。

1. 大学校训是物质载体建设的文化指引

物质载体建设要依据一定的导向，要体现和承载一定的文化才能意蕴深远。大学校训是大学在长期的发展建设中沉淀的深厚持久的文化凝练和大学人共同的价值追求，要使物质载体建设沿着健康的轨道发展，就必须坚持大学校训的正确导向与指引。

2. 物质载体是大学校训实践的有形载体

物质载体是大学校训实践系统最直观的部分，是大学校训的外在标志与物质基础。物质载体以校园自然景观、人文建筑、教学科研设施、学习生活用具等有形事物以及视觉识别系统等将大学校训的抽象内容转化为具体的符号，以有形的方式表达出来，形成独特的学校形象。好的校训物质文化建设易被学生接受和认同，能够提高师生对于校训的知晓和接受程度，便于学生理解和掌握校训文化的实质和内涵，让校训不再成为一句被束之高阁的"空话"。

（三）强化大学校训实践的物质载体建设

1. 让校园景观设计处处体现校训精神

当前，伴随着高等教育的普及化，国内外大学都面临着办学空间拓展的问题。古朴沧桑、文化底蕴深厚的老校区，人员集中、学科密集的现校区，功能完备、新颖现代的新校区，几乎是大部分高校的校区配置模式。增强校区间的凝聚力与向心力，就需要以校训精神为引领，做好校园环境与景观的整体规划，做到建设规划与校园环境相融合，文化传统、彰显校训精神与办学理念相统一。因此，在校区规划和营造的过程中，一方面，要完善和加强与校训文化相匹配的文化景观、文化设置等建设，构建整体性、教育性、特色性、美观性相统一的物质文化立体格局。做到不同的校区，相同的校训；不同的建筑风格，相同的校训精神；不同的建筑主体，讲述不同的校训故事。另一方面，大学要立足历史与传统，将校训精神作为传承不变的主线，针对不同的校区设置不同的校训精神承载方式，赋予每一座校园建筑文化气息，让它成为承载校训精神的有机载体，让每一座校园建筑不仅是学校记忆的一个组成部分，更成为教育教学的载体，反映教育理念与时代风貌特征。同时，还要打造校训石、校训墙等校训文化的标志性景观，让大学人在校园漫步中接受潜移默化的教育。

2015年，哈尔滨师范大学以校训"敦品励学，弘毅致远"为设计理念，对江北校区校园景观重新规划，"通过'园''圆''源'三个同音不同字、不同义的元素进行方案设计，分别代表着'自然''形态''人文'。'园'——'自然'：通过地形、园路、建筑群、树木花草、公共艺术及景观小品等作为载体，衬托出哈尔滨师范大学校园的自然环境，并结合原有绿化达到园林式景观效果。'圆'——'形态'：圆形象征着圆满、完美、和谐、团聚，亦有顿悟之意。圆的形状也是本次设计方案的主要景观设计元素，打造丰富的景观视觉效果的同时也赋予深刻的寓意。'源'——'人文'：不仅是校训'敦品励学，弘毅致远'的体现，更是表达了庾信在

《微调曲》中的'落其实者思其树，饮其流者怀其源'这一说法"①。

2. 建设并开发校史馆、档案馆、博物馆等建筑载体

大学校史馆不仅仅是盛装大学历史的有形空间，也是标记大学文明与记忆的文化景观、承载校训精神传承的物质容器，是对校友师生进行大学精神情感培育的重要场所。一方面，要充分挖掘校训在主题场馆中的传播与实践，发挥出"育人"的最大效应。以大学校史馆建设为例，具体而言就是要实现从场域精神、展览主题到空间设计形态的融会贯通。"场域"，一般是指场所与地域，是对场所空间的界定，它打破了静止领域间的束缚，赋予了对空间的认知感和归属感。场域精神是形而上层面的精神指引，空间设计是形而下层面的主题形式，展览主题介于两者之间，它将场域精神连接到空间中，并在空间中形成符合场域精神的、有据可依的标志性形态。要实现三者的融会贯通，在设计之初，就要对以大学校训为核心的大学精神、对大学发展的历史、对师生校友的文化层级和情感需求进行充分透视、挖掘和解析。要从大学精神的各个层面，如大学精神、理念、校训、校风、学风、教风和管理作风等方面对每所大学进行描摹画像，策划出符合每一所大学性格特质的校史展览空间，使进入场馆的参观者能够感受到大学所沉淀和散发出的精神气质。

另一方面，要在场域精神和展览主题的指引下进行展陈信息传播。学校标志性的老建筑和大门，不仅见证了每一所大学的沧桑，也将这里发生的奋斗故事和校训精神的符号铭刻在校友和老师的记忆中，凝固成校友和老师心中的一道风景线。例如，武汉音乐学院学校历史博物馆以"穿过一扇门、走过一座桥、打开一扇窗户、在天地间演奏音乐"为创作原点，形成了一个结构空间。通过旧校门、旧校舍的门窗和校园内的木石桥，将师生的记忆浓缩到空间中。当游客行走时，会被空间的创造一步步推向记忆的深处。

总之，"国以史为鉴，校以史明志"，作为集中反映高校历史发展情况的校史档案，蕴含着深厚的文化底蕴，对传承和创新高校积淀的优秀文化、培养高素质人才发挥着不可替代的作用。以"校训精神"为指引，为主题营造设计规划校史馆、博物馆等文化场所和设施归根结底就是要在当前中国大学校园中营造独特的文化空间，"利用校史档案及其衍生物对大学生进行人生观、价值观和革命传统教育，进行知校、爱校、兴校、荣校和知识创

---

① 王海峰、孟献国：《校园文化景观与校训的结合与表达——以哈尔滨师范大学为例》，载《艺术与设计（理论）》，2016年第4期。

新教育，使学生们以史为鉴，学有榜样，促进学生身心健康全面发展"①。

3. 充分发挥校徽、校旗等符号载体的作用

符号是文化的载体，大学校训实践要在充分尊重校训实践主体创造性和积极性的前提下，鼓励和倡导符号载体建设，为大学校训实践营造多元、开放、生动、有效的载体依托。一方面，要激发大学主体的创造性，在载体的开发和建设阶段，可以利用产学研相结合的方式，通过举办各类设计赛事，充分调动师生主体创作的积极性与创造性。在校报和校刊的帮助下，校训可以通过校园广播广泛宣传，可以放在学校的首页，可以写在招生宣传材料、录取通知书和毕业证书上，还可以开设相关课程。另一方面，要不断拓展符号载体的边界。首先，广泛发动大学校训主体充分立足本民族、本地域、本国别的语言优势，拓展大学校训传播和实践的领域，广泛动员大学校训主体立足本专业，并从音乐、舞蹈、艺术、文创等领域不断拓展和深挖大学校训实践的边界和领域。其次，立足办校传统，挖掘学科专业特色。如从办学定位上，按隶属关系、办学主体、学科结构、办学层次等的划分，不同定位会有不同的校训构建依据。从专业设置上，法政、工业、农业、医学、药学、商业、外语、美术等科目，均可就各科特定教育内容确立校训。此外，还可依据本校的主干专业或强势学科来确立校训。最后，可以提炼大学精神，构建个性识别系统。充分运用企业识别系统(CIS)，发挥感官对深层理念的传达作用。如将校训精神融入校歌之中，声声传唱；将校训刻于碑上，校训精神与石碑结合；重视校训校徽标识建设；制作校训明信片、节日贺卡等进行潜移默化的影响。此外，大学应对校训进行知识产权保护或注册，适时地运用法律手段维护大学的文化尊严。

二、大学校训实践的活动载体

校园文化活动是大学文化的核心内容之一，是大学文化最生动最直观的部分。校园活动载体直接体现大学校训、大学文化的内在活力，是高校校园生活多样化的体现，是增强和提高师生运用思想、知识、能力的重要实践。开展丰富多彩的校园文化活动，可以极大地丰富大学生校园生活，丰富大学生的精神世界，还能提升学生的主体意识，塑造学生的人格，加深大学生对社会的正确认识，提高用专业知识解决实际问题或完成实际任务的能力，把正确的价值观念和道德规范自觉地转化

---

① 王萍：《校史档案的育人功能及实现途径》，载《中国档案》，2014年第12期。

为内心的信念和行动的准则；也可以强化大学主体对大学校训的价值认同和有效实践，激发学生树立远大理想、提升全面素质、致力民族复兴的正能量。

(一)大学校训实践活动载体的内涵

《教育部、共青团中央关于加强和改进高等学校校园文化建设的意见》中，对加强和改进高等学校校园文化建设提出了一些意见："高校要精心设计和组织开展内容丰富、形式新颖、吸引力强的思想政治、学术科技、文娱体育等校园文化活动，把德育、智育、体育、美育渗透到校园文化活动之中，使大学生在活动参与中受到潜移默化的影响，思想感情得到熏陶、精神生活得到充实、道德境界得到升华。"活动载体就是以"活动"为载体，有意识地开展各种活动，这里的"活动"只是为学生提供适当的教学情境，达到特定教学效果，使学生在参与活动的过程中受到教育。校园文化活动是大学校训的外在表征。大学校训实践活动是以马克思主义为指导思想，教育者有意识、有计划、有组织地开展各种活动，在活动过程中蕴含着大学校训的内容及信息，使师生在参与实践活动过程中理解校训的深刻内涵，进而认同校训的价值理念并内化为自身行为指南，提升其审美情趣和道德情操。

(二)大学校训实践与活动载体的关系

大学校训实践与高校校园文化活动除了形式上高度契合，从本质来看也相互统一。校园文化活动与大学校训实践是学校学生工作的重要组成部分。一个有着丰富文化活动的校园，可以丰富学生精神生活，提高学生在校的生活质量，使在校学生沉浸在积极向上的氛围中接受大学校训的内容和要求；同样，大学校训实践的顺利开展，可以让学生更容易认同社会的主流文化活动，有利于营造厚重的校园文化积淀和清新的校园文明风尚。

1. 大学校训是开展校园文化活动的导向与指引

大学校训实践既有共性的一面，又有个性的一面；既有固定的一面，又有发展的一面。"在实践中，校训反映大学精神的内涵存在程度上的差异，因而，一些大学会在发展进程中调整修改自己的校训，直至找到最能贴切地反映学校精神特质的校训为止。……校训浓缩着一所学校对内对外最基本的价值主张和教育理论，虽然只有寥寥数语，却必定是一所学校最认真、最用心完成的'文化作品'，集中了大学一切利益相关者的智慧。"①大学校训是一所大学生存和发展的精神支撑，一所大学没有校训的精神指引与导向，很难创新出精品的校园文化活动。

2. 校园文化活动是大学校训实践的有效载体

校园文化活动是大学文化的活动形态，是教书育人的精神土壤，是大学校训传承的有效载体。它体现的是校园师生群体性的思维方式、心理状态、价值追求和行为范式，这种群体性的导向会逐渐形成一种精神力量，影响着一个又一个新加入人员的心理状态、价值观，而这些共同遵循、共同认同的思维方式、价值取向、文化内涵等，会在一代又一代人中持续沿袭，并逐渐在全体师生的心理深处形成某种观念模式。因此，有品格、有品质、有品位的校园文化活动对树立师生正确的价值取向和清朗的校园风气，传播校训精神、引领社会的生活方式起着至关重要的作用。

（三）强化大学校训实践的活动载体建设

1. 将校园文化活动打造成为大学校训实践的生动载体

必须牢牢抓住校园文化活动这个强有力的阵地，充分发挥其价值导向、群体凝聚、文化引领和思想育人功能，将视角落在有品格、有品质、有品位的校园文化活动的创意策划组织上，为校训实践与传播搭建生动的载体。具体而言就是：遵循思想政治工作规律、校训文化传播规律和学生成长规律，注重提升活动内涵和质量，将校训精神如"盐"一般溶解于健康、高雅、丰富的校园文化活动中，为学生提供自然吸收的思想盐分和养分充足的成长阳光。一是要加强活动顶层设计，强化方案指导，使活动主题、活动对象、活动形式、活动内容、活动预期效果及活动评价等关键要素都能紧紧围绕活动的核心目标，有效保障校园文化活动价值导向不产生偏差。二是要以目标化为导向，提升校园文化活动的实效性，精心遴选内容，将具备主题性、思想性、教育性和艺术性的内容融入到活动中，努力确保引领高品位文化内涵，将学生能力提升作为项目结项的重要标准。三是要突出学生的主体地位，以学生为主导，将校园文化活动的主办权交给学生，鼓励学生跨学院、跨专业组建团队，自拟主题申报，主办感兴趣的校园文化活动项目。四是要以项目化为形式，创新活动组织方式，将创意思维与执行落实相结合，既要根据活动类型创新形式，又要落实细节，精心细化每个环节，全面实现活动育人成效。五是要建立高效规范的运行机制，建立专家库，遴选专业教师、行政人

---

① 韩亮：《论中国大学校训的品味之维》，载《高教探索》，2015 年第 11 期。

员、专职辅导员等担任指导教师，指导教师与学生项目团队实行"双向选择"，做好全程指导，通过实行约谈、讲座、沙龙、素质拓展等措施，强化项目队伍建设，确保项目实施质量。

2. 以校训精神引领校园文化活动载体建设

经典是一个民族的精神故乡，是民族智慧与民族精神的载体，是时代民族文化的结晶。蕴含中华传统文化经典智慧的校训，内涵深刻，意味深长。在校训的基础上传承中华优秀传统文化，就是要以校训为出发点，让师生了解校训经典之源，把握其内涵，认知和认同校训。事实证明，经典赋予的是价值之内核，是独立之精神和社会之担当。"90 后""00 后"大学生思维更加灵活前卫，喜欢追求潮流和创新，更具创新和冒险精神。校训中蕴含的优秀传统文化基因要通过校训演讲比赛、校训汇报活动、校训纪念日、校训优秀代表人物展、校训主题绘画展、我身边的校训故事等形式多样的校园活动，一以贯之地持续渗入大学生价值观念、思维方式和精神世界中。

2014 年 11 月，东南大学团委发动和组织全校各院系在前期工作的基础上，在全校范围内开展了"校训育人"系列活动。该活动旨在结合东南大学世界一流大学建设路径大讨论，全面深入推进培育和践行社会主义核心价值观活动，弘扬东南大学校训——"止于至善"精神，通过解读校训、为校训代言、寻访杰出校友等活动，在全校范围内形成了解读校训内涵、践行校训精神的良好氛围。东北大学经过多年探索与实践以"自强不息，知行合一"的校训精神和"实干、报国、创新、卓越"的东大文化实施文化引领"四大工程"，为建设一流大学塑造精神内核。以校训精神中的"爱国"为神，以"报国"为形，形神一体打造全体东大人共有的"精神高地"和"价值坐标"。如打造"家国·传承·筑梦"校史朗诵会、"妙笔流声"诗歌散文朗诵大赛、校园文化艺术节、"我的中国梦"主题教育活动等文化品牌百余项，开展《离离原上草》等校史原创话剧展演，以校训精神塑造灵魂、润养心灵、力行拓新，汇聚向上向善的精神动力。

三、大学校训实践的组织载体

大学校园的院系、班团、宿舍、社团、学术组织等是高校大学生的基本组织形式，是大学生自我教育、自我管理、自我服务的主要组织载体。大学组织文化是大学在创建、办学和发展过程中逐渐形成的精神与理念积淀的产物，它内涵丰富、外延广泛，在特定的组织、空间等维度上，院系文化、班团文化、宿舍文化、社团文化、学术组织等都是大学文化的重要组成部分。良好的文化氛围能够为大学校训实践提供优越的精神土壤，在潜移默化中引导大学生认同大学校训，在学习、生活中积极地实践校训。

（一）大学校训实践组织载体的内涵

大学校训的实践要依托一定的组织开展。从广义上说，组织是指由诸多要素按照一定方式相互联系起来的，为环境所影响的并反过来影响环境的开放系统；从狭义上说，大学组织结构是指大学组织成员为完成工作任务、实现组织目标，在职、责、权方面的动态结构体系。大学校园的各种组织载体不仅是大学的细胞、大学的基本单元，而且是大学校训实践的基本单元。具体来说，大学校训实践依托的组织主要有以下几种。

（1）院系是体现高校内涵、实现高校任务、反映高校本质的基本单位。它是一个责任、权利、义务相对集中统一、与大多数教师和学生直接相关的组织。

（2）高校的班团与高中班团集体不同，高校班团组织更加凸显了学生的主体地位，它是高校学生进行自我教育管理的基层组织。

（3）高校宿舍具有鲜明的居住属性和高校属性。从居住角度看，宿舍是人类居住场所的一个特定领域，它具有集体生活、亲密人际交往、行为方式和价值观念彼此磨合等特点。从宿舍作为学校基础设施的角度看，高校宿舍不仅是学生日常生活学习的场所，也是大学实现环境育人和大学校训传承实践的主要阵地之一。

（4）社团是指以学校的专业性、学术性背景为依托，以学生个性化发展、自主成长为立足点，由大学生在自身兴趣、爱好基础上自由结合，为了实现成员交流思想、切磋技艺、互相启迪、增进友谊的共同意愿，按照其章程自主开展活动的群众性学生组织，是丰富高校学生日常学习与生活、丰富高校文化氛围的重要途径，在大学文化建设和大学校训实践中担任着非常重要的角色。

（5）学术组织是人才培养、科学研究、学科建设的重要基地，是学术文化产生的摇篮，同样也是校训精神传播的重要载体。

（二）大学校训实践与组织载体的关系

高校的院系、班团、宿舍、学生社团、学术组织等基本组织形式是大学文化、大学校训实践的基本组织形式与载体，二者之间是相关建构的关系。一方面，大学校训能够为组织载体的建设提供精神指引和文化支撑；另一方面，组织载体依据大学校训的文化导向建立的丰富多彩的组织文化，是对大学校训文化的丰富和发展。

1. 大学校训实践与院系组织的关系

在大学校训实践中，一方面，大学校训能够最大限度地将院系成员的思想和精神凝聚在大学发展的核心任务中，为不同院系提供统一的文化和精神引领，使之呈现出大学应有的文化统一性和大学精神协调性；另一方面，不同的院系拥有不同的院系文化，在践行大学校训时院系会根据自身的文化特色和精神特质，选择不同的校训文化解读方式与践行路径，促进大学校训在传播内化的同时丰富大学校训的院系内涵和专业解读。

2. 大学校训实践与班团组织的关系

优秀的班团组织会凝练出独特的班团文化，这种文化会在大学内形成一种精神的传承与传递。以上海交通大学荣誉班级为例，在"爱国荣校，饮水思源"校训的引导下，全校共设立 20 余个荣誉班级，这些班级以本专业优秀校友命名。在校期间，班级成员在进校适应、职业规划等方面都能够得到往届学长们的耐心指导，并用大师传承的校训精神激励自己勇攀学术高峰、肩负社会责任；毕业后，荣誉班级称号将继续在一届届学生中传递，往届班级成员将秉持"今天全员育人人育我、明天全员育人我育人"的创新理念，反哺回馈学弟学妹，实现校训精神、班风学风等班级文化的代代相承。

3. 大学校训实践与宿舍组织的关系

高校宿舍是践行大学校训的基础单元。作为一个相对封闭和固定的人际空间，宿舍是学生最为集中，且是滞留时间最长的地点，学生在校园内乃至校外的思维方式、价值观念、生活方式等，很大程度上取决于熏陶和感染他们的宿舍文化。高校宿舍文化是大学校训文化在特定空间、特定群体中的体现，有着自己特定的文化环境、精神氛围和功能。宿舍文化有着塑造个体行为与人格的功能，提供一种群体心理环境。通过这一环境的熏染，个体将这种群体心理环境非强制地、无意识地移植到自己的思想系统中，促进大学校训的内化与践行。

4. 大学校训实践与社团组织的关系

学生社团最大的作用便是丰富大学校训文化氛围。无数的兴趣爱好、共同的机缘分享，让大学校训文化轻而易举地实现跨专业、跨院系、跨院校甚至跨社会的多元文化交流。在这些最初仅仅因为一个共同兴趣爱好而组成的社团里，常常会出现一些影响力大、发展力强，甚至成为影响个人未来事业发展、宣传校园品牌和引领社会需求的大社团。诸如著名的中国新诗坛"新月四子"，就是出自清华大学的清华文学社。社团文化也是一种无形的教育资源，它的独特性、趣味性、创新性使之成为校训文化的重要基地，对学生世界观、人生观、价值观的形成产生深远影响。北京大学山鹰社在30多年的发展历程中取得了不俗的成绩，培养了一大批青年登山爱好者和国家运动员，以坚韧不拔的意志和向上攀登的勇气诠释了青春的含义，也彰显了北京大学校训精神的魅力。山鹰社在每一次活动中都营造了一种氛围，凝聚了一股力量，形成了一种气质，这种被青年学子欣赏认同的精神可以内化为动力，外化为行动，不断凝聚、传导校园正能量。

5. 大学校训实践与高校学术组织的关系

高校学术组织是高校教学、研究的基本组织形式，教学与学术文化是在教学科研的行为、结果和制度上投射出来的学校办学理念、办学精神、校训传承的文化结果。教学与学术文化是校园文化的重要内容，也是大学文化区别于其他文化的重要特征。教学与学术文化是校园文化的关键层次和建设主体，良好的教学与学术文化是对大学校训精神的传承与实践，也是高校提高办学层次、水平和保证办学质量的必要条件。东北大学深部金属矿山安全开采教育部重点实验室党支部自成立之日起，就确定了以"自强不息，知行合一"校训精神为引领，围绕实验室建设中心工作开展党建的思路，凝心聚力，为深部岩体工程解决实际问题。面向国际学科前沿、面向国家重大工程、面向国民经济主战场，吹响了向地球深部进军的号角。2017年党支部被评为辽宁省先进党支部，2018年被评为全国党建工作样板支部。在校训精神的指引下，党支部发展成为一个充满生机和活力的集体，成员个个都是精兵，人人都是先锋，党支部正向着"国际一流科研机构和顶尖人才培育中心"的目标奋勇前进。

(三)强化大学校训实践的组织载体建设

1. 依托高校院系组织开展大学校训实践

高校院系文化是院系在长期教学管理实践过程中发展而来的一种独特的组织文化形态，是在院系教学实践中参考校园文化建设形成的一种校园亚文化体系，既包括院系的物质文化，也包括院系的精神文化，还包括院系的制度文化。院系文化将院系成员的价值观、理想信念、行为方式等整合成院系成员普遍认同的"最大公约数"，院系的每一位成员均受到这种院系文化的凝聚协同效应影响。院系中所凝聚整合形成的院系文化意识是否积极健康向上，既决定了院系师生精神面貌如何，也在一定程度上影响着院系整体建设发展水平的高低，而立足院系文化凝练的院训等特色文化更是对大学校训精神的观照与响应。以东北大学为例，东北大学下设 19 家二级学院单位，每一个院系都以"自强不息，知行合一"的校训精神为纲领，立足学院特色制定了特色院训，如信息科学与工程学院院训"行胜于言，敢为人先，和而不同，居安思危"、文法学院院训"透明，温暖，和谐，健康"、马克思主义学院院训"明德，求是，包容，笃行"、资源与土木工程学院院训"德以怀远，学以精工"等既是对东北大学校训的关照与传承，又是对院系文化的彰显与凝练。

2. 依托班团开展大学校训实践

班级是高校组织体系的"细胞"，是高校师生进行自我教育管理的基层组织，是学生在校活动的主要组织归属，也是大学校训践行的一个媒介性载体。班团文化既包括显性的班规、班纪、班团活动，也包括班风、学生个体与个体之间的相互关系、个体与集体之间的关系等潜在的、隐性的文化。每一个班团集体都有着不同于其他班团集体的文化，它体现在班团集体的行事作风以及行为规范上，渗透于班团的精神和物质的活动之中，是班团集体的一种凝聚力，也是班团集体共同进步必备的重要组成部分。在班团文化建设中，要充分发挥和借鉴大学校训文化的凝练与建设的经验，建设具有规范激励、凝聚引领作用的班团文化，赋予学生强烈的使命感，从被动学习转变为主动学习，化外部力量为内在动力，形成一股催人奋进的凝聚力，潜移默化地增强学生的团队意识和合作精神。

3. 依托高校宿舍开展大学校训实践

作为大学文化亚文化的宿舍文化在产生和发展过程中要始终以大学校训、大学文化的发展方向为指引。大学校训能够为宿舍文化建设提供丰富的内涵和科学的引领。每个宿舍总有它独特的风格，一个宿舍的大部分成员特别关心某个领域，在讨论与交流中就会辐射影响到其他成员，进而通过全体成员以某种形式在校园生活其他方面得到一定体现。宿舍文化越是健康活泼，宿舍成员交流越多，宿舍文化的辐射性就越强。以学风为例，近年来新闻报道中，不乏某宿舍成员同时被国内外名校录取的新闻，这是宿舍文化对大学校训追求真理、追求科学精神的践行。宿舍文化能够丰富并传播大学校训的精神内涵，作为宿舍成员的大学生同时也是社会文化中的成员。在参与和投身社会活动时，大学生身上所传承和蕴含的大学校训能够感染和引领社会文化的发展，同时，大学生也将社会先进文化的因子带入大学，丰富大学校训的时代解读和精神内涵。

4. 依托高校学生社团开展大学校训实践

哈佛大学研究表明，学生在社团获得的经验与课堂上学到的东西一样，有益于学生的发展。在哈佛大学，作为校园活动主体的学生团体，涉及学术、文化、娱乐、基础学习等领域研究，以及阶级、种族、性别、健康福利、媒体、公共服务、宗教、女性等各个方面的研究。在中国高校中，这些团体接受高校党委的统一领导和高校团委的直接指导，以确保社团的性质以及开展的社团活动符合社会主义核心价值观，符合党和国家对于高校学生和高校文化的相关要求与期盼，具有一定的积极作用和正面意义。大学在大力推进社团建设与优化的过程中，不仅要逐步完善社团管理制度的顶层设计，进一步制定有针对性和前瞻性的管理制度，不断改进和加强学生社团建设管理工作，引导学生社团根据规章制度约束自身的日常行为，开展自我教育，实现自我发展；还要以校训精神为主线，坚持"大力扶持理论学习型社团，热情鼓励学术科技型社团，正确引导兴趣爱好型社团，积极倡导社会公益型社团"的方针，增强以社团活动为主要载体的"第二课堂"育人功能。此外，经常举办一些以大学校训为主题的课外活动，树立活动的品牌意识，以打造内涵丰富、形式多样的品牌活动为目标开展社团活动，办出既符合学生成长成才规律又能对学生进行校训思想浸润的精品社团活动。

5. 依托高校学术组织开展大学校训实践

科学研究是大学的重要职能，也是大学的重要功能。在科学研究中践行大学校训，是大学校训践行要着力坚守学术本位这一指向的根本要求。首先，要将大学校训的认同与践行融入科学研究理念之中。不同的大学有着不同的科学研究理念。有的强调原创性成果，更加注重科研创新；有的强调论文著作，更加注重科研产出；有的强调成果应用，更加注重科研服务。不同的科学研究理念，将会培育出不同的校训精神。其次，要将大学校训的践行融入科学研究实践之中。不同的大学科学研究实践的过程不同，不同的学科科学研究实践也会不同，有的在科研实践中一丝不苟，对研究数据不容丝毫马虎；有的在科研实践中躬身田野，对调查访谈极其严格认真；有的在科研实践中扎根文献，对史实资料不许出现一点错漏。不同的科学研究实践，从不同的层面解读与践行着大学校训精神。最后，要将大学校训践行融入科研队伍的培养之中。不同的大学对待科研队伍培养的目标不同、态度各异，做法更是千差万别，有的重视发挥老教师的传帮带作用，有的重视发挥科研团队的协同合作功能，有的重视发挥集中学习培训的教育作用。不同的科研队伍培养模式会产生不同的培养效果，对大学校训的践行也会产生不同的成效。

四、大学校训实践的制度载体

大学作为一个正式组织而存在，其本身就需要制度的建构。大学发展史其实就是大学制度的演进史。现代大学制度就是关于大学的社会功能、办学目标以及内部治理结构、运行方式等一系列制度安排。大学校训制度载体的定义则可引申为：大学校训建构、优化、实践所依存的一系列大学制度的有机统一。大学校训制度载体具体体现为内部规则（组织内部通过命令—服从方式贯彻某种特定目的，所以组织内部规则是强制他人服从的）和外部规则（个体追求自身利益的最大化，相互作用形成彼此认同的规则）的统一。

（一）大学校训与制度载体建设的相互关系

制度总是在一定的理论指导下形成的，制度的内涵和制度本身是文化的具体表现形式，因此，能成为制度的自然被视为文化。大学文化发展与繁荣的过程同现代大学制度的发展相辅相成、相互促进。在二者的发展过程中，现代大学制度建设对大学文化的传承与发展给予制度保障。反之，大学文化在完善现代大学制度的进程中能够发挥其引导与凝聚的功能，为现代大学制度的改革发展提供必要思想准备。大学文化与大学制度彼此之间存在着一种深层次的必然联系。两者的黏合，是一流大学文化与制度建设的最终落脚点。

1. 大学制度载体对大学校训实践给予保障

现代大学制度是制度文明的产物。大学制度载体是大学校训建构、优化、实践必不可少的制度保障。在大学发展的每一个时期，都存在大学制度。没有现代大学制度，就没有真正的一流大学；没有建立健全完善的内部规章制度，就不可能有健康和谐的校园环境，更谈不上大学校训的传承和实践。人们通常认为，制度优则大学卓越，制度劣则大学平庸，科学合理、严谨有序的大学制度，对协调各种利益相关者之间的复杂利益关系，规范每个大学人的行为举止，充分调动全体教师和学生探讨知识和追求创新的热情具有极为积极的作用。这种作用的持续性和长期性会逐步转变成每个人的自觉行为，形成一种文化，升华为一种价值取向和文化信仰，即对大学校训的追随。所以，大学制度载体在营造大学校训实践氛围、传承与发展大学校训中起到至关重要的作用。大学作为学术研究机构，"学术自由""大学自治""教授治学""校长治校""科学管理"被视为大学制度载体的内涵，而这些内涵对于大学校训的践行发挥了重要保障作用。

2. 大学校训为现代大学制度的改革发展提供必要思想准备

在大学制度载体建设的精神和灵魂背后，实际上隐含着大学校训的选择与价值判断。大学制度载体在发展的历程中深深地印刻了大学校训变迁的痕迹，体现了不同时代大学校训的内容与精髓。大学制度载体的演进存在着不同的演进方式，无论哪种演进方式，都需要人们去摸索和抉择，而这一过程究其实质就是组织化的群体对大学校训的文化认同。因此，当制度载体在形式上体现为一系列的制度安排时，它必然反映一定群体的文化价值和文化观念。一个能抓住大学文化灵魂的好校训，在长期的学校文化实践中一经师生内化吸收并加以自觉弘扬传承，能在一定程度上发挥"润滑剂"的作用，让不同的利益主体能够在共同目标的关照下，淡化个体利益观念，摆清主次矛盾的关系，以相互妥协、互相配合的方式和手段处理完善现代大学制度遇到的问题。同时，被大学人所创造出来的物质产品及所表现的文化反过来又会对大学人的心理、言行有所选择和约束，即文化亦创造了人，进而形成了一种"文化反哺"的现象，使大学中的个体与群体置身于良好的心理氛围和生存环境之中，最大限度地满足各个层次的需求或动机，进而激励大学人产生并维持积极的行为，发挥积极性、主动性和创造性，推动现代大学制度的不断完善。

(二)强化大学校训实践的制度载体建设

在现代大学制度下，大学作为一种独特的组织机构，汇集了大批以追求真理为目标的学者，因而形成了大学组织活动的特殊性以及与知识或学问直接相关的文化属性。大学制度载体建设与创新是现代大学制度改革的深化与发展，目的是使大学不断地适应现代经济和社会发展的需求，不断促进大学校训的发展创新。

1. 充分发挥大学校训对现代大学制度建设的引领作用

校训是大学精神文化的范畴，也是大学精神实质的高度凝练。大学必须在加强基础设施建设的基础上，注重软实力的提升，进一步统一办学思想，厘清办学定位，提炼办学特色，构建符合学校自身文化品格和核心价值追求的精神文化，将这种文化融会于大学制度中，融入全体师生员工的意识和行动中，体现在大学发展的每一个细节中，并通过这些制度安排使大学人自觉将这些理念内化为自己的精神信仰。以东北大学为例，如今，"以自强不息的精神工作，以知行合一的态度生活"已经成为东大人一种自觉的工作、学习和生活状态。大学校训从入学伊始就成为新生熟悉的东大精神。行走在弥漫着大学校训之风的校园中，每个人都能时刻感受校训承载的大学办学理想与价值追求，饱含着的一代代学人励志故事，并自觉或不自觉地按照这种精神和思想向前走，而我们自己却浑然不知，从而实现大学文化要素与大学人的需求相结合，使教师与学生在大学文化中找到归属感与精神力量。在自强不息精神的感召下，东大师生都在努力继承并发扬光大东北大学的爱国主义传统，教师努力培育人才，学生自觉学习成才，良好的学风成为东北大学与时俱进、创建高水平研究型大学的不竭动力。在知行合一精神的鼓舞下，东大师生更是坚持理论联系实际、知行统一的实事求是的思想，接受、传播科技与人文社科的新知识，积极参与科技创新活动，并取得了显著的成效。

2. 完善现代大学制度为校训践行提供制度保障

制度文化是校园文化的规范与凝结。从本质上来说，大学制度文化的建设实际上是不同文化理念之间的重构与整合的过程。精神文化是大学制度文化的内核和最高表现形式，它建立在大学共性基础上，随着一所大学发展而积淀形成。制度文化是大学文化的运行主导系统，是联结大学精神文化、行为文化等的纽带，大学治理文化的重构，就是要通过"制度之表"和"精神之里"的融构。制度文化为人们的行为提供了若干行为模式，它引导全体师生的价值取向判断和具体行为走向，是大学校训践行得以顺利进行的根本保障。目前，由于制度文化建设历史较短、积淀不够、水平不高，中国大学在践行校训方面还存在着对制度文化的价值取向把握不准的现象，这严重制约了大学文化的建设和大学理念的发展。"有百年学府，无百年校训"的现象正说明了我国大学办学精神和教育理念的缺失。新形势下，我们要积极引进和吸收先进的制度理念，以完善大学章程为契机，定位大学政策导向的"主旋律"和制度安排的"主基调"，确定既体现学校的办学理念、治校精神，又符合高等教育发展要求和时代精神的新校训，为现代大学制度赋予精神和灵魂；同时又要深入研究学校的发展历史、文化传统、特色人文，提炼其原有文化的精髓，努力推动和加快现代大学制度建设，为校训的践行与传播提供制度保障。

总而言之，按照文化流动层级和大学校训实践主体对实践载体接触顺序的不同步性，首先是物质载体、活动载体，其次是组织载体，最后是制度载体。物质载体、活动载体是大学文化中最外层、最易于接触的载体，组织载体是有形的、中层的载体，制度载体是整个校训载体中最深层次的载体。四者由浅入深、由易而难，环环相扣，为大学校训实践建构了载体依托。

第六章　大学校训辐射维度：
延伸铸魂与育人的价值

　　文化的辐射功能是指大学文化在向师生进行宣传与教育传输的同时，与社会文化的良性互动，在尊重差异、包容多样的基础上促进全社会形成社会共识，从而带动社会整体的精神文明建设，形成以点带面、辐射全员的效应。大学校训不仅以其独特的精神内涵、价值底蕴在校园内发挥作用，也会通过各种渠道和方式，使校训所蕴含的中华优秀传统文化、时代精神、价值理念给人以思想启蒙和引领，对社会产生辐射性的积极影响，促进崇高精神追求和理想信念在社会中的传播辐射，从而转化为全面开启社会主义现代化强国建设新征程的不竭精神动力。

第一节　大学校训对城市发展的影响

　　文化是一个国家、一个民族的灵魂。文化流淌着一个民族的发展血脉，也是构筑城市发展的精神基石。大学与城市之间互相依存的关系，使得一所大学、一座城市无论时间如何流逝，其所承载的文化基因都悄然地走进了学生的心灵，为学生成长提供着正确的精神指引和强大的精神动力。

一、大学与城市

　　大学自诞生之日起就是城市的产物，在欧洲大陆上建立的第一批大学就是在城市。作为人类文明的象征与标志，大学和城市更是有着密不可分的联系。大学文化与城市文化既相互冲突、相互碰撞，又相互融合、相互促进，形成了互动的关系。

（一）大学与城市互动的历史必然性

　　现代意义上的城市是人类社会发展到一定历史阶段的必然产物，是人类群居生活的高级形态。五千余年前，人类从居无定所、随遇而居到"筑城以卫君，造郭以守民"，城市的出现标志着人类从被动走向主动，从野蛮走向文明。大学是城市文明发展到特定阶段的产物，一切文明社会对知识的探求、保存和传承都需要由大学来承担，最先进的思想精神和文化理念，总是从大学开始。在大学和城市的关系当中，经常有一句话说"大学依城市而兴，城市因大学而盛"，城市与大学共荣共生。从全球来看，世界一流大学高度地集聚并且集中在经济实力强大的大都市和大区域，换句话说，顶尖大学未必都在大城市，但全世界的大城市至少会拥有一所顶尖大学。现代意义的大学兴起于中世纪，中世纪西欧大学最显著的一个特征就是大部分学校都产生于城市之中，大学与城市一起成长。如牛津大学、剑桥大学以及法国的巴黎大学等都是以城市为孵化器。最初，大学与城市的关系并不总是融洽的，"城镇与学袍"在合作与冲突中处于动态平衡状态。自11世纪以后，城市发生了明显变化：人口重新开始增长，城市中的手工业有可能向工厂工业发展，商业促进了经济的快速发展和社会的繁荣。这也使得世俗权力和教会都注重对城市的建设和控制。新兴的自治城市拥有良好的经济条件、文化氛围、基础设施，不仅为大学的兴起奠定了坚实的物质基础，而且对各地先进知识分子具有集聚效应。随着他们从象牙塔走向十字街头，大学逐渐成为推动城市社会发展的重要力量。城市是地方大学的办学载体，为地方大学建设发展奠定基础，从某种意义上来讲，地方大学又是城市社会发展到一定阶段的产物。进入工业时代之后，大学的生命力日益旺盛，已经成为科学技术发展的引擎，社会文明进步的象征，国家实力增强的根基。"信息的爆炸，通讯革命、电子全球村庄、自动化生产、电脑化管理……，都是在过去一百年中发源于大学和研究所之中的。"[1]英国诗人约翰·曼斯菲尔德这样盛赞大学："世间再无堪与大学相媲美的事物。在国破家亡、价值沦丧之时，在大坝坍塌、洪水肆虐之时，在前途黯淡、了无依赖之时，不论何地，只要大学存在，它就巍然屹立，光芒四射。只要大学存在，人的自由思想、全面公正探索的冲动仍能将智慧注入人们的行为之中。"[2]在大学和城市的发展过程中，城市哺育大学，大学引领城市，两者相伴而生，共同发展。一方面，人类社会自从有了城市，就出现了对于社会具有引导和推动作用的经济、政治和文化中心，城市因自身经济、政治、教育、医疗、科学、信息、文化、休闲的优势而成为大学的辐射源，源源不断地为大学提供必备的物质与智力资源。另一方面，大学以

---

① 徐辉：《高等教育发展的新阶段：论大学与工业的关系》，杭州大学出版社1990年版，第1页。

② [美]罗伯特·伯恩鲍姆：《大学运行模式》，别敦荣等译，中国海洋大学出版社2003年版，第6—7页。

知识作为加工的基本材料，以知识的保存、知识的传播、知识的发现、知识的应用、知识的理解作为自己的基本活动方式，大学通过转移和应用高深知识去应对和解决复杂的经济社会问题，对所在城市及其区域产生有形或无形的影响。二者相互促进，共同成长为人类文明最美的花朵。

（二）大学与城市互动的现实可能性

随着城市化的不断推进，城市设施逐步配套，功能日益健全以及现代化水平逐渐提高，大学的规模也在不断扩大，并且由规模的扩大转向内涵的集聚和深化，许多与大学有关的生活、服务以及向大学延伸的科研机构逐渐兴起，加速了城市化的进程。大学城是一种典型的知识密集型组织。所谓"大学城"指的是将若干所大学聚集在一处，形成一个以大学为纽带，辐射周边地区的，集教育、科研、生产于一体的城市社区。城市的发展以此为中心而展开，比如美国纽黑文是兴旺的海港，后来又发展了工业，但使它扬名海内外的则是耶鲁大学；有的是若干大学聚集在一起，使得大学周边地区或大学校园本身成为具有规模的城镇，简言之就是形成了"城校交融，城在校中，校在城里，城校一体"的发展格局。

智慧城市的形成离不开大学的引领。科技创新中心往往是一座汇聚知识经济、金融、贸易、技术的多元化城市，本地居民宽容和开放的态度为不羁世俗的科学家、创业家和艺术家提供了能够激发个人潜力的创造性的氛围。正是这种充满活力和挑战的环境，吸引世界各地的学生来到世界各个知名大学深造，这些源源不断的大学毕业生也为城市不断发展提供了动力源泉。位于美国加利福尼亚州北部、旧金山湾区南部的硅谷，可以说是世界上最著名的高科技圣地，聚集了全美最多的高科技公司和高技术人才。现在"硅谷"一词已经成为高新技术产业的代名词。硅谷的成功，首先在于汇集大量多样性的人才。这里坐落的世界著名大学斯坦福大学，为其提供了人才保障。硅谷拥有各种各样的高素质人才，包括企业家、科学家、工程师、投资家、金融家以及法律专业人员。其次是大学与企业相结合的产学研集群效应显著。硅谷汇集了包括英特尔、苹果、谷歌等在内的许多全球顶尖的高新技术产业，它们为硅谷的发展注入了"灵魂"。斯坦福大学等高校在为硅谷的企业提供各种领军人才的同时，也成就了硅谷。

从国外的成功经验来看，大学城的发展可以作为区域经济发展的增长极和区域内创新活动中心，对周边地区具有积极的带动作用，更多承担知识分享、创新以及生产力的创造、转化、释放功能。中国的大学城不仅拓展了高等教育发展空间，加快了高等教育大众化进程，而且成为城市化的主要内容和社会发展的缩影。20世纪末21世纪初，"大学城"作为一个新兴事物开始出现在人们面前，之后中国大学城如雨后春笋般在我国层出不穷，突破大学城与周边地区之间的界限多方位蔓延。"20世纪80年代改革开放之后，一些高等教育资源匮乏的城市，纷纷办大学，被称为中国的'新大学运动'。20世纪90年代后期，高等教育快速发展，许多城市为容纳高等教育日益庞大的'身躯'，纷纷建'大学城'，满足大学的需要的同时，期待大学的更大贡献。进入新世纪，随着国家和地方经济社会发展，大学与城市双向吸引，互动更加深入。有的城市与大学建立战略合作，有的城市斥巨资建设大学园区，请大学'入驻'，有的还建设国际大学园区，不仅吸引国内的大学，还积极引进国外的著名大学，有的把建好的大学校园无偿送给大学等。"①我国大学城的建设始于2000年的河北廊坊东方大学城。至2005年年底，全国已建成大学城60余座，涉及21个省、自治区、直辖市，形成了一个个"教育经济岛屿"。2003年，上海市委、市政府作出了把杨浦从"工业杨浦"向"知识杨浦、创新杨浦"转型的重大战略决策，推出大学校区、科技园区、公共社区"三区融合、联动发展"的"大学圈"理念，先后建成了杨浦区、宝山区、松江区、奉贤区和上海浦东新港区等若干大学城，这些大学城已成为上海市区域创新体系的重要组成部分、科创中心建设的重要承载地和策源地。在国内的教育重镇广州，广州大学城虽然创建至今只有20多年，却已经建设成为国家一流的大学园区：名校齐聚，高楼林立，文化设施齐备，甚至有诸多大型实验设备。可以说，广州大学城已经不仅是"大学"之城，同时是广州乃至整个华南地区的科技创新中心和国际科教合作基地。2010年，当时南方科技大学还未落地，深圳市就已投入近100亿元巨资助其解决各类建设问题。南方科技大学可以说是在广东省及深圳市的大力支持下不断发展壮大的。大学在拉动城市经济增长的同时，还发挥着向城市输送各类专业人才和高新技术的职能。因此，许多城市都把高等教育发展作为城市发展的基础和前提。

二、大学文化与城市文化

大学的诞生始终与现代城市的发展相伴随。大学是社会、城市的思想库，是社会和城市主导精神的发源地。大学人在价值认同、价值取向和行为方式等方面形成深层次的群体意识，具有不同于其他社会群体的

---

① 张德祥：《大学与城市互动发展研究》，载《现代教育管理》，2017年第9期。

团体意识和气质特征，这种意识和特征经过长期的积淀就形成了大学文化。城市文化是现代工业化发展和社会城市化进程的产物，它通常也被称为"都市文化"。广义的城市文化，是指城市人在城市发展过程中所创造的物质财富和精神财富的总和。狭义上，城市文化是指生活在城市社会组织中的人们的知识水平、精神信仰、行为艺术、道德标准、法律制约、风俗习惯，以及所有城市社会所养成的任何能力和习惯，它是"城市人"的生活状态、行为方式、精神品质和城市风貌的一般形式。城市文化与大学文化，作为文化分层意义上的中观文化和微观文化形态，无时无刻不发生着相互作用，具有互相影响、互相促进、相融相生、共存共荣的互动关系。

（一）大学文化和城市文化的融合共生

如今的大学早已不是中世纪所形容的"象牙塔"了，大学与社会的联系越来越紧密，大学文化作为一种高层次有活力的文化形态，通过先进深刻的思想与科技文化活动、高雅的文化生活及人才输出等因素，对整个城市文化的发展产生示范、引导与改造作用。在现代工业化经济中，知识正日益被视为一个重要的生产要素。在城市的发展过程中，对受过高等教育的人才和劳动力的需求，无疑催生了世界上第一批大学。所以，严格来说大学是城市的产物。城市以其独特的地理环境、历史沿革、经济形态塑造了独有的文化，每个城市中的人都会不自觉地受到这种文化的影响，大学自然也不例外。

（1）城市文化对于大学文化而言是赖以生存的土壤和根基。大学文化自诞生起就深受城市文化的熏陶与浸染，在长期的发展过程中自然而然地被刻上城市的独有印记。大学文化与城市文化的互动关系实际上与"大环境"与"小环境"的关系相似。当城市的经济、政治、文化等"大环境"发生变动时，作为"小环境"的大学文化也会受到相应的影响。具体体现在：一是城市的地域特色，直接影响到大学的校园景观和建筑风格，同时也影响了作为大学精神所在的校风、校训，大学的内在特征和外在表现都烙上了城市文化的烙印，凸显出地方城市文化的内涵和特征；二是城市的经济发展对于知识要素、人才要素、科技要素的巨大需求，催生大学致力于科技创新、人才培养、服务社会等独特品性，在这个过程中大学逐渐找到自身的定位，大学文化在长期的历史积淀中也被赋予这种独有品格。

（2）大学文化反过来推动城市文化的塑造与生成。大学文化以大学为载体，是大学历届师生传承和创造的物质成果和精神成果的总和，呈现出追求真理、崇尚自由、严谨求实、开放包容等特性，这为大学文化反哺和推动城市文化发展提供了必要的基础和力量。一方面，大学文化是一种以大学为载体的文化形态，而大学从其起源之初就是聚合智慧、聚合文化的载体，不仅是各路文化人才的聚集地，是各种思想流派相互交锋、相互融合的场所，也是产业、资金、技术和建筑物密集的场所。大学文化创新的重要标志，突出地体现在学校师生员工所进行的创造性劳动过程及其所产生的成果上，如产生的新科学、新技术、新理论、新思想、新观念、新设施、新环境、新制度等等。这些创新的形态具有超前性，反映着时代的变化，与城市的发展步伐合拍，体现着城市文化与大学文化的交融，影响和推动着城市文化乃至整个社会向前发展。

进一步来讲，大学文化在推动城市整体文明进程中发挥重要作用。文化作为一个民族、一个国家的符号象征，既是维系人与人之间的纽带，也是推进社会发展的有力武器。大学作为城市甚至是一个国家的标志，以文化的辐射和引领作用，转化为城市文化和城市精神的内生动力，以此提升城市的品位和形象，推进城市经济文化的繁荣发展。大学文化推动城市文明进程，一是来自大学文化的超越性特征，它高于城市文化的一般形式，具有引领城市多元文化和城市文明进程进一步发展的基本属性，是社会先进文化的代表；二是大学文化在保有和追求超越性的同时，也具有强烈的社会参与性。它以思想观念和精神品质上的人本性、开放性特征，为城市发展提供不竭的新文化内涵与动力，加速城市精神的塑造与城市品格的完善。

（二）大学文化和城市文化碰撞共鸣

大学与城市在诞生之初就有着天然的联系，但并不意味着两者之间是一帆风顺和包容发展的，也不意味着一方从属于另外一方。大学与城市之间的冲突不仅是利益冲突，更多的是一种文化上的冲突。

（1）大学文化与城市文化存在差异和冲突。大学文化的根本价值取向是"求真"，亦即追求学术自由，正如蔡元培指出："此思想自由之通则，而大学之所以为大也。"①可见，学术自由作为大学最核心的使命之一，是大学文化的集中体现。在学术自由的环境中，大学文化也被赋予了"开放包容，兼收并蓄"的独有品格；城市文化则以"务实"为基本取向，是在历史积淀下的城市生活、人情、风貌的展现，是城市市民所认同的共同价值观与行为准则。人文精神是城市文化的本质所在，城市主要以打造

---

① 《蔡元培教育论著选》，人民教育出版社 2011 年版，第 177 页。

更舒适、更美好的城市生活为使命，不断服务城市居民追求更高生活质量的需要，来体现这种人文精神。基于此，城市需要大学去关注并服务城市的发展和社会的需求，以"务实"为导向的城市文化自然与以"求真"为导向的大学文化产生了分歧。

（2）校园文化与市民文化存在差异冲突。人们通常把大学比喻成"象牙塔"，"塔"是神秘而内敛的，而"象牙"象征着白色、高贵、神圣、坚韧等品质，"象牙塔"意喻大学崇尚理性、关注永恒、追求超越的精神品质。大学的校园文化同样具有"象牙塔"的精神品性，它体现在大学人的价值观、道德观、审美观之中，具有理想性、学术性等特点，是现代社会优雅文化和精英文化的代表；市民文化是随着城市手工业、商业发展而形成的一种文化，是普通市民价值追求的体现，具有世俗性、实用性、地方性等特点。校园文化不同于以市民文化为代表的文化群体，二者基本文化内涵的差异，使得它们在文化交流中产生冲突和矛盾。但从长远来看，校园文化与市民文化的差异会使大学文化与城市文化之间的互动关系更加深入。

（三）大学文化与城市文化合作共赢

深化大学文化与城市文化的互动交流，对于培养大学文化的文化个性和文化特质，提升城市文化品位和文化软实力，都具有独特而深刻的实践推动作用。大学文化与城市文化不仅有互相冲突、互相碰撞的一面，也有互相促进、互相滋养的一面，两者在某种程度上可以实现合作共赢。

（1）创立大学文化与城市文化建设接轨模式。在接轨的过程中，大学文化在向社会文化输送先进文化和理念的同时，也要向城市文化汲取有益经验，与城市建立完善的常态化的沟通交流机制，举办机制性合作活动，建立稳定的沟通联系渠道，增强科技成果创造力和转化活力。例如，国外大学文化与城市文化互动的内容有社区服务实践、社会公益活动、劳动教育等形式，大学与城市的壁垒被打破，大学与城市的关系日益密切，大学文化与城市文化的交融也日益深入。大学作为城市文化的"智库"，代表了城市的文化软实力，应主动对接城市的经济社会文化发展需求，畅通渠道、总结经验，推动企业与高校展开深度合作，联合培养人才，聘请企业研发人员参与科研项目与课堂教学等。如大连大学"积极开展校地、校企、校区、校校等多种形式的合作，并在共建大连市科技成果转化中心、大学科技园、大学生创新创业创投实践基地等公共平台方面达成了合作共识，积极推进大学与企业的精准对接，促进科技成果本地转化，为助推东北老工业基地振兴发展和大连'两先区'建设贡献连大力量"①。

(2)注重大学文化与城市文化的理论研究。大学应积极发挥其人才优势，在城市文化建设和城市文化研究等方面多做功课，特别是在探究城市文化建设与大学文化精神相互促进方面，提出更多新的思路和新的发展模式。同时，在大学文化和城市文化相互促进方面，还要因地制宜，既要结合大学自身优势，又要结合城市自身发展特点，开展相关领域的城市文化研究。比如，以工科为主的学校，应发挥学科的科技优势，对城市科技创造、科技成果的转化利用、科技的知识普及等相关问题进行研究普及，从而强有力地提升和发展城市文化的科技素质。

(3)实现大学文化与城市文化合作共赢。除此之外，还要与国际接轨，注重和国外高校的联合研究，注重城市特色及文化内涵建设，加强城市文化建设的横向比较研究，为城市文化建设服务。首先，大学的文化资源可逐步面向社会开放。大学所形成的文化，往往学科种类多且学术水平高，对于提高城市文化有很大帮助。比如图书馆、展览馆、校史馆等基础教育资源方便市民汲取优秀思想文化成果，了解学校历史文化。再比如，以大学研究机构为依托，加大对城市文化和城市精神的研究，开展名家讲座、名师讲坛等活动，实现良性互动。其次，增加大学与社会各种形式的社会接触，如组织丰富多彩的志愿者活动、技术服务活动、让大学生走进社区进行群体性文化活动等，使大学校园内积极向上的风貌产生深刻的社会影响。最后，城市文化资源可以为校园文化提供机会和平台。如美术专业的学生可以加入博物馆文创产品设计、编导摄影等专业的学生可以与企业合作拍摄宣传片、理工科的学生可以成为科技馆志愿者为市民讲解其中奥秘等。

三、大学校训对新时代城市精神的建构和践行

灵魂的塑造，说到底，是一种精神的塑造。城市精神是一座城市的精神标杆，也是文明素养和道德理想的综合反映，而大学则是城市人文精神的引领者，大学的精神气质，如活水般源源不断地注入城市，提升城市品格。因此，城市孕育了大学，大学也滋养着城市。新时代城市精神的建构和践行是大学的文化担当。

(一)城市精神滋养形塑大学校训

城市的文化资源是丰富的，从书香氤氲的阅读场所，到散落街巷的

---

① 赵玉娟：《大连大学与城市发展的融合》，载《大连大学学报》，2020 年第 3 期。

人文意蕴，是城市居民的生活，也是对学生开展爱国主义教育和文化传承教育的重要基地。在中国近代史上有三次大的移民潮，分别是闯关东、走西口和下南洋。我们通常所说的闯关东，主要指清代中后期的历史大移民，以山东人为主体的贫苦百姓，不顾禁令，闯关越墙，去山海关以东地区艰难谋生的历史。"闯关东"精神孕育于长达300年的"闯关东"运动中，是在特定的历史条件下形成的悲壮感人的文化精神。"闯关东精神"是中华民族精神的传承与发展，它集中体现了爱国主义精神、天人合一思想、齐鲁文化精神和自强不息精神，辽沈大地就是这种精神的主要孕育地之一。辽沈人民在这方土地上留下了富有传奇色彩的文化故事以及丰富多样的文化形态，形成了爱国、担当、勇敢、乐观、坚韧、豪迈等独特的辽沈地域精神气质。这种极具地域标识的气质也催生了孕育成长其间的东北大学的校训气质。

1. 一部东大史，半部东北振兴史

1929年，肩负着御辱图强的使命和期盼，东北大学发端于沈阳这块人杰地灵的宝地，在日本不断加紧对东北进行军事和文化侵略的背景下，东大在白山黑水之间撑起一面兴学育人、文化救国的大旗。以"知行合一"为校训，这所黑土地孕育的东北第一所大学，舍宇壮丽、良师荟萃、学风淳穆，极一时之盛，创建后仅仅8年就跻身国内一流学府的行列。"闯关东精神"及辽沈地域独特的精神气质中独立自主、自力更生的艰苦创业精神、爱国精神等也深深影响着东大人，成为东北大学的光荣传统和优良校风。在极端艰苦的条件下，东大人自立自强，不惧千难万险，不怕千辛万苦，以坚韧不拔的劲头，不仅在风雨飘摇的民族危难中逐步开拓了自己的生存空间，更在国家发展、民族复兴的进程中留下了自己浓墨重彩的一笔。在被迫流亡办学极端恶劣的条件下，东大师生逢山开路、遇水架桥，先到北平，后迁开封、西安，又南下三台，一路斗争，一路建校，历时18年，迁徙8次。东北大学像一列永不停息的文化列车，冲破重重封锁、克服重重困难开拓创业，每到一地即在当地扎根发展，把文化的火种撒播到所到之处，让东大的血脉得以保存、东大的传统得以赓续。千锤百炼，九转功成。东北大学，这所堪称中国"最苦难"大学的高等学府，这所中国流亡时间最长的大学，这所颠沛流离、创业不止的大学，终于在1949年迁返沈阳，在满目疮痍、百废待兴中，东北工学院披荆斩棘再创业，为中华人民共和国的建设不遗余力。顺应时代发展而生的东北工学院以"办学强国"取代"办学救国"，在沈阳的南湖地区从零开始，艰难起步。1993年，东北大学复名，2003年，总结学校

80 年办学经验，学校将校训定为"自强不息，知行合一"。回望东北大学近百年的发展之路，可以说东北大学一直自立自强，不断艰苦创业，以大无畏的勇气攻坚克难，开拓前行，矢志为国。在这个过程中形成的东北大学"自强不息，知行合一"的校训，是辽沈大地独特精神的彰显，也是大学校训汲取城市精神滋养的有力证明。

2. 新时代新使命，东北振兴新机遇

新时代新征程，习近平总书记先后三次到东北视察。2023 年 9 月在黑龙江省哈尔滨市主持召开新时代推动东北全面振兴座谈会并发表重要讲话强调："努力走出一条高质量发展、可持续振兴的新路子，奋力谱写东北全面振兴新篇章。"2018 年，也是在金秋，深入推进东北振兴座谈会在沈阳召开。从"深入推进"到"新时代推动"，从"东北振兴"到"东北全面振兴"，主题一以贯之，也昭示着新形势、新机遇和由之而来的新思路、新举措，这是东北全面振兴蓄势待发的新突破，也是东北高校的新挑战。

当前，我国社会主要矛盾已经转化为人民日益增长的美好生活需要和不平衡不充分的发展之间的矛盾。推动高质量发展，全面建设社会主义现代化国家，必须着眼人民美好生活需要，切实把高质量发展成果转化为高品质生活，不断实现好、维护好、发展好最广大人民根本利益，进一步把以人民为中心的发展思想落到实处。党的二十大报告指出："积极发展社会主义先进文化，突出保障和改善民生。"文化是繁荣经济最有效的手段，大学文化潜移默化地渗透到大学师生的思维和行为方式之中，凝结在母校与校友间深厚的情感之中，这种以情感为基础，以人才、技术、资本为要素，开展的沟通网络、服务交流、合作回馈，使得大学与城市之间形成了长期良性循环，推动构建多方共赢局面。

1923—2023 年，从抵御外侮、办学救国的老东北大学，到又红又专、工业兴国的东北工学院，再到科技报国、人才强国的新东北大学。东北大学经过多年探索与实践，以"自强不息，知行合一"的校训精神和"实干、报国、创新、卓越"的东大文化实施文化引领"四大工程"，为一流大学建设塑造精神内核。以校训精神中的"爱国"为神，以"报国"为形，形神一体打造全体东大人共有的"精神高地"和"价值坐标"。东北大学作为教育部、辽宁省和沈阳市共建高校，服务社会是大学的基本功能，"扎根社会，引领发展"是东北大学的光荣使命，主动融入辽沈全面振兴新突破，是东北大学义不容辞的责任担当。近年来，东北大学建设"中国特色、世界一流"大学，为我国高校高质量发展注入了强劲动力。百年校庆后，东北大学全体师生正如火如荼开展学习宣传贯彻习近平总书记给东北大学全体师生重要回信精神，贯彻落实"为推动东北全面振兴、推进中国式现代化作出新的更大贡献"，充分结合把握好"东北全面振兴"东大何为？"中国式现代化"东大何为？立足辽沈、辐射东北、面向全国、放眼世界，高质量推进中国特色世界一流大学建设，在服务国家战略需求、行业转型升级和东北振兴发展上展现更大担当作为。

（二）大学校训引领辐射城市精神

大学文化是社会文化的重要组成部分，它是以大学作为主要载体，通过每一届大学人的传承和创新，不断为大学积累的物质与精神成果的总和。大学文化在影响大学师生的同时，也对其所在的社会文化起到了积极的渗透和延伸作用。简言之，即为大学文化外延辐射作用。

（1）大学文化自觉渗透到城市文化之中，推动引领其发展。大学和城市在发展中的互动，有助于大学将其相关理论研究成果付诸实践进行检验，不仅可以推动城市发展，而且还将在互动中获取城市的相关支持与重视。如北京市 2016 年启动大学生创业服务平台和大学生创业板。由市人力资源社会保障局与中关村股权交易服务集团联手打造，并得到北京大学、清华大学、北京工业大学和海淀区人民政府四家协建单位的大力支持。《上海市教育委员会关于加快推进一流开放大学建设的意见》提出：建设一流开放大学，应进一步对标最高标准、深化综合改革、加快转型发展，进一步优化完善开放大学建设模式。鉴于此，沈阳市应积极吸收北京、上海等地的先进经验，为大学的发展提供生存空间和物质保障，城市的发展和文化氛围影响着大学的对外形象和精神风貌；反之，大学通过知识和文化传播，辐射和带动地方城市文明的发展，通过人才培养和科技转化，为城市提供智力支持，推动城市经济发展。

（2）大学对城市的滋养，是要用有品位的大学文化引领有品位的城市文化，是要用意蕴深远的校训精神引领多元发展的城市精神。以笔者所在的沈阳为例，在东北振兴的前提下，东北振兴必须文化先行。"沈阳有 40 余所大学，每所大学都有其独有的大学文化。比如东北大学以'自强不息，知行合一'为核心的实干、报国、创新、卓越文化，辽宁大学以'明德精学'为核心的人文文化，还有以鲁迅美术学院、沈阳音乐学院等从延安鲁艺一路走来的高雅艺术文化等等"①，这些校训精神也引领和辐射了新时代以"长子情怀、忠诚担当、创新实干、奋斗自强"为核心的辽宁精神，这 16 个字激励和鼓舞 4300 多万辽宁人民敢为人先、求新求变、

① 詹德华：《发挥大学引领作用　提升城市文化品位》，载《沈阳日报》，2019 年 12 月 5 日。

埋头苦干。"新时代是奋斗者的时代"，新时代辽宁精神，正是辽宁人民在暂时的困难面前不甘落后、永不服输、不屈不挠、自立自强，干出一片新天地、干出一个新辽宁的坚定精神表达。可以说这些大学校训把文化因子注入城市的血脉、播撒到每个角落，不断提升沈阳城市文化品位，是促进沈阳城市文化振兴的有效选择。有了精神的力量、精神的追求，一座城市才充满生机和活力，才能凝聚起更多人的智慧，勇往直前，奋力奔跑。

第二节　大学校训对坚定文化自信的助力

习近平总书记在党的十九大报告中指出："文化是一个国家、一个民族的灵魂。文化兴国运兴，文化强民族强。没有高度的文化自信，没有文化的繁荣兴盛，就没有中华民族伟大复兴。"党的二十大报告提出，要推进文化自信自强，铸就社会主义文化新辉煌。习近平总书记将文化提升到关乎国家命运和民族复兴的新高度，强调中国特色社会主义文化自信自强在实现中华民族伟大复兴的中国梦的进程中所起到的不可替代的重要作用。校训是大学的文化符号，更是大学自信的精神象征，代表着师生们共同的价值取向和理想追求，规范和指引着他们的行为。大学校训文化是提升大学生文化自信的重要载体，树立高度的文化自觉和文化自信也是培育和践行大学校训的必要前提和思想准备。

一、坚定文化自信推动大学校训传承与创新

大学文化作为中国特色社会主义文化的重要组成部分，内含于文化自信的战略建构中。基于文化自信的战略指引，大学必须迎接挑战，勇于担当，以高度的文化自觉和文化自信建设大学文化，传承创新中华优秀传统文化、大力弘扬革命文化、发展繁荣社会主义先进文化，增强师生文化自信，努力培养堪当民族复兴大任的时代新人。

（一）中华优秀传统文化为大学校训传承与创新奠定根基

中华优秀传统文化是中华民族的"根"和"魂"。习近平总书记指出："世世代代的中华儿女培育和发展了独具特色、博大精深的中华文化，为中华民族克服困难、生生不息提供了强大精神支撑。"在人类社会川流不息的历史长河中，中华民族之所以历经磨难而越挫越勇、奋发奋起，再次屹立于东方，挺立于世界民族之林，一个重要原因就在于培育和发展了独具特色、博大精深的中华文化，为自身发展提供了强大精神支撑和

丰厚文化滋养。历史和现实都证明，一个民族如果抛弃自己的文化，就会失去精神支撑，就难以屹立于世界民族之林。在新的历史起点上推进社会主义文化强国建设，需要推动中华优秀传统文化创造性转化、创新性发展，不断增强中华优秀传统文化的生命力和影响力，铸就中华文化新辉煌。大学校训的创新与发展，是在大学人共同精神基因基础上的创新，中华优秀传统文化是其内容、形式、载体生成的沃土。我国当代大学校训的创新与发展，必须在中华优秀传统文化中汲取养分，通过创造性转化和创新性发展，为大学校训奠定坚实根基。一方面，要坚持系统广泛的教育引导。通过落实《关于实施中华优秀传统文化传承发展工程的意见》《完善中华优秀传统文化教育指导纲要》等顶层设计，构建完善的大学传统文化教材体系、教学体系、课程体系，充分发挥学校相关学科优势，打造一批学科平台、科研团队、精品课程，为大学校训传承与创新营造良好的文化氛围、提供重要的学术支持。尤其是在相关教育中，既要突出知识教育与素养提升，更要开展以弘扬爱国主义精神为核心，以家国情怀教育、社会关爱教育和人格修养教育为重点的优秀传统文化教育。另一方面，要坚持日学而不察、日用而不觉的实践养成。富有人文情怀、秉持终极关怀是大学校训的重要特点，它既可以内化为大学自身的精神气度，也外化为师生的所言所行，无论大学校训如何创新，这都是其不可移易的根本，同时也是大学校训传承与创新所追求的目标。在全国弘扬中华优秀传统文化的大背景下，重庆移通学院正悄悄酝酿着书院文化复兴和新的崛起，"书院之目的，决不是复古，是为重建吾族之文化"（张君劢）。在学校新的教学改革历史时期，"培养完整的人"就需要汲取书院文化精髓，教会学生做人处事，重视学生个体的人格教育和人文素质教育，为"培养完整的人"提供教育资源、思想资源。

（二）革命文化为大学校训传承与创新立心铸魂

革命文化是中国共产党领导中国人民在伟大斗争中孕育锻造出来的独特革命遗存和风貌、革命精神和传统，它以马克思主义为指导，以"革命"为精神内核和价值取向，传承和升华了生生不息、博大精深的中华优秀传统文化，积淀了社会主义先进文化的底蕴，是文化自信的重要源头。正是在革命文化孕育锻造出来的宝贵精神财富引领下，中国人民挣脱了沉甸甸的封建枷锁，中华儿女踏上了勇于开拓的新篇章。习近平总书记指出："历史是最好的教科书。对我们共产党人来说，中国革命历史是最好的营养剂。"建设中国特色大学文化，传承与创新大学校训，要继承奋发向上的革命文化传统，引导大学生深刻认知革命文化是推动中国特色社会主义现代化建设的强大精神动力，让革命文化焕发新的生机与活力，从而更好地凝心聚力指导大学文化建设。首先，树立以革命理想为持久力量的使命观。革命文化体现出中国共产党人崇高的革命理想、坚定的理想信念、不屈不挠的斗争精神和忠诚可靠的优良品质，能够为大学生点亮信仰之光，大学应通过传承和创新红色文化，凝聚价值共识，使当代大学生铭记历史、珍视传统、向往崇高，不断增强价值判断力和道德责任感，在全面建设社会主义现代化国家新征程中奋勇拼搏，把理想和抱负熔铸在奋斗征程中。其次，树立以革命理想为持久力量的发展观。每个时代的文化都有其鲜明的特点，革命文化具有鲜明的中国特色和革命时代特征，传承与创新大学校训，要将其蕴含的革命文化融入时代背景，打上时代烙印，赋予新的时代内容。最后，树立以革命理想为持久力量的育人观。"培养什么样的人""如何培养人"以及"为谁培养人"是新时代高校的使命所在，也是大学文化创新需要解决的关键问题，大学校训传承与创新应始终把坚持理想信念教育作为贯穿始终的主线，通过革命史、党史学习教育，把革命故事融入校园文化中，从而培育大学人乐于奉献、勇于担当的优秀品质。

（三）社会主义先进文化为大学校训传承与创新指引方向

所谓先进文化，就是符合人类社会发展方向，体现社会生产力发展要求，代表社会成员最根本利益，反映时代发展潮流的文化。社会主义先进文化是以马克思主义为指导，立足当代中国现实，结合当今时代条件，以培养有理想、有道德、有文化、有纪律的四有公民为目标的发展面向现代化、面向世界、面向未来，民族的、科学的、大众的社会主义文化。大学校训的传承与创新，必须紧紧围绕办学定位和发展目标，坚持社会主义先进文化前进方向，以社会主义先进文化来指导大学校训文化建设。一方面，要用社会主义核心价值观凝聚共识、汇聚力量。坚持用什么价值观来引领，是文化建设的关键问题。从文化坐标域看，社会主义先进文化是中华优秀传统文化的横向坐标和先进西方文化的纵向坐标的交汇和融合，并在社会主义建设和改革的具体实践中逐步积淀和繁荣发展形成的。社会主义核心价值观是社会主义先进文化的灵魂和精髓。因此，大学校训传承和创新与高校培育和践行社会主义核心价值观是不可分割的系统工程，在校园中倡导国家、社会、个人三个层面的社会主义核心价值观，有助于确保大学文化在目标上有的放矢，在内容上明确、具体，为创新举措的落实落地提供引领，有助于大学履行好培养社会主义合格建设者和可靠接班人的重要职责。另一方面，大学校训传承与创新要主动服务国家和区域经济战略，服务地方经济社会发展，自然科学研究主要侧重相关理论和技术的转移、转化，为国家战略需求和区域经济发展提供技术支持；社会科学研究成果则更侧重理论研究，利用好大学的资源和人才优势，创作更高质量的文化产品，开拓新型传播渠道，既服务于发展社会主义先进文化，又促进大学自身文化向更高的形态发展。

二、弘扬大学校训增强文化自信

习近平总书记指出："文化自信，是更基础、更广泛、更深厚的自信，是一个国家、一个民族发展中更基本、更深沉、更持久的力量。"新时代的大学人必须对自身文化认同、肯定并持续坚守。这是大学的责任和使命，更是大学的理想和追求。因此，在新的历史时期，大学应该切实自觉担当起传承与弘扬中华优秀传统文化的责任，对中华优秀传统文化要多一分尊重、多一分敬畏、多一分真情、多一分实意，传承和弘扬中华民族源远流长的精神血脉。大学校训深受中华经典文化的滋养，浓缩了中华优秀传统文化的精华，必须弘扬和传承校训文化，培养大学生对中华优秀传统文化的坚定自信，使大学生主动承担发展文化的历史责任。

（一）民族担当：大学校训继承与创新民族传统文化

习近平总书记指出："我国有独特的历史、独特的文化、独特的国情，决定了我国必须走自己的高等教育发展道路，扎实办好中国特色社会主义高校。"[①]国家历史、文化和国情是我国大学的底色，也是大学文化自信的根基来源。现代大学创建的目的不仅在于学习和借鉴人类先进的文化科学技术，还在于传承辉煌灿烂的历史文化和文明，实现我国文化与文明的创新和超越。我国的大学文化有着深厚的历史渊源、丰富的时代价值，闪烁着马克思主义的光芒。这是大学发展自信的基础。大学文化要培育高度的文化自信，主动吸收前人积累的优秀文化成果，弘扬民族精神和时代精神，进而面对当前中国大学之发展、中国文化之发展、中国国人之文化觉醒，自觉地担起文化育人的责任。

1. 中国大学校训内容极具哲学的深度

我国大学校训深受中华优秀传统文化影响，极具哲学的思辨深度，无论形式还是内涵都具有哲学意义的艺术形式。首先是极具变化之道。

---

① 习近平：《在全国高校思想政治工作会议上的讲话》，载《人民日报》，2016年12月9日。

如清华大学校训"自强不息，厚德载物"最具代表性。该校训借用《易经》中"乾""坤"二卦的卦辞"天行健，君子以自强不息；地势坤，君子以厚德载物"，来勉励清华学子。乾、坤在《易经》中是总卦，乾对应阳，坤对应阴，两者合而生万物。"一阴一阳之谓道"彰显清华大学刚柔并济、阴阳相补的学术之道，成为规范师生行为的准则，是我国哲学底蕴及文化价值观的集中体现。其次是体现辩证统一的特点。纵观大学校训的特点：稳定性与变革性共存，简约性与丰富性齐备，传统性与创新性并举，规范性与灵活性皆有。大学校训能够至今熠熠生辉，究其原因，便是以上特点的矛盾对立性，互相牵制，互相平衡。最后是中国大学校训彰显中庸之道。"中"是人的思想意志，"庸"通"用"，有每日用的意思。何晏集解："庸，常也，中和可常行之德。"①"中庸"是把自我的理念贯彻到自我的行动中，持之以恒，而非不偏不倚、无过无不及。东北大学以"自强不息"的精神训导学生，以"知行合一"的精神要求学生。以知为行，以知定行，知是行之首，行是知之终，在持之以恒地追求真理与努力实践并重的中庸之路上，把握机遇，从而实现质的飞跃。这是一种对传统中庸之道的继承与创新，更是一种超越与突破。

2. 中国大学校训语言凸显文学的温度

文训相生，大学校训由文字组成，离不开句式结构、遣词造句以及语言用法等各方面的文学表达。校训与文学的先天同一性在后天相辅相成、相得益彰，形成了一种文训相融而成的文学艺术表达，对于丰富中国语言和中华文化具有不可磨灭的贡献。首先，格式既多样又简洁。从格式上来看，大学校训虽偏重对仗工整或押韵的对偶句，且多为四字箴言和八字箴言，也不乏一个词语、一句话等相对灵活的句子格式，但各校在制定过程中共识仍是言简意赅、对仗押韵。句式上，一言分为二字、四字；二言分为四字、八字；三言分为六字；四言分为四字；五言分为十字等诸多形式。尽管句式各有千秋，但大学校训深受中国诗词歌赋影响，整体格式上多简约对称，富有强烈的感召力，恰如其分地展示出文约事丰的语言特征，凸显出义深词洁的文学修养。其次是内容相近又富个性。大学校训是体现治学风范的箴言，也是勉励师生的格言，其博学、至善、厚德、勤奋、求是、慎思等词语多选自《论语》《中庸》《大学》《易经》等古代经典。例如，中国海洋大学校训"海纳百川，取则行远"，大连

---

①　《论语集解·雍边第六》。转引自孙云、孙镁耀主编：《新编哲学大辞典》，哈尔滨出版社 1991 年版，第 463 页。

海事大学校训则是"学汇百川，德济四海"。如果不同类型学校使用同一词语，会将第二句改变。最后是表达含蓄又丰富。中华民族受传统儒家影响，向来十分含蓄，擅于用借物喻人、托物言志等隐晦的表达方式表明志向，以"意合"的方式传递信息，大学校训尤为典型。例如，同济大学将"同舟共济"作为校训，字面意思即乘坐在一条船上的人，深层含义是同坐一条船上的人要一起齐心协力地面对风浪，巧妙地将同济大学校名、办学经历、对未来的希冀以及同济人的家国情怀融合在一起，简单内敛却饱含复杂的情感。

3. 中国大学校训意蕴彰显审美的厚度

教育的终极目标是追求真、善、美，近年来我国愈发注重通过在思想上建立多元的审美观和加强美育，不断提升审美品位。大学校训除了是大学理念的汇聚，也是大学文化品位的外化。首先是中正大气之美。我国大学校训字里行间包含着中正大气的精神风骨，拥有一种阳刚之美。南京航空航天大学校训"智周万物，道济天下"取自《周易·系辞上》的"知周乎万物而道济天下"。"知周乎万物"本义是古代圣人要能够周知万事万物才可有知；"道济天下"则是指掌握知识以后要去实践，去济助天下而非天地，表现出以人为本，救助万物的伟大抱负。其次是婉约灵秀之美。婉约灵秀之美的校训内容侧重感情的纾解，多借物咏怀，言情之美和自然之美同时并举。中国农业大学校训"解民生之多艰，育天下之英才"引用自屈原《离骚》名句"长太息以掩涕兮，哀民生之多艰"，其中"民生之多艰"的强烈忧患意识，时至今日依然是中国的国情。以"解"代"哀"，以此为己任的大气取代了原句中的悲戚之气，感动并激励着中国知识分子为国为民情怀。最后是中和醇雅之美。中华民族历来"以和为贵"，讲究万物和谐。中和醇雅之美源于儒家中庸之道，是一种历来崇尚"温柔敦厚"的正统美。它以一种宽容的姿态中和各种美。如中央民族大学校训"美美与共，知行合一"借用此句，倡导人与人和，知与行合。如果从接受美学这一角度来看，校训带有温和的亲和力，能够让人在情感上乐于接纳，进而净化人的心灵。由此可见大学校训的审美与高校美育也息息相关。

4. 中国大学校训与传统家训的互动作用

天下之本在国，国之本在家，家之本在身。在中国的传统文化中，家国情怀是重要的文化基因。"齐家"而后"治国"的家风家训家规不仅承载了祖祖辈辈对后代的要求、鞭策和希望，更是中华民族精神传承和中华文明延续的重要载体，是中华民族绚烂的文化瑰宝。习近平总书记指出，尊老爱幼、妻贤夫安，母慈子孝、兄友弟恭，耕读传家、勤俭持家，知书达礼、遵纪守法，家和万事兴等中华民族传统家庭美德，铭记在中国人的心灵中，融入中国人的血脉中，是支撑中华民族生生不息、薪火相传的重要精神力量，是家庭文明建设的宝贵精神财富。本人在研究大学文化、大学校训的同时，也逐渐开始研究中国的家训文化，如曾撰写或接受访谈发表《家训的回望与复兴》《孙雷谈重修家训：为人仁义　处事明礼》《重拾家训　赓续中华优秀传统文化基因》等，并在回故乡丹东与族人相聚时重修了家训，发挥家训对家庭文化的重要作用，这些研究更反过来加深了对校训研究的认识。

家训的产生和发展源远流长，从一定意义上讲，家训应该是伴随着家庭的产生而产生的。现代意义上的家庭，从中国情况来看，已有近5000年历史，从周文王的《诏太子发》算起，成文的家训至今已有3000多年历史。西周时，周公曾诫子伯禽修养德行，礼贤下士；春秋时期有孔子教儿子孔鲤"不学《诗》无以言""不学《礼》无以立"等庭训；秦汉以后，历代帝王、名人志士、文豪学者、文武大臣，以及书香之家、世宦之族，多以家训的形式训诫子弟，教育后代；在封建社会，无论官僚士大夫还是一般读书人，历来以"修齐治平"，即修身、齐家、治国、平天下为个人的立世目标。齐家，是中国人社会生活的重要部分。为人父兄的家长，为了完成齐家之任，就往往通过家训、家书的形式，向后代灌输古今圣贤的思想，鼓励后代的志向，以"合乎礼仪"的做人规范和处世艺术来训诫后代。几千年来，这已成为一种传统，代代不息，蔚为大观。这些家训有不少流传至今，为我们留下了一笔宝贵的思想文化遗产，也为"校训"的形式提供了可资借鉴的样板。

校训、家风是一种综合的教育力量。无论是家训也好，校训也好，都是一个集体的行为规范和价值准则，不管是家庭还是学校，具体到某一个群体，都要有公共的价值准则和共同的行为规范，这对于集体中的每个人，都非常重要。校训和家训都是教育体系中的重要组成部分，它们都是为了帮助学生更好地成长和发展。校训通常是一所学校的核心价值观和精神的体现，它不仅影响着学校的教育教学，也影响着学生的思想和行为，良好的校训能够充分体现出办学者的教育理念、精神境界和价值追求，并且还能够"内聚人心，外树形象"。家训则是家庭的核心价值观和精神的体现，它影响着家庭成员的思想和行为，也影响着家庭的教育方式和方法，从深奥精微的家庭教育文化中寻找源泉，例如《曾国藩家书》《朱子家训》和《傅雷家书》等著作都是家教的典范，浓缩了为人处世、持家教子的智慧。

校训和家训之间有着密切的联系。首先，校训可以促进家训的发展。校训是一所学校的灵魂，它通常代表着学校的核心价值观和办学理念。家训则是家庭教育的核心，它传递了家庭的传统和文化价值观。通过校训的引导，家庭可以更好地理解学校的价值观和文化，从而调整和完善自己的家训，使其与学校的价值观相一致。其次，家训也可以促进校训的实施。家训是家庭教育的基石，它可以帮助学生树立正确的价值观和行为准则。在校训的指导下，学校可以更好地将家训中的价值观融入日常教育中，从而帮助学生更好地理解和遵守校训。最后，校训和家训的相互促进可以为学生提供更加全面和深入的教育体验。通过学校和家庭的共同努力，学生可以更好地理解并遵守学校的价值观和行为准则，从而更好地融入学校生活。同时，学生也可以通过家训的引导，更好地理解并传承家庭的价值观和文化传统。在实践中，校训和家训的结合可以产生更好的效果。学校可以通过开展各种活动来宣传和实施校训，同时也可以邀请家长和学生一起参加这些活动，从而增强学校与家庭之间的联系和沟通。家庭则可以通过日常生活中的点滴小事来贯彻家训，同时也可以借鉴学校的校训来引导学生树立正确的价值观和行为准则。如为了让中华优秀传统文化普照每个大学生心灵，福州大学把"弘扬中华家训文化"作为切入点，立足校史校训，以老校长卢嘉锡、魏可镁等人的优秀品格为主题，探讨他们身上体现的乐学善思、敬业奉献、拼搏奋斗等中华传统美德。总之，校训和家训都是教育体系中不可或缺的组成部分。它们之间相互促进，相互补充，可以为学生提供更加全面、更加深入的教育影响。因此，我们应该注重校训和家训的结合与实施，以更好地促进学生的成长和发展。

（二）时代使命：大学校训提升文化交流的自觉与自信

"校训文化作为校园文化中的主流文化，是社会主义先进文化的一部分，是民族精神、时代精神与大学精神的凝聚和积淀，是和谐校园文化建设中起决定作用的主导因素，也是构建和谐校园最有力的思想和道德上的根基与保障。"[①]时代先进文化需要长效推动，核心价值观需要深入人心，这意味着必须充分利用好建设好大学校训的文化阵地，发挥好播种机的作用，以包容的姿态和创新的发展迎接和应对新时代的挑战。

1. 中国大学校训在高等教育对外开放和交流中凸显中国文化特色

习近平总书记多次强调建设中国特色、世界一流大学不能跟在别人

---

①　郝桂荣、李本智：《大学生文化观现状及树立文化自信研究》，载《学校党建与思想教育》，2015 年第 3 期。

后面依样画葫芦，必须发挥自身优势，实现特色发展。大学文化的特色是长期实践探索的结果，新时代的中国大学校训是在坚定中国特色社会主义道路自信、理论自信、制度自信、文化自信"四个自信"的核心价值内涵指引下的对中国大学特色化发展的提炼与总结，是对中华优秀传统文化的挖掘、提炼、内化与升华，是对富有中国特色、中国立场的大学办学理念的形成与涵括，是中国高等教育在对外教育交流与合作中体现中国风格、展示中国气质、表达中国精神的文化之源。如中国海洋大学校训"海纳百川，取则行远"。"海纳百川"，语出《庄子·秋水篇》，意指海大人应虚怀若谷，海大校园应百花齐放，能容纳各种学术思想、各路英才。"取则"典出晋陆机《文赋序》，"行远"典出《中庸》，"取则行远"，意指海大人既能够遵循科学规律，又能够眼界高远，脚踏实地，朝着既定的目标奋进。中国海洋大学校训是社会主义核心价值观在中国海洋大学的具体呈现。

2. 中国大学校训在高等教育对外开放和交流中体现中国大学文化质量

高质量发展是高等教育主动将自身发展"小逻辑"服从服务国家经济社会发展"大逻辑"，是当前和今后一个时期高等教育战线的头等大事。在对外教育交流与合作中，中国大学校训所倡导的"和为贵""兼济天下""以邻为善""宾至如归"等理念在尊重文化多样性和差异性，促进各国文化间相互借鉴、求同存异，传播中华文化，增强中华文化的国际影响力等方面具有重要的导向作用。在扩大教育对外开放的背景下，这种文化精神有助于把优秀传统文化中具有当代价值、世界意义的文化精髓提炼出来、展示出来，不断激活镌刻在中华民族内心深处的"文化基因"和"精神密码"，提升中华文化影响力、增强中华民族凝聚力，促进其他国家对中华文化的理解与认同。对大学而言则体现为大学提供高质量的教育服务与优质的公共服务，培养一大批具有家国情怀和宽广视野、阳光心态和创新精神的高素质、复合型人才，不断增强高等教育服务民族复兴、促进人类进步、不断推动构建人类命运共同体的能力。

3. 中国大学校训在高等教育对外开放和交流中增强大学文化的开放性

作为知识的集散地和思潮的发源地，大学应引导我们从一个更加高远的视角，引领大学发展新境界，确认大学文化新身份，做文化的守望者，推进文化的传承创新。大学对外开放的实质是大学文化的开放。高等教育国际化，应该是各种思想文化相互交融、相互激荡并兼容并蓄、砥砺创新的过程。一方面，中国大学校训所持的多元甚至是对异质文化的包容、尊重与互惠的自觉姿态，对新事物、新理念、新观点的理性批判与自觉内化，深刻地影响和推动着中国大学运作的理念与逻辑，有助于我国高校从理念层面积极致力于建构包容性、对话性、互动性的开放型文化，尊重不同的文化诉求，积极吸纳先进的教育理念和教育经验；另一方面，中国大学校训从实践层面打破文化系统间的隔绝和封闭状态，促使不同文化系统实现有机衔接，推动资源、人才、信息等文化要素的充分汇通，促进国家级、区域性、城际、校际的人文交流与合作机制的形成，使教育对外开放和交流成为促进民心相通、文化信任与合作共赢的"润滑剂"。

第三节　大学校训促进人类命运共同体的构建

2020 年 5 月 17 日，习近平总书记给北京科技大学全体巴基斯坦留学生回信，勉励他们多了解中国，传播中国好声音，为促进民心相通，推动构建人类命运共同体贡献力量。2023 年 3 月 15 日，习近平总书记在中国共产党与世界政党高层对话会上做主旨讲话时指出，"中国式现代化作为人类文明新形态，与全球其他文明相互借鉴，必将极大丰富世界文明百花园"。在百年未有之大变局的重大背景下，人们面临新的政治、经济、文化、思想等各领域的冲击，这对人们的是非观和辨别能力提出了更高要求。大学校训包含着以"良知文化"为核心的现代大学文化，包含着对是非的判定、对爱国的理解，凸显文化传承与国际交流功能，强调人类的共同人性、相互依存、社会团结与信任的重要性，是人类的精神家园和人类智慧的花朵，必然成为构建人类命运共同体的精神力量。

一、大学与人类命运共同体

党的二十大报告指出，"推动构建人类命运共同体，创造人类文明新形态"。人类命运共同体理念是中国参与全球治理体系改革和建设的基本理念，在全世界引发广泛反响。大学是人类进步的象征，它诞生于人类中世纪文明，发展了人类近现代文明，是人类追求文明进步的精神殿堂，必然与人类未来文明共命运。

（一）人类命运共同体的理论内涵

共同体是对某一类事物的集体称谓。当我们说这是一个共同体时，就意味着，我们是从事物的整体去把握和理解该类事物的。共同体是人的类存在的基本方式，它是人们在共同条件、目标下形成的集体。一般认为，把共同体(Community)从社会(Society)概念中分离出来作为一个基本的社会学概念(Society)，最早是由德国社会学家滕尼斯在1887年发表的《共同体与社会》(*Gemeinschaft und Gesellschaft*)中提出的。"Gemeinschaft在德文中的原意是共同生活，滕尼斯用它来表示建立在自然情感一致基础上、紧密联系、排他的社会联系或共同生活方式，这种社会联系或共同生活方式产生关系亲密、守望相助、富有人情味的生活共同体。"①自滕尼斯提出以后，这一概念被不断嵌入不同的语境中而得到丰富和发展。在经济全球化快速发展的今天，更多的社会问题、安全问题、环境问题等需要全球协同治理解决而非区域解决。"而人类命运共同体这个概念，则是主体与内容相结合的一种语词结构，其主体是人类、其内容是命运，或者也可以理解为，人类命运共同体中的'命运'是对人类共同体概念的限制。"②

共同体是人类社会生存的基本状态。当今世界各国之间相互依赖程度日益加深，国家间关系的发展表明国际社会正向一个全球性国际共同体转变，人类共处于一个有着共同生存、共同发展、共同安全的命运共同体中。何谓"人类命运共同体"，中国共产党在十八大报告中的广义界定是，"在追求本国利益时兼顾他国合理关切，在谋求本国发展中促进各国共同发展"。世界是一个普遍联系的整体，不能割裂地看待问题，就其本质内涵而言，人类命运共同体更强调超越民族国家的人类"大群"层面，以整体意识、全球思维和人类观念重新打量世界，强调文明交流交融、互学互鉴，核心在于为世界各国的合作共赢找到了利益支点，旨在解决民生问题，实现共同发展，是对人类未来发展作出的一项重要顶层设计。人类命运共同体既是"为中国谋"，也是"为世界各国谋"，更是"为全人类谋"，表达的是一种"立足国内，放眼世界的战略含义"。

（二）大学发展史是人类命运共同体的构建史

大学是从事人类共享文化建设的学术组织。大学教育的根本宗旨是澄明共通的人性，使人达到最完善的境界。因此，大学的知识属性和教育属性决定了大学一直是人类命运共同体价值观建设的重要力量。首先，从大学职能演变的视角。大学经历了单一的人才培养，到人才培养与科学研究两职能并重，之后到人才培养、科学研究、社会服务三大基本职

---

① 张志旻等：《共同体的界定、内涵及其生成——共同体研究综述》，载《科学学与科学技术管理》，2010年第10期。

② 周安平：《人类命运共同体概念探讨》，载《法学评论》，2018年第4期。

能一体化，再到随着政治多极化、经济全球化、文化多元化、社会信息化进程的全面推进，目前，主要经由中国大学实践的经验而发展出了第四职能文化传承创新和第五职能国际交流合作。中国大学正致力于人类文化和教育命运共同体的构建。其次，从大学教育内涵的视角。在社会实践，尤其是全球文化实践的推动下，中国大学不断深化科技领域的研究，从所属民族国家所需要的科技教育和研发，转变为自觉谋求大学之间和学者之间、面向全球问题的科研合作路径和方法，探索关乎人类命运之全局的科学技术难题之解决，构建人类科技命运共同体。再次，从大学外部形态的视角。从中世纪行会大学，到民族国家相对封闭的大学，再到真正意义上的大学国际社区，再到无边界的大学，大学的形体在不断扩大，人员构成越来越复杂多样，包含不同民族、年龄和文化背景的各类人员，知识构成也越来越具有包容性，无论何种知识皆可在大学的讲堂上得以自由和广泛的讨论。大学日益与其所在的社区的边界相一致，中国大学在未来也必将与全球的边界相一致，发挥大学在构建人类命运共同体中的使命和担当。然后，从接受高等教育对象的视角。从中世纪大学培养城市需要的律师、牧师和医生等实用人才，到近代大学致力于培养民族国家建设和强盛需要的各类文职人员和各类科技人才，再到当代著名大学积极致力于培养能够参与人类共同事业建设和发展的具有全球视野的高层次人才，中国大学正在开拓构建人才培养的命运共同体的大道。最后，从大学组织特征的视角。从取法于中世纪各类行会的中世纪大学组织，到与民族政治国家组织同构的近现代大学，再到立足全球政治经济文化结构建设的当代大学，中国大学正致力于构建人类组织之实验和建设的命运共同体。

（三）发挥大学在推动人类命运共同体建设中的使命与担当

习近平总书记指出："教育就是要培养中国特色社会主义事业的建设者和接班人，而不是旁观者和反对派。"构建人类命运共同体的进程中，任何大学都不能置身事外，也不可能独善其身，我们不仅是一个人，还是一个群体，我们要为我们的群体负责，应树立一种立足中国、胸怀世界、关注人类的视角和情怀，以弘扬人类共同利益、使人弃旧图新为己任，积极回应党中央提出的这一人类社会的伟大实践并做出引领性的贡献。第一，大学应为人类共同愿景打下坚实的精神基础。人类命运共同体意识将人类社会的各种要素，如国家、非国家行为体、个人等视为一个整体，意在超越地域、文化、语言壁垒，为思考人类未来提供了全新的视角，为推动世界和平发展给出了一个理性可行的行动方案。大学培育了人们共知共享的价值观，建造了人们共存共在的精神宇宙，扩展和丰富了人类意识及精神，大学的知识创造及教育实践直接指向人的内在发展需求，使人性回归于共同的类本质。具体来说，大学教育就是"要从人的生命深处唤起他沉睡的自我意识、生命意识，促进其价值观、生命感、创造力的觉醒，以实现自我生命意义的自由自觉的建构"，最终使人自主地决定其生命的存在状态，大学这一内在精神气质向外释放，必定不断超越大学边界，拆掉物理上存在的围墙，积极推进国际文化交流与传播，从而生成全球性的人类视野，建立起全球维度下的"命运共同体意识"，为人类前途命运提供正确的方向指引。第二，大学应着力于人类共同价值观的奠基教育。大学应坚持以全球眼光和世界格局推动高能级平台建设，加快汇聚国际优质教育资源，进一步提升中外合作办学实效。应主动积极开展中外人文交流与深度合作，激发各地域交往能动性，不断扩大国际"朋友圈"，为师生提供更多国内外交流与合作机会的同时，主动培养更多熟悉汉语、了解中国、学有所成的中外文化交流使者。通过开展交流合作，还能够使校内学生体验世界各地文化不同的意义，学习文化多样性的差异，提升尊重文化多样性的意识，使大学生以更加开放包容、自尊自信的风采去理解世界的变化，摒弃"门户之见"，强化交流合作，做到与世界各国和谐相处，相互促进，共同成长。

二、大学校训在人类命运共同体构建中的使命

"大学的任务就是创造未来。"①大学校训需要遵从人类命运共同体构建的历史号召，从启迪全球优秀人才思想智慧、凝聚人类命运共同体的文化共识、促进世界文明的多元发展三个方面出发，自觉承担起构建人类命运共同体的伟大使命。

（一）启迪全球优秀人才思想智慧

大学具有民族性更具有世界性，高等教育中凝结的大学文化是人类文化的高级形态和共同发展愿景。大学校训亦如此。发挥大学在构建人类命运共同体中的使命与担当，需要将大学校训所凝结的文化意蕴与文化价值贯通整个全球优秀人才流动和培养过程。

首先，大学校训简短凝练，意蕴丰富，寄托着大学人共同的价值追求和美好情感。围绕校训与人类命运共同体设置相关课程，在实际课程中要融入国际理解教育、多元文化教育和全球公民教育等内容，让国际

---

① ［美］怀特海：《思维方式》，刘放桐译，商务印书馆 2010 年版，第 159 页。

学生更好地体认和接受中国主张、中国文化，成为国际间行走中的中国故事讲授者、中国文化传播者、多元文明互鉴者。其次，大学校训文化中蕴含民族特色和国际视野。能够涵养海外研修人员和留学生的中国特色和中国底蕴，培养跨文化交际意识，提高跨文化交际能力，使他们从容自信地适应国外环境，积极有效地传播中国声音。最后，大学校训文化中蕴含和合共生、兼济天下的世界胸怀。可以培养具有国际视野、世界眼光的爱国之士，不仅扎根中国、更关注世界、关心人类；不仅参与、融入国际事务，更影响、引领国际事务。如上海外国语大学新校训为"格高志远，学贯中外"。"学贯中外"源于"学贯中西"，以"外"代替"西"，无论在地理上，还是在文化上都具有更大的包容性。就人才培养来说，"格高志远，学贯中外"即是指上外要培养高素质、复合型、国际化的合格建设者和可靠接班人。建校 70 多年来，上海外国语大学师生始终服务于国家对外开放大局，足迹遍布全球各地，为国家的外交事业和社会发展，地方经济建设和文化繁荣，增进中国同世界各国人民的友谊做出积极贡献。

（二）凝聚人类命运共同体的文化共识

"当然，在构建人类命运共同体的漫漫征途中，一定会面临着各种各样的问题和考验，一是受国家利益观的阻碍，互惠互利观念难以短时间形成；二是受国家现实实力的限制，能主导世界公平正义的力量还需要长期的汇聚；三是受多元意识形态的纷争的影响，'各美其美、美美与共'的共识尚未取得；四是受治理体系和治理能力所束缚，联合国宪章的宗旨难以得到忠实的维护；五是受历史因素的纠缠，现实的隔阂和长期的误解难以短时间打破和消除。"①在建设人类命运共同体的过程中，面临如此多的困惑和挑战，高校应该充分发挥大学校训在人类命运共同体建设中凝聚全球共识的作用，引领带动各方力量以宽广宏大的视野、以顽强卓越的意志力，充分发挥各方面主动性、能动性和创造性的优势，最大限度地促进多元文化的内外一致、纵横协调，让中国特色的大学校训站在人类历史发展进程的高度，培育接轨构建人类命运共同体、服务国家民族新战略的"圆梦新一代"。大学校训中凝结的爱国精神、博爱精神、和平精神、革新精神、对光明与智慧的追求、对真善美的向往、服务人类和社会的胸怀与热情、自强不息拼搏不懈的勇气，在近千年的大

---

①　汪明义：《发挥大学在构建人类命运共同体中的使命与担当》，载《中国高等教育》，2018 年第 Z3 期。

学发展中，激励和引导着大学，从最初仅限于为政治、宗教等意识形态领域储备工具性人才的组织，到"探究高深学问"的场所，也因学问的"高深"而被喻为"象牙之塔"，继而成为可持续地、高质量地服务社会，更好地履行社会责任的机构，成为积极引领社会发展进步的近现代社会的"轴心组织"和"人类社会的动力站"。

（三）促进世界文明的多元发展

文化的传播和扩散促进了民族文化的世界性。纵观人类文化发展史，无论是中华文明、南亚文明、埃及文明，还是以古希腊、古罗马文化为基础的西方文明，都因其民族生活、地理环境、精神状态、历史文化、宗教信仰等的不同而表现出十分独特的形式。在历史的交往中，它们相互影响，相互吸收，相互融合，对世界文明的发展做出了自己独特的贡献。"和实生物，同则不继"，永葆文化活力的正是文化的多样性，而文化的多样性首先在于文化源头的多源性，亦即民族文化的多样性。人类命运共同体建设既在源头上呼唤各具特色的民族文化，也在发展中要求民族文化独立自主地思考和解决问题，为人类命运共同体贡献力量。自现代大学建立以来，与文化的包容和尊重一致，大学校训追求也体现了理解与尊重、容忍与宽容、沟通与协商的一面。不论是何种类型与层次的大学，都秉承大学校训精神，既立足于兼容并包的文化胸怀，也结合传统与现代的高远文化品位，充分发挥大学的"社会净化器"和"社会助推器"的功能，以人文关怀泽被人类。正如中央民族大学校训"美美与共，知行合一"，积极倡导"以文明交流超越文明隔阂，以文明互鉴超越文明冲突，以文明共存超越文明优越"的文明观，营造更加开放、包容的人才培养文化氛围，为人类命运共同体提供更丰富更多元的文化样本与智慧思考。

总之，大学校训具有对社会文化的辐射功能，是社会文化的风向标，在一定程度上引领社会的文化。当前，大学校训的辐射功能在不断增加，提升城市文化品位、丰富文化自信、培育和强化人类命运共同体理念是大学校训辐射的具体体现，大学校训的向外辐射不是单向的输出和灌输，而是与多元主体碰撞后的调适与共享。大学校训在与城市发展、文化自信、人类命运共同体、家风家训建设和东北振兴的互动中，既要怀着对多元文化的理解和包容，注重多元文化的融合，关注文化之间的适切性，更要坚守大学的使命，追求真理、守正创新，站在更高的历史基点和时代坐标上弘扬其优秀文化和正能量，唯有如此，才能不忘初心、行稳致远。正如习近平总书记 2023 年 6 月 7 日在致首届文化强国建设高峰论坛的贺信中所说："我们要全面贯彻新时代中国特色社会主义思想和党的二十大精神，更好担负起新的文化使命，坚定文化自信，秉持开放包容，坚持守正创新，激发全民族文化创新创造活力，在新的历史起点上继续推动文化繁荣、建设文化强国、建设中华民族现代文明，不断促进人类文明交流互鉴，为强国建设、民族复兴注入强大精神力量。"

结 论

大学校训是一道内涵丰富的"综合题"。本书力求通过大学校训传达大学的办学理念、育人价值，聚焦校训在"培根铸魂、启智润心"方面的作用，实现以文化人。书中从生成、本质、结构、功能、实践、辐射这六个维度关系对大学校训进行了结构体系的剖析，进而分析了大学校训的时代价值体现以及"铸魂与育人"这一历史使命和责任担当，解答了如何通过大学校训更好地推进大学文化铸魂与育人，从而为更好地发挥大学校训的铸魂育人作用奠定理论基础。

其中，生成维度和本质维度是大学校训铸魂与育人的前提和起点，反映了大学校训最基础、最本质的愿望和要求。现代大学自诞生之日起便以照亮人性的美和探究真理为己任，大学校训的生成历程映照和承载着大学的使命和责任，铸时代之魂，育有用之人，如剑桥大学的"此地乃启蒙之所和智慧之源"便是对大学知识传播、人才培养使命的昭示。中国古代书院是为国家培养各种政治人才的文化教育机构，如安徽新绣溪书院撰有楹联："读书须下苦功夫，试看寒梅，傲骨方能香扑鼻；立品始成美君子，进观大学，治邦先要德修身。"岳麓书院的院训源于朱熹所倡导的"忠、孝、廉、节"，象山书院的院训"明理、志道、做人"，鹅湖书院的院训"为学修身，处事接物"都展现出中国古代教育对德育的重视。无论从历史学视角、社会学视角、文化学视角来分析，大学校训都作为一种强大的精神力量在涵养人、教化人、陶冶人，大学校训的本质经历纵向的历史发展过程，横向的场域间的博弈，以及抽象的大学文化透视，依然存有一种铸魂与育人的基因力量流淌其中。如四川大学校训经历了历史的变迁，不断变化，但其校训精神中凝结的"和谐包容、继承发展、创新创造"的文化因子仍然在传承延续，发扬光大，坚守着铸魂与育人的历史使命，引导师生最终实现自己的人生价值以臻于至善。再如"实事求是"作为中国人民大学的校训，跟随着学校的发展足迹，经过四次变迁，在不同的背景下，与不同的阶级立场相结合，具有不同的意识形态属性，但无论如何，都是要发扬辩证唯物主义，以实事求是的精神学习和工作。

结构维度是大学校训铸魂与育人的重点，也是大学校训的基础性内容，反映了大学校训在语义表达上如何体现铸魂与育人。大学校训寥寥数语，却极其精练地表达了大学理念、大学精神和大学人共同的价值追求，大体来看，西方大学校训的词语组合经历了"重神""求自治""尚自由""主智求真""重服务"的演变过程，中国大学校训在思想内容上主要体现了中国传统文化中崇德、重情、尚实用等核心思想。大学校训在具体内容上，除了培养学生追求知识、真理，服务祖国、奉献社会之外，还存在许多诸如宗教、道德、礼俗等方面的内容。但无论如何，西方大学校训所凸显的宗教性价值导向中亦强调爱人、公义、光明、真诚等道德性价值导向；中国大学校训所凸显的道德性价值导向也跳脱不出"天行健，君子以自强不息；地势坤，君子以厚德载物"的中国传统文化价值导向，还有社会政治型校训多与"服务国家""奉献社会""关怀人类"相关，这些集中反映学校办学的基本精神、教师育人的基本方针、学生行为的基本准则。除此之外，大学校训在学科门类、专业特色、价值取向、目标定位、培养模式等方面各具特色，如中央部属师范类高校的校训蕴含着伟大的传统文化经典智慧，内涵深刻，意味深长；公安高等院校的校训气质普遍偏向严肃化，刚劲有余但柔韧不足；医学类院校多选用传统经典著作与耳熟能详的经典格言；财经类大学校训引经据典与现代词平分秋色、相互交融，但是各门类院校校训都要体现教育育人为本的本真共性。国内外大学校训在词语组合上各有千秋，国外大学校训在词性的选择上以名称和动词为主，如 Truth、Freedom、Patrie，凸显了国外大学服务社会和造福人类的责任意识；中国大学校训的用语最突出的特点是大学校训用语的动词性优势，如学、行、志，关心人类存在的实际性问题。总之，厘清大学校训的结构维度，对于进一步认识大学校训、了解大学发展历程和各民族文化有较为深远的影响，知其然更知其所以然，从而发挥其更清晰明确、坚定有力的铸魂与育人作用。

功能维度是大学校训铸魂与育人的关键，也是大学校训的根本性内容，反映了大学校训如何进一步彰显铸魂与育人的作用。铸魂，就是"塑造灵魂"。根据《辞海》所表述的，灵魂是"居于人的躯体内主宰躯体的精神体"，包括理想信念、道德情操、思想素质等。塑造灵魂，就是对人的精神的塑造。育人，就是培养人才。其中，铸魂是根本与前提，育人是目的和归宿。大学校训建立在对中华优秀传统文化的传承与创新、对当代社会文化的引领与辐射、对外来多样文化和合与再生的基础上，没有这些文化生成土壤，大学校训就是无源之水、无本之木，其所发挥的功能就有巨大的局限性。在以文化人、以文育人、以文培元的基础上，大学校训进一步彰显了思政功能，包括对人的内在道德、思想、政治所能发挥的积极影响。具体来讲，无论是对于落实立德树人根本任务、弘扬爱国主义教育传统、践行社会主义核心价值观抑或是推进思政课程与课程思政的协同育人。大学校训发挥作用的主体和客体都是大学人，校训的突出作用就在于大学人的精神塑造与价值观养成。大学校训的教化功能更是按照这种方向和原则指导自己的行为，为高校师生的行动指明正确政治方向，通过其倡导的精神品质对师生的思想和行为进行约束，关注受教育者德智体美劳全面培养和发展，促进学生身心健康、全面发展、成长成才，把全体师生员工团结在一起，激发其作为学校成员的使命感、自豪感和归属感。总之，新时代大学校训应保持它作为文化先驱所具有的超越性的精神指引力量，充分发挥铸魂与育人的功能。

　　实践维度是大学校训铸魂与育人的基础，也是大学校训的保障性内容，反映了大学校训如何铸魂与育人。校训的作用贵在行动的支撑，贵在大学人的自觉践行。大学校训实践主体包括大学校长、大学教师、大学生和大学校友，大学校长不仅是一所大学的领导者，更是大学校训的倡导者、组织者和实践者，以推进大学校训实践的顶层规划、具体落实和日常实践为抓手是大学校长（领导者）实践大学校训的基本路径。大学教师是大学校训文化的传播者与引导者，大学教师要将大学校训渗透贯穿教育教学、学术科研和日常生活全过程，在文化实践中形成校训实践合力。大学生是校训的受教育者，也是校训建设的参与者、传播者和践行者，要时时以校训精神提醒自己，处处以校训精神要求自己，把校训升华为自身的一种修养，外化为自觉行为准则。校友是校训的主要传播者、弘扬者和践行者，其在弘扬校训精髓，宣传传播校训精神中扮演着独特的作用。大学校训的广泛传播、大学校训的持续教育、大学校训的不断优化是三个层层递进的闭环式结构体系，其中，大学校训传播是校训实践的初级阶段，通过漫灌式的校训文化供给使实践主体对大学校训形成初步的了解和认知进而读懂校训；大学校训教育是校训实践的第二阶段，通过滴灌式的校训文化供给对校训实践主体进行专题教育和精准强化，促进实践主体认同校训；大学校训优化与升华是校训实践的第三阶段，在该阶段校训实践主体能够根据前两个阶段的积累，内化校训，不断地丰富、扩展大学校训的时代内涵或对大学校训内容进行优化，同时这也是大学校训实践的高级阶段。基于上述文化分层理论以及对大学校训实践载体内涵的深刻理解，本书围绕大学校训铸魂与育人的根本目标，从物质载体、活动载体、组织载体和制度载体四个方面分别阐述大学校训实践的载体，四者由浅入深、由易而难，环环相扣，为大学校训实践建构了载体依托。

辐射维度是大学校训铸魂与育人的延伸，也是大学校训的动态性内容，反映了大学校训如何进一步发挥铸魂与育人的功能。大学校训具有对社会文化的辐射功能，是社会文化的风向标，在一定程度上引领着社会文化。当前，大学校训的辐射功能在不断增加，提升城市文化品位、丰富文化自信，培育和强化人类命运共同体理念是大学校训辐射的具体体现。大学校训通过与外部环境之间，包括大学校训与城市发展、大学校训与文化自信、大学校训与人类命运共同体、大学校训与家风家训建设、大学校训与东北振兴的相互作用，使校训所蕴含的中华优秀传统文化、时代精神、价值理念给人以思想启蒙和引领，对社会产生辐射性的积极影响，促进崇高精神追求和理想信念在社会中的传播辐射，从而转化为全面开启社会主义现代化强国建设新征程的不竭精神动力。

总之，根据以上六个维度以及定性与定量结合的分析，遵循着"具体—抽象—具体"的论述逻辑，以大学校训为切入点，上升到对大学校训铸魂与育人的阐释，最终又回归、落脚到大学校训如何铸魂与育人的实践中来，本研究致力于将理论研究与现实关切统一起来，提高理论研究的客观性、科学性与深入性的同时，以理论研究助力大学校训铸魂与育人的实践，这亦是本课题研究之初心和使命。当然，关于大学校训的研究是一项复杂的系统工程，也是一个开放的体系，时代赋予其发展永无止境，是一个永远在路上的过程。因此，对大学校训及大学校训育人的研究将是一个长期的过程，值得我们不断地研究和探索下去。

附录一　关于大学校训育人的访谈提纲

访谈围绕高校校训对人的实际意义这一条主线展开，对受访者进行三个维度的提问。第一，从认知维度出发，重点了解高校校训在人的社会交往中的影响或作用。第二，从情感维度出发，重点了解人对高校校训的具体定位。第三，从行动维度出发，重点了解人对于学习校训的主观能动性的强弱。针对这三个维度，将访谈提纲进行如下设计：

一、你知道你学校的校训吗？你知道它的来源吗？

二、你认为校训对你哪方面的影响更大？

三、你认为校训应该对学生产生哪方面的影响？

四、你是如何定义学校的校训的？为什么？

五、第一次接触校训是通过什么方式？

六、学校有明显的校训文化建筑吗？

七、学校通过线上的方式宣传过校训吗？你都在哪里看到过？

八、你愿意向他人宣传你学校的校训吗？为什么？

九、你会将校训当作你人生的座右铭吗？为什么？

十、你认为学校不设置校训可以吗？

十一、你认为校训在你的专业学习或职业发展中起到了什么样的作用？

十二、你认为校训在你与他人的交往中起到了怎样的桥梁作用？

十三、当你想到学校的校训时，你通常会有什么样的情感反应？

十四、在你看来，校训是学校文化中最具代表性或最有影响力的一部分吗？为什么？

十五、在你看来，校训是如何影响你的道德观念或伦理判断的？

十六、你是否曾因为校训的某个理念，而做出了重要的选择或改变？

十七、你在日常生活中是否会有意识地践行校训中的某些原则或价值观？

十八、你认为学校在推广和践行校训方面还可以做哪些改进或努力？

十九、你是否认为校训对你的人生观、价值观产生了深远的影响？能否举例说明？

二十、你认为，随着时代的变迁，校训是否需要与时俱进，进行一定的更新或调整？

附录二　中新社专访案例

中新社 2022 年 6 月 24 日电　题：大学校训如何折射文化精神与教育理念？

——专访东北大学副校长孙雷

最早的大学校训出现在哪里？大学校训之于一所大学有什么重要意义？西方大学的校训折射了哪些西方文化精神与哲学思想？西方的校训文化给中国大学带来了怎样的影响？中文中"校训"一词出自哪里？中国大学校训又有哪些特点，体现哪些文化精神与哲学思想？校训是体现教育理念的一种非物化形式，蕴意独特的校训背后展现其各自的价值取向。透过中西大学的校训，能看出中西方大学在教育理念上有哪些异同？中新社"东西问"专访……解读中西大学校训的文化精神与教育理念。

现将访谈实录摘要如下。

提纲：

中新社记者：最早的大学校训出现在哪里？大学校训之于一所大学有什么重要意义？

孙雷：西方现代大学中，被誉为"大学之母"的博洛尼亚大学和巴黎大学早期并没有明确的校训，15 世纪末 16 世纪初，牛津大学（1167 年建校）与剑桥大学（1209 年建校）分别设计和启用各自的校标，被公认为是西方最早的校训。西方学校习惯将校训称为"MOTTO"，意为文字简明的题词、题句、题序。由此可见，校训应教育发展需要而生，无论古今中外都在教育中受到重视。

大学是教育人的场域，一所大学的校训、校风以及引起师生共识的文化传统是大学用来成风化人的根本。校训育人的关键点在于"训"，意义在于育人，其功能性在于对教育者和受教育者的引导、疏导和督导，它既有规范学校内师生言行的显性文化特征，又有润物细无声地影响师生举止甚至价值观的隐性文化特征。

中新社记者：西方大学的校训折射了哪些西方文化精神与哲学思想？

孙雷：上面提到的牛津大学和剑桥大学是在创办多年后的 15 世纪逐步形成了各自的校训的，分别是"Dominus illuminatio mea（上主乃吾光）"和"Hinc lucem et pocula sacra（此地乃启蒙之所和智慧之源）"。17—

18 世纪，美国哈佛 Veritas（真理）、耶鲁 Lux et Veritas（真理与光明）应运而生，这些历史悠久的西方大学其校训渗透的思想与最初的牛津剑桥相仿：追求真知、自由，并带有浓厚的宗教背景。

这与西方文艺复兴、宗教改革和启蒙运动息息相关。在西方大学校训的发展过程中，特别是中世纪，倡导"无差别的爱、在上帝这个无差别的人和神之前，身份的平等"，这些思想观念和价值取向是当时西欧封建等级制的产物。近代，受启蒙理性所倡导的"普世价值"影响，西方大学校训开始在原有的追求自由、博爱的基础上，倡导"个体自由、独立、平等、民主、人权"以及与之相关联的"科学、进步"等观念，这是近代的历史产物，也是近代资本主义私有制的产物。

中新社记者：西方的校训文化给中国大学带来了怎样的影响？

孙雷：我以为是"他山之石，可以攻玉"。从史料记载中发现，中国大学校训无论是内容还是形式都直接移植了西方大学校训。

我国大学校训早期便来源于清朝教会大学的 Motto（校训），如 1905 年正式组建的圣约翰大学，将 Light and truth（光与真理）定为校训，1901 年苏州大学前身东吴大学在创办之时就提出了校训 Unto a full grown man（法古今之完人），这对我国后来大学校训的发展和成熟具有十分重要的借鉴意义。还有浙江大学校训"求是创新"中"求是"一词曾翻译成 Faith of truth，与美国哈佛大学校训"Veritas"殊途同归，也是对西方大学理念的吸取和进一步丰盈。

中新社记者：中文中"校训"一词出自哪里？

孙雷：中国校训堪称"早发内生"，古代有校训之实，但无其名，诞生之初即承载"训育"的职能，南宋岳麓书院院训"忠、孝、廉、节"，直至清末教会大学的出现从而实现了校训的名实统一。中国近代教会大学相继制定本校校训后，"MOTTO"（校训）实体已然显现并推广，但由于中国传统"大学"没有"校""训"二字连成一起的词组，因此尚未出现"校训"这一名称。

直到 1894 年中日甲午战争爆发后，教育先贤们借用日语当中汉字形体命名"校训"（平假名：こうくん，读作 koukun），细读起来读音与中国的"校训"读音相似，是因为日语中音读本身来源于中国古代长江流域以南的古汉语。由此看来，"校训"一词虽属舶来品，却又有很深的本土因缘。至此，"校训"一词与中国古代"校训"及西方大学的"MOTTO"完成了完美对接，实现了校训概念与原型的实至名归，也使中国大学校训进一步得以明确化。

中新社记者：中国大学校训又有哪些特点，体现哪些文化精神与哲学思想？

孙雷：中国大学校训的特点我觉得可以用四个精神向度来概括——史学的长度、哲学的深度、文学的温度、美学的厚度。大学校训是四者的综合呈现和表达，印证了大学校训的精神向度蕴含着文化属性，体现出文化精神与哲思。

我国大学校训深受中华优秀传统文化影响，形式是中国式文学表达，内涵则颇具中国式哲学思辨深度，比如，中山大学的"博学、审问、慎思、明辨、笃行"，皆有坚实的哲学文化底蕴作支撑，充满着中国智慧。

其中，中庸之道格外令人瞩目。王阳明的"知行合一"，从初始角度来分析是为"中庸"。何晏集解："庸，常也，中和可常行之德。"正所谓"此心不动，随机而动"，不为情绪所累，进入中庸的"未发"状态，把握时机，依良知而行，且行必"中节"，即知（良知）行合一。东北大学校训"自强不息，知行合一"较充分地诠释出这一点。东大在日本帝国主义侵略时期，仍不忘救亡图存。1928年，张学良对学生讲道："我很望诸君，要坚定了志向，各用自己所学，全国学者都能如此，则中国自强矣。"东北大学以知为行，以知定行，知是行之首，行是知之终，在持之以恒地追求真理与努力实践并重的中庸之路上，把握机遇，从而形成质的飞跃。这是一种对传统中庸之道的传承与创新，更是一种超越与突破。

中新社记者：校训是体现教育理念的一种非物化形式，意蕴独特的校训背后展现其各自的价值取向。透过中西大学的校训，能看出中西方大学教育理念上有哪些异同？

孙雷：透过中西方大学校训都能够映射出中西方大学办学理念、办学传统和价值取向甚至民族性格的养成。

中国大学校训以主德求善为源。中国文化是以儒家文化为主体、以血缘家庭为本位、以人伦道德维系社会为基础的德性文化，必然以家国情怀为己任。尤其"士"阶层的崛起，"修身齐家治国平天下"，中国人养成了对民族和国家的高度责任感和义务感，具有强大的生命力和凝聚力。

比如，清华大学校训"自强不息，厚德载物"便是1914年梁启超在清华大学以《君子》为题作报告之时，引用《易经》中"天行健，君子以自强不息；地势坤，君子以厚德载物"，来勉励清华学子，拥有永不言败的拼搏精神和心胸宽广的君子品德。

相比之下，西方大学校训则直抒胸臆，多渴望追求真理、自由，往往直接引自《圣经》。西方大学校训的思想内容经历了从"重神灵""重上帝"，"自治""自由"到"主智""求真""服务"的演变，表现出西方大学的理念与追求。比如，加州大学洛杉矶分校校训"Fiat Lux"（愿知识之光普照大地），主张神的启示是真理和知识的源泉。

透过中西大学的校训，我用中央民族大学校训"美美与共"一词概括，中西方大学教育理念和而不同，教育的真谛都是"培根铸魂、启智润心"。新时代中国高等教育在建设中国特色世界一流大学之路上，既要坚持对中华优秀传统文化的守正，又要面向世界大学不断创新，最终实现人的全面发展。

※注：对话访谈一经发布当日不到 20 小时，单一平台阅读量超过 50 万人次，足以证明大学校训不断受到瞩目以及校训的育人属性不断被印证。

参考文献

[1]马克思恩格斯文集(第1—2卷)[M]. 北京：人民出版社，2009.

[2]毛泽东选集(第1—2卷)[M]. 北京：人民出版社，1991.

[3]习近平. 习近平谈治国理政(第1—4卷)[M]. 北京：外文出版社，2017，2018，2020，2022.

[4]张耀灿. 现代思想政治教育学[M]. 北京：人民出版社，2001.

[5]罗国杰. 马克思主义思想政治教育理论基础[M]. 北京：高等教育出版社，2002.

[6]宋惠昌. 当代意识形态研究[M]. 北京：中共中央党校出版社，1993.

[7]郑登云. 中国高等教育史 上[M]. 上海：华东师范大学出版社，1994.

[8]余立. 中国高等教育史 下[M]. 上海：华东师范大学出版社，1994.

[9]冯刚. 探索思想政治教育发展的内生动力[M]. 北京：人民出版社，2017.

[10]冯刚. 新时代高校思想政治教育学原理[M]. 北京：人民出版社，2021.

[11]冯刚，孙雷. 新时代大中小学思想道德建设理论与实践[M]. 北京：中国书籍出版社，2020.

[12]田鹏颖. 思想政治教育哲学[M]. 北京：光明日报出版社，2010.

[13]沈壮海. 思想政治教育的文化视野[M]. 北京：人民出版社，2005.

[14]叶方兴. 社会之镜：思想政治教育社会整合研究[M]. 上海：上海人民出版社，2018.

[15]王冀生. 大学文化哲学[M]. 广州：中山大学出版社，2012.

[16]潘懋元. 高等教育研究方法[M]. 北京：高等教育出版社，2008.

[17]涂又光. 中国高等教育史论[M]. 武汉：湖北教育出版社，1997.

[18]金耀基. 大学之理念(牛津版序)[M]. 北京：生活·读书·新知三联书店，2001.

[19]储朝晖. 中国大学精神的历史与省思[M]. 太原：山西教育出版社，2010.

[20]孙雷，丁义浩. 大学校训[M]. 沈阳：东北大学出版社，2013.

[21]韩延明. 大学校训论析[M]. 北京：人民教育出版社，2013.

[22][英]约翰·亨利·纽曼. 大学的理想[M]. 徐辉等译，杭州：浙江教育出版社，2001.

[23]张维迎. 大学的逻辑[M]. 北京：北京大学出版社，2012.

[24]张岱年. 文化与价值[M]. 北京：新华出版社，2004.

[25]费孝通. 费孝通论文化与文化自觉[M]. 北京：群言出版社，2005.

[26][美]塞缪尔·亨廷顿. 变化社会中的政治秩序[M]. 王冠华等译，北京：生活·读书·新知三联书店，1989.

[27]李泽厚. 中国思想史论[M]. 合肥：安徽文艺出版社，1999.

[28]眭依凡. 大学文化思想及文化育人研究[M]. 杭州：浙江大学出版社，2016.

[29]王彩霞，社成宪. 中国学校校训研究：20世纪中国校训历史演进的教育考察[M]. 南昌：江西教育出版社，2012.

[30]吴崇恕. 世界知名大学校训校标[M]. 武汉：湖北人民出版社，2004.

[31]刘亚敏. 大学精神探论[M]. 青岛：中国海洋大学出版社，2006.

[32]曲士培. 中国大学教育发展史[M]. 太原：山西教育出版社，1993.

[33]教育部思想政治工作司. 百所高校校训、校徽、校歌汇编[M]. 北京：中国人民大学出版社，2014.

[34]熊晓梅. 讲述·东大人的故事[M]. 沈阳：东北大学出版社，2023.

[35]李鹤主编. 传承与轨迹——从东北大学走来的院士风采录[M]. 沈阳：东北大学出版社，2023.

[36]孙雷. 试析中国大学校训的精神向度[J]. 东北大学学报(社会科学版)，2022(01).

[37]孙雷，何玉龙，高晨光. 大学文化与城市文化协同育人的探索[J]. 中国高等教育，2021(08).

[38]孙雷. 良知文化：筑牢重大疫情风险防范的大学文化长城[J]. 中国高等教育，2020(05).

[39]孙雷. 试论大学文化的辐射作用及功能——以东北大学为例[J]. 沈阳干部学刊，2019(06).

[40]孙雷，姜玉原，姜宇飞. 大学文化和城市文化互动发展的现状及对策研究——以沈阳市为例[J]. 文化学刊，2019(11).

[41]孙雷，刘海龙，姜玉原. 构建大学文化与城市文化的良性互动路径研究[J]. 沈阳干部学刊，2019(05).

[42]孙雷，饶锦波. 中外大学文化与城市文化互动的比较及借鉴[J]. 东北大学学报(社会科学版)，2019(01).

[43]孙雷. 以中国特色大学文化引领教育现代化[J]. 国家治理，2019(48).

[44]孙雷. 论大学文化与城市文化的互动[J]. 学校党建与思想教育，2012(04).

[45]孙雷. 大学文化与城市文化发展[J]. 高校理论战线，2012(04).

[46]孙雷. 国外大学文化建设的特点及其借鉴意义[J]. 东北大学学报(社会科学版)，2008(06).

[47]孙雷. 论大学文化的育人功能及实现途径[J]. 中国高等教育，2008(22).

[48]杨光钦，魏露瑶. 大学校训的生成困境与创新审思[J]. 教育理论与实践，2021(09).

[49]王东杰. 阐释—内嵌—传播—实践：新时代公安高等院校校训文化建设的优化进路[J]. 黑龙江高教研究，2020(09).

[50]韩萌. "双一流"战略下我国大学校训文化的优化与升华[J]. 当代教育科学，2019(05).

[51]沈江平. 文化的意识形态性与意识形态的文化性[J]. 教学与研究，2018(03).

[52]张鸿. 中国特色的校训现象：箴铭类"学训"[J]. 天津师范大学学报(社会科学版)，2016(02).

[53]田强强. 论马克思恩格斯的文化观[J]. 马克思主义学刊，2017(03).

[54]王雪，丁国勇. 基于财经类高校校训特征的计量分析[J]. 吉林省教育学院学报，2016(12).

[55]孟欢欢，王娟娟. 高等体育院校校训研究[J]. 教育评论，2012(03).

[56]眭依凡，俞婷婕，李鹏虎. 大学文化发展和建设历程研究——

基于改革开放 30 年来的发展脉络[J]. 中国高教研究，2015(10).

[57]程光泉. 哲学视野下的大学理念、大学精神、大学文化[J]. 北京师范大学学报(社会科学版)，2010(01).

[58]王冀生. 大学理念在中国的发展[J]. 高等教育研究，2007(07).

[59]王彩霞. 试探中国近代大学校训的起源[J]. 高教探索，2006(02).

[60]李承先，徐辉. 大学校训与大学理念——兼论道德论大学理念[J]. 高等教育研究，2005(06).

[61]李翚. 我国大学校训的历史演变与发展走势[J]. 高等教育研究，2005(01).

[62]李延保. 校园文化与现代大学精神[J]. 中国高等教育，2002(07).

[63]刘亚敏. 大学精神探论[J]. 未来与发展，2000(06).

[64]李辉，钟明华. "大学精神"的本质特征及其建设思路[J]. 中山大学学报(社会科学版)，1999(02).

[65]习近平. 在北京大学师生座谈会上的讲话[N]. 人民日报，2018-05-03.

[66]中共中央关于党的百年奋斗重大成就和历史经验的决议[N]. 人民日报，2021-11-17(001).

[67]习近平. 决胜全面建成小康社会夺取新时代中国特色社会主义伟大胜利——在中国共产党第十九次全国代表大会上的报告[N]. 人民日报，2017-10-28.

[68]习近平. 在全国高校思想政治工作会议上的讲话[N]. 人民日报，2016-12-09.

[69]孙雷. 高等教育改革创新呼唤大学文化与城市文化协同育人[N]. 辽宁党校报，2020-12-15.

[70]孙雷. 传承弘扬中华优秀传统文化[N]. 人民日报，2021-02-18.

[71]孙雷. 以新发展理念持续推动沈阳"文化＋"建设 着力构建新发展格局[N]. 沈阳日报，2021-02-18.

[72]孙雷，高晨光. 创新传承中华文化力[N]. 中国教育报，2021-06-10.

[73]孙雷，高晨光，陈浩阳. 文化力：中华文化的向心力与持久力[N]. 辽宁党校报，2021-10-20.

[74]孙雷. 流亡抗争办学史熔铸厚重的东北大学精神特质[N]. 沈阳日报，2021-09-20.

[75]胡锦涛. 坚定不移沿着中国特色社会主义道路前进为全面建成小康社会而奋斗——在中国共产党第十八次全国代表大会上的报告[N]. 人民日报，2012-11-18.

[76]江泽民. 全面建设小康社会开创中国特色社会主义事业新局面——在中国共产党第十六次全国代表大会上的报告[N]. 人民日报，2002-11-18.

[77]陈平原. 中国大学"双循环"的必要性与可行性[N]. 中华读书报，2021-01-27.

[78]清华大学苏世民学者项目启动仪式在京举行[N]. 人民日报，2013-04-22.

[79]刘阳. 勤奋、求实、创新、团结、严谨——大学校训，为何似曾相识？[N]. 人民日报，2007-07-25.

[80]顾明远. 校训关键在实践[N]. 光明日报，2005-07-03.

后 记

大学何为？现代大学自建立之日起就始终以人才培养为宗旨。培育英才，滋兰树蕙。19 世纪末，现代大学制度传入中国，为中国高等教育人才的培养与发展带来了新的生机与活力。大学校训是大学之魂，在近千年的发展中，大学校训始终是大学人的价值追求、道德信条和行为准绳，塑造了大学人独特的文化气质与精神意蕴。

为了深入学习习近平文化思想，贯彻习近平总书记提出的"要用新时代中国特色社会主义思想铸魂育人"的重要指示，聚焦党的教育方针，落实立德树人根本任务，在全面总结和回顾近 30 年大学文化研究成果的基础上，带领研究团队通过全面梳理大学校训，从多维视角深挖大学校训的生成、本质及结构等，聚焦大学校训"铸魂与育人"的功能，回应大学校训研究的时代命题。经过多年努力，国家社科基金后期资助项目"铸魂与育人——多维视角下的大学校训研究"终于与大家见面了。

付梓之际，感慨万端。2021 年是中国共产党成立 100 周年，2023 年是我的母校东北大学建校一百周年。回望来路，在觉醒的年代里，东北大学无数的前辈在战火纷飞中流亡抗争、弦歌不辍；在发展的年代里，东北大学无数的学子在国家和民族发展的每一个关键节点挺身而出、为国担当；在面向中华民族伟大复兴的第二个百年奋斗的新时代里，我辈开拓进取，奋勇向前，"能不奋勉乎吾曹？"

理想照耀中国、信念引领大学的历程中，中国大学校训记录和承载着大学人铸魂的价值追求与育人的文化担当，大学校训的研究是一座有待发掘的学术研究与理论创新的金矿。作为一名学于斯、长于斯的东大人，40 余年间，我始终在思考和追寻，要拿什么奉献给我的母校和所处的伟大时代？在大学文化研究的过程中，"自强不息，知行合一"的东大校训精神就像一座永恒的灯塔，始终指引和照亮着我的学术研究之路。15 年前，我带领着我的研究团队着手启动大学校训方面的研究工作，历经无数次长夜青灯，切磋琢磨，2019 年底《铸魂与育人——多维视角下的大学校训研究》雏形已具。2020 年，我的第一位博士生高晨光加入了研究团队，为课题研究带来了更多更新鲜的研究视角。随着课题研究的深入，我的博士生陈浩阳、乔滟扬、刘盼盼、孙天舒、石峰、王慧敏、梁耀淞、硕士生杨航、鲁璐、王莹、李依谌、郭自豪、陈金宇、高迪迪和史晓鹭也陆续地加入了进来。东北大学秦书生教授、王健教授、陈红兵教授、于春玲教授、王世权教授，生奇志教授、初青松教授、姜玉原主任、何玉龙副主任、刘海龙处长、姜宇飞副院长、隋立民老师和王钰慧老师等也多次参与对书稿的修改和评审。

《铸魂与育人——多维视角下的大学校训研究》从一个人的文化执着变成了一群人的文化追索和研究惯性，我们的研究日渐精进。2021年12月，该研究获批了国家社会科学基金后期资助项目，项目的获批既是对过往研究的肯定与鼓励，也对未来研究提出了更高的要求。在东大校训精神的指引下，我们不断努力、步履不停，也在研究和考察中不断体悟和践行校训精神，研究的成果不断地走向成熟。《铸魂与育人——多维视角下的大学校训研究》一书的出版是我们掘金的一个初步的成果，每一章都指向大学校训研究的一个独立视角，力求能够吸引同行学者的关注与关切，共同聚焦这座文化金矿，倾注更多的思考与研究。

路虽远行则将至，事虽难做则必成。历经三年之久的研究与沉淀，《铸魂与育人——多维视角下的大学校训研究》倾注了太多人的努力和付出。本书导论由孙雷、姜宇飞撰写，第一章姜玉原提供了诸多宝贵思路，第二章姚艾君对内容构建和逻辑梳理大有裨益，第三章王钰慧创新性的学术思想极大丰富了章节的学术内涵，第四章高晨光的专业知识为章节完成提供了有力支持，第五章隋立民为章节内容的准确性和完整性作出了重要贡献，第六章何玉龙的独特视角和深刻见解为章节增添了新的维度和价值。前言和后记由孙雷撰写。全书由孙雷和姚艾君、高晨光、刘盼盼、王慧敏统稿和审读。秦书生、刘海龙、姜玉原、初青松、于春玲在全书逻辑结构的设计安排、章节内容的选择和整理方面，提出了很多宝贵的建议；北京师范大学出版社祁传华等编辑人员认真负责、精心指导，一并向他们表示真挚的谢意！

在编写过程中，对支持本书研究的老师与同学们，我深表谢意，感谢诸位积极参与访谈，为书籍撰写提供弥足珍贵的材料支撑。本书也参考并吸收了许多著作、论文、资料以及有价值的思想，但因参考的文献数量较多，未能一一注明，敬请各位见谅，并表示诚挚谢意。囿于自身学识，书中不当之处在所难免，恳请有关专家学者和读者朋友们不吝赐教，也希望有更多学者来共同关注和继续进行大学校训方面的研究，共同推进中国特色世界一流大学的建设和发展！

"回首向来萧瑟处，归去，也无风雨也无晴。"人生漫漫亦灿灿，再回首，来路已知，去路仍是归途，仔细品味和思量，皆非无缘无故。"教育者，非为已往，非为现在，而专为将来。"作为多年的高校管理者与教育者，我深知教育始终是教育者与受教育者的灵魂互动，是文化传承创新与文明薪火永继的接力。万物有其自己的生长节奏，缓慢是一个过程，而等待的是一个时机。无论是躬耕于大学校训学术研究的领域，抑或是教书育人，很多时候不能太心急，想要知识渊博，想要意气风发，就要多一点耐心。正如古人所云：早成者未必有成，晚达者未必不达，不可以年少而自恃，不可以年老而自弃。凡是过往，皆为序章，文化传承之路漫漫，吾将上下而求索。《论语》二十篇，陶铸国魂，万代春秋尊至圣。施仁一贯道，培植民本，三千弟子启先贤。是以，大学文化相关研究将是我永恒的学术追求！

2024 年 6 月
于东北大学